New Czech Step by Step

Lída Holá

AKROPOLIS

New Czech Step by Step

PhDr. Lída Holá

Lektorovali:
Susan Kresin, University of California, Los Angeles
Marie Poláčková, Ústav jazykové a odborné přípravy, Karlova Univerzita, Praha
Racheal Reaves
Veronika Sailerová - redakce a produkce

Vydal Filip Tomáš - Akropolis
Na Plzeňce 2, 150 00 Praha 5
www.akropolis.info
v roce 2006 jako svoji 44. publikaci

V nakladatelství Akropolis 3., opravené vydání
260 stran (učebnice) a 128 stran (cvičebnice)

Tisk: Tiskárny Havlíčkův Brod, a. s. - Husova 1881, Havlíčkův Brod

ISBN 80-86903-33-8

Introduction

What is NEW Czech Step by Step?

NEW Czech Step by Step is a communicative textbook of contemporary Czech with a practical orientation. It is based on English. In twenty chapters, it presents the most important grammatical principles, common conversational phrases, and a basic vocabulary. At the end of the textbook there are grammatical charts and a key to the exercises. In addition to the textbook, the packet of materials for NEW Czech Step by Step includes a workbook (Activity Book), a CD, a brochure Czech Grammar in a Nutshell and a Teacher's manual, available free of charge on the internet (see below). From the point of view of the European Union scale of language assessment, the textbook provides threshold knowledge of the Czech language (Level B1).

Who is NEW Czech Step by Step intended for?

NEW Czech Step by Step is designed for both group and individual study. Its orientation is practical, rather than theoretical: it is intended for students whose goal is to speak and understand Czech as quickly as possible. The book is easy to understand and clearly organized, and it focuses on real-life contexts.

What are the basic principles behind NEW Czech Step by Step?

The new edition builds on principles that proved effective in the first edition: color-coding of grammar and a panel structure for the presentation of grammatical and lexical material. An extensive system of cross-referencing enables students to individualize their use of the materials. In contrast to the first edition, greater attention is given to verbs and prepositions than to noun declensions. In some instances, grammar explanations are somewhat simplified in order to highlight the basic principles and structures of the language. At the same time, however, the students are advised to consult the the grammatical charts at the end of the book for more complete information.

What supporting materials are available for students and instructors? For more information, see www.czechstepbystep.cz.

For students:

- Česká gramatika v kostce / Czech Grammar in a Nutshell (brochure)
- Česká gramatika v kostce / Tschechische Grammatik auf einen Blick (brochure)
- Tschechisch Schritt für Schritt (the German version of this textbook)
- Czech Express 1 and Czech Express 2
- Czech Express (Langmaster CD-rom)
- International Words in Czech (brochure)
- Jan Neruda: Povídky malostranské. (Adaptations of Neruda's short stories for intermediate students)

For teachers (available free of charge at www.czechstepbystep.cz):

- Teacher' s Manual (Additional activities and methodological guidelines)
- Language games
- Guidelines for using Povídky malostranské
- Guidelines for using International Words in Czech

Acknowledgements

This book could not have been produced without several people who gave me invaluable advice and help. Most of all, I'd like to thank my closest co-workers and the pre-publication editors of the book: Susan Kresin, Marie Poláčková, Racheal Reaves and Veronika Sailerová. I am grateful for the assistance and support I received throughout this project from the publisher Filip Tomáš, the studio ReDesign, the illustrator Michaela Kukovičová, the photographer Jiří Pírko, Zdeněk Hnyk – Radio 1, Tomáš Karásek and the students and teachers of Vyšší odborná škola herectví Bogdan Cieslar, Daniel Červ, Soňa Dvořáková, Pavla Drtinová, Ivo Kubečka, and Martina Rýcová.
Thanks also go to the language school Akcent International House in Prague and its director Radmila Procházková for granting me the time to write the textbook and the possibility of testing it in a friendly and creative environment.
I would also like to thank all of the people who gave me support as I was working on both this edition of NEW Czech Step by Step and the first edition: Petra Bulejčíková, Hana Diringerová, Dana Hánková, Pavla Hanzlová, Tereza Ježková, Jiří Kostečka, Martin Kukal, Magdalena Maděrová, Leona Máslová, Zdeňka Nováková, Jakub Novotný, Jiří Pešička, Jarmila Šmídová, Jitka Ryndová, Jitka Urbanová, and Michal Zídek.
Finally, I would like to express my thanks to all my students and to my family for their patience and support.

I hope you will enjoy working with this book, and wish you success in your study of Czech!

Lída Holá

Lída Holá

Contact address (courses and consultations): lidahola@centrum.cz, www.czechstepbystep.cz

Úvod

Co je NEW Czech Step by Step?

NEW Czech Step by Step je praktická a komunikativní učebnice současné češtiny na bázi angličtiny. Ve 20 kapitolách představuje nejdůležitější gramatické principy, běžné konverzační fráze a základní slovní zásobu. V závěru knihy najdete gramatické tabulky a klíč ke cvičením. Součást učebnice tvoří doplňkové materiály – cvičebnice Activity Book, CD, příloha Česká gramatika v kostce a volně dostupná internetová příručka pro učitele Teacher's Manual. Z hlediska evropského referenčního rámce zaručuje učebnice studentům dosažení prahové úrovně znalosti jazyka, tj. úrovně B1.

Komu je NEW Czech Step by Step určena?

Je určena pro kolektivní i individuální výuku. NEW Czech Step by Step vznikla jako učebnice pro studenty, jejichž cílem není teoretické bádání o jazyce, ale schopnost co nejdříve mluvit a rozumět česky. Snaží se o maximální přístupnost, přehlednost a praktickou využitelnost textu.

Jaké postupy NEW Czech Step by Step používá?

Učebnice používá postupy, které se osvědčily v prvních vydáních: barevné kódování textu a panelové uspořádání knihy podporované systémem odkazů umožňujících individuální přístup ke studiu. Oproti předchozím vydáním věnuje větší pozornost slovesům a předložkám. Zvládnutí koncovek deklinace není naopak pokládáno za prioritu. U některých gramatických jevů se výklad záměrně uchyluje ke zjednodušení, aby se tak zpřístupnily základní principy a struktury jazyka. Studenti by však neměli přehlédnout gramatické tabulky v závěru knihy, které jim mohou přinést cenné informace.

Jaké další materiály nabízíme? Více na www.czechstepbystep.cz.

Pro studenty:

- Česká gramatika v kostce / Czech Grammar in a Nutshell
- Česká gramatika v kostce / Tschechische Grammatik auf einen Blick
- Tschechisch Schritt für Schritt (německá verze této učebnice)
- Czech Express 1 and Czech Express 2
- Czech Express (Langmaster CD-rom)
- Internacionální slova v češtině / International Words in Czech
- Jan Neruda: Povídky malostranské. (Adaptovaná česká próza. Určeno pro středně pokročilé studenty.)

Pro učitele (vše zdarma na adrese www.czechstepbystep.cz):

- Rozšiřující aktivity a metodické rady k učebnici v příručce Teacher's Manual
- Jazykové hry
- Co lze dělat s Povídkami malostranskými
- Co lze dělat s International Words in Czech

Poděkování:

Tato učebnice by nemohla vzniknout bez několika lidí, kteří mi při psaní přispívali cennou pomocí a podněty. Velké poděkování patří především mým nejbližším spolupracovnicím a lektorkám knihy, Susan Kresin, Marii Poláčkové, Racheal Reaves a Veronice Sailerové. O celý projekt se zasloužili i vydavatel Filip Tomáš, grafické studio ReDesign, ilustrátorka Michaela Kukovičová, fotograf Jiří Pírko, Zdeněk Hnyk – Radio 1, Tomáš Karásek a studenti a pedagogové Vyšší odborné školy herectví Bogdan Cieslar, Daniel Červ, Soňa Dvořáková, Pavla Drtinová, Ivo Kubečka a Martina Rýcová.
Děkuju také jazykové škole Akcent International House Praha vedené ředitelkou Radmilou Procházkovou za to, že mi poskytla čas na napsání učebnice a možnost vyzkoušet ji v přátelském a tvůrčím prostředí.
Dále bych chtěla poděkovat všem, kteří mě v tomto nebo v předchozím vydání podporovali. Jsou to Petra Bulejčíková, Hana Diringerová, Dana Hánková, Pavla Hanzlová, Tereza Ježková, Jiří Kostečka, Martin Kukal, Magdalena Maděrová, Leona Máslová, Zdeňka Nováková, Jakub Novotný, Jiří Pešička, Jarmila Šmídová, Jitka Ryndová, Jitka Urbanová a Michal Zídek.
Na závěr děkuju všem svým studentům a své rodině za jejich trpělivost a podporu.

Přeju vám hodně radosti z práce a úspěchů ve studiu!

Lída Holá

Lída Holá

Kontaktní adresa (kurzy a konzultace): lidahola@centrum.cz, www.czechstepbystep.cz

Obsah

Table of contents

Lexikální rejstřík
Lexical index

Gramatický rejstřík
Grammatical index

Nejčastější otázky

FAQ – Frequently asked questions about Czech

1. Is Czech related to English?

Yes, it is. Both of them are members of the Indo-European family of languages (compare: mother – **matka**, brother – **bratr**, sister – **sestra**, three – **tři**). However, they are different types of languages: English is an analytical language and Czech is a synthetic language. Compare: I do not know (4 units) – **nevím** (1 unit); with a pen (3 units) – **perem** (1 unit).

2. Why doesn't Czech have articles?

The reason is its flexible word order. Information that was already mentioned or is otherwise known is usually placed at the beginning of a sentence (English uses the definite article here). New information is usually placed at the end (and it is expressed by the indefinite article in English).

3. Do all Czech words consist of horrifying clusters of consonants?

Well, some of them do. Fortunately, they aren't the vitally important ones. Actually, how often do you ask people **strč prst skrz krk** (put your finger through your throat) or **vzcvrnkls** (did you flick up)?

4. Why are Czech words usually longer than English ones?

As a synthetic language, it uses prefixes, suffixes and even some infixes. Compare: **odpoposedávat si** – to sit a little bit aside several times.

5. Why do two varieties of Czech exist – standard and colloquial?

Czech came close to falling out of use as a literary language after the Battle of White Mountain in 1620 (the defeat of the Czech Protestants). It was replaced by German. However, the spoken language continued to develop. At the beginning of the 19th century, the time of the National Revival, the literary language was revived on the model of 16th century Czech. This explains the rather large gap between the spoken and written languages. For the most typical features of colloquial Czech, see page 221. (Adapted from Karen von Kunes, 72 discussions about Czech).

6. Why does Czech have cases?

As a synthetic language, with flexible word order, Czech needs cases with their various endings (inflected word forms), as "signals" expressing grammatical relations between words.

7. How are the cases used?

The nominative is the dictionary form. It expresses the subject. E. g. **To je student**. That' s a student.
The genitive expresses possessive or partitive meaning. E. g. **Kniha studenta**. The book of a student.
The dative expresses the indirect object. E. g. **Dám dárek studentovi**. I'll give a present to a student.
The accusative expresses the direct object. E. g. **Vidím studenta**. I see a student.
The vocative. If you want to address someone in Czech, use the vocative. E. g. **Adame! Evo!**
The locative expresses location. E. g. **Jsem v Anglii**. I'm in England.
The instrumental expresses the means by or with which an action is carried out. E. g. **Jedu autem**. I go by car.
For a more detailed explanation, see also page 224.

8. Is Czech really as difficult as I've heard?

Yes and no. Yes, mainly because it has so many different endings. No, because it has a logical grammatical system similar to Latin, no more than three verbal tenses and just a handful of irregular verbs.

9. Are there any priorities a beginner should concentrate on when learning Czech?

Yes. Opinions can differ, but the author of this book considers the main priorities to be:

1. Gender. Czech has masculine, feminine and neutral forms. Gender distinctions are made throughout the whole system of the language.
2. Verbs. Czech is a verb-oriented language! Czech only has three tenses: past, present and future. There are no present, past or future continuous (I am/was/will be doing), and no present perfect (I have done) in Czech.
3. Prepositions.
4. Declension (cases).

Zadání
Instructions

Czech	*English*
čtěte	*read*
dělejte	*do, make*
diskutujte	*discuss*
dokončete	*finish, complete*
doplňte	*fill in*
hádejte	*guess*
najděte	*find*
napište	*write*
odpovídejte	*answer*
opakujte	*repeat*
opravte	*correct*
pamatujte si	*remember*
pište	*write*
počítejte	*count*
podtrhněte	*underline*
poslouchejte	*listen*
používejte	*use*
pozorujte	*observe*
představte si	*imagine*
přeložte	*translate*
reagujte	*react*
řekněte	*say*
seřaďte	*rearrange*
spojte	*match*
změňte	*change*
	CD
	the recording on the Internet

Seznam zkratek
Abbreviations

adj. = adjektivum / *adjective*
coll. = hovorově / *colloquial*
F = femininum / *feminine*
impf. = imperfektivum / *imperfective*
Ma = mužské životné / *masculine animate*
Mi = mužské neživotné / *masculine inanimate*
N = neutrum / *neuter*
pejor. = pejorativně / *pejorative*
pf. = perfektivum / *perfective*
pl. = plurál / *plural*
sg. = singulár / *singular*

N, nom. = nominativ / *nominative*
G, gen. = genitiv / *genitive*
D, dat. = dativ / *dative*
A, acc. = akuzativ / *accusative*
V, voc. = vokativ / *vocative*
L, loc. = lokál / *locative*
I, instr. = instrumentál / *instrumental*

Co je to? Kolik to stojí?

In this lesson you will:

- learn basic "school phrases"
- practice Czech pronunciation
- practice important greetings and phrases
- ask and say how much food and drinks cost

Lekce 1

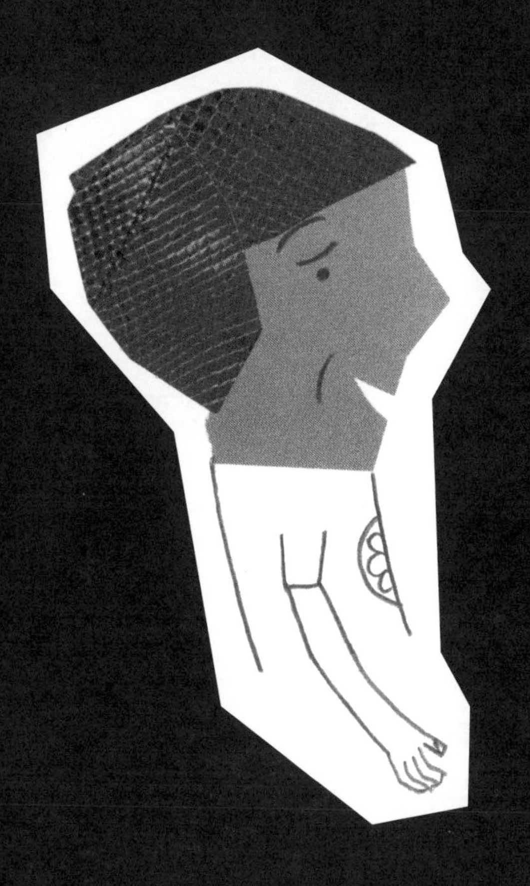

Jak se jmenujete? – Jmenuju se...

Some basic words and phrases

1. Poslouchejte.

01

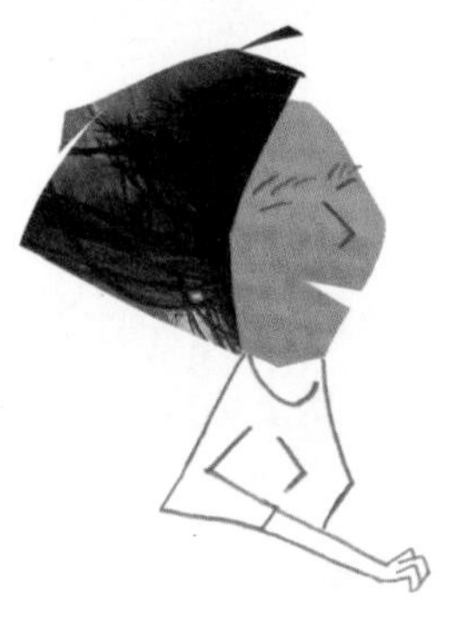

Jak se jmenujete? – Jmenuju se...
What's your name? – My name is...

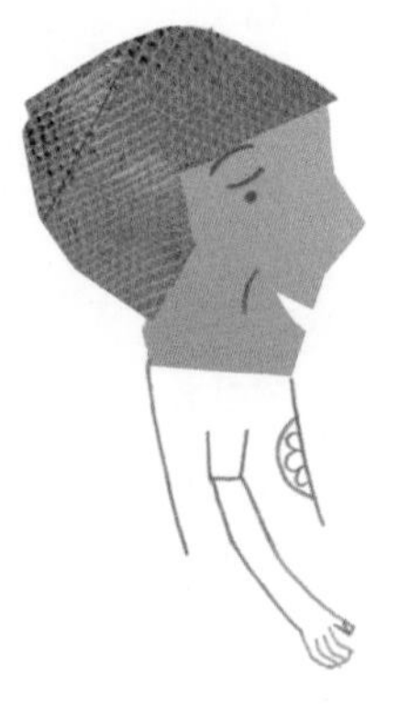

Odkud jste? – Jsem z...
Where are you from? – I am from...

Rozumíte? – Rozumím. / Nerozumím.
Do you understand? – I understand. / I don't understand.

Co znamená „pes"?
What does "pes" mean?

Jak se řekne česky „thank you"?
How do you say "thank you" in Czech?

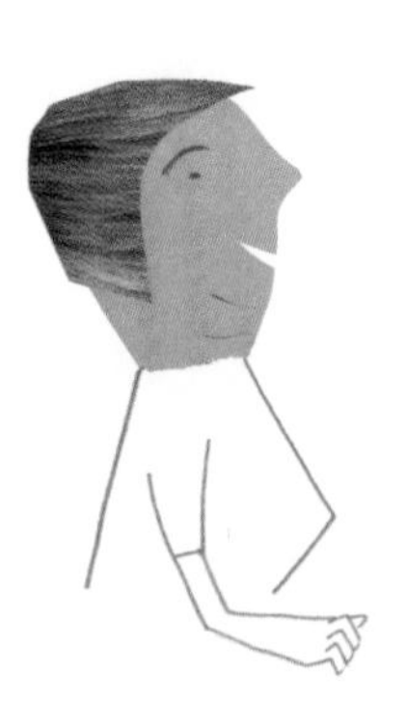

Ještě jednou, prosím.
Once more, please.

Pamatujte si: Prosím

The most common function: **Děkuju. – Prosím.**
You can order food and drinks in a restaurant by saying: **Prosím,** pivo a knedlíky.
Your telephone rings. You pick up the receiver and say: **Prosím**?
In a shop, you are addressed by a shop assistant: **Prosím**?
You misunderstood your partner. You ask him or her: **Prosím**?
You meet someone by a door and want to let him or her pass first: **Prosím.**
Someone asks you for permission to do something and you agree: **Prosím.**
You want to address a stranger in the street: **Prosím vás...**

Hotel, banka a metro

Pronunciation practice

2. Čtěte.

Co je to?

To je hotel.

To je banka.

To je metro.

1. Letters you know:	**a b c d e f g h i j k l m n o p q r s t u v w x y z**
2. Czech letters: consonants	**č ď ch ň ř š ť ž**
3. Czech letters: vowels	**á é ě í ó ú ů ý**

Note the diacritic symbols used in Czech: ˇ **háček** *– hook,* ´ **čárka** *– length mark and* ° **kroužek** *– circle.*
For general pronunciation rules, see page 217.

02

3. Rozumíte?

hotel **banka** **metro** **autobus**
diskotéka **taxi** **supermarket** **restaurace**
pošta **tramvaj** **kino** **park**
policie **pumpa** **balet** **ambasáda**
informace **opera** **bar** **toaleta**
parkoviště **hostel** **kavárna**

4. Co znamenají tahle „internacionální slova"?

Like all the European languages, Czech has adopted quite a lot of words from Latin and Greek, and some from English. You will recognize them easily! However, some of them can be "false friends"! They can mean something completely different in your language – see page 215. You should always check their meaning in a good dictionary. For the meanings of colours, see page 25.

prezident	**kečup**	gorila	auto
student	**mítink**	studentka	rádio
gangster	**trénink**	banka	kakao
džentlmen	**problém**	politika	stereo
profesionál	**šok**	ekonomika	rodeo
amatér	**kontakt**	konference	video
turista	**konflikt**	demokracie	studio

5. Řekněte, kde bydlíte. Čísla jsou na straně 17. (Practice the pronunciation of your address.)

Kde bydlíš? / Kde bydlíte? Where do you live? ______________________________

Ahoj. – Dobrý den.

Greetings and basic social phrases

03

6. Poslouchejte. Doplňte dialog.

1.
Ahoj.
Čau.
Já jsem ________________. A ty?
Já jsem ________________

2.
Odkud jsi?
Jsem z ________________

3.
Co děláš?
Jsem ________________

4.
Au!
Promiň.
To nic.

5.
Díky.
____

6.
Měj se hezky. Čau.
Ty taky. Ahoj.

7. Poslouchejte. Doplňte.

04

1.
Dobrý den.
Dobrý den.
_Já_ ______________ **_Jana Bílá. A vy?_**
_Já_ ______________ _David Brott._
Těší mě.
Mě taky.

2.
Odkud jste?
______________ _z Austrálie._
Co děláte?
______________ _profesor._

3.
_Jé!_
____
To nic.

4.
Děkuju.
____

5.
Mějte se hezky.
Vy taky.
Na shledanou.
____

8. Přeložte do vašeho jazyka. Řekněte, co je neformální a formální.

Ahoj. / Čau.	Dobrý den.	
Jak se jmenuješ?	Jak se jmenujete?	
– – –	Těší mě. – Mě taky.	
Odkud jsi?	Odkud jste?	
Co děláš?	Co děláte?	
Díky.	Děkuju. / Děkuji.	
Promiň.	Promiňte.	
Měj se hezky.	Mějte se hezky.	
Ty taky.	Vy taky.	
Ahoj. / Čau.	Na shledanou.	

Pozorujte:
Jak se máš? / Jak se máte? – How are you?
Dobře. :) **Ujde to.** **Špatně. :(**

lesson 1

Já jsem Tom. Ty jsi Alice?

Personal pronouns. The verb to be. Questions and negation.

***Já jsem** Tom.*

***Ty jsi** Alice? – Ne. **Já nejsem** Alice.*

***To je** Alice.*

Personal pronouns

já – I
ty – you
on, ona, to (ono) – he, she, it
my – we
vy – you
oni (ony, ony, ona) – they

The forms in brackets are only used in formal and written Czech. The form **ty** *is used for informal address (for friends, relatives, children). The form* **vy** *is used: 1. as the plural 2. for formal address in the singular.*

Pamatujte si:
Don't forget that using the **ty-***form with an adult stranger can be impolite!*
Usually it is the older person or a woman who suggests: **Můžeme si tykat.** *We can use the informal address.*

The verb *to be* – být

jsem – (I) am
jsi / *coll.* **jseš** – (you) are
je – (he, she, it) is
jsme – (we) are
jste – (you) are
jsou – (they) are

You pronounce: [sem, si/seš, je, sme, ste, sou]. *Czechs usually don't use personal pronouns with verbs* (I am – jsem) *because the persons are expressed by verbal endings. If you use a pronoun, you stress it (*já jsem – *I, not you). The only exception is the general use of* "it/this" (it is/this is – **to je***) when you point at things or people.*

Questions and negation

Question: To create a question, you don't need any auxiliary verbs. Just change the intonation of the sentence, e. g.: **Co je to? To je hotel? To je banka? To je metro? Ty jsi Alice?**

Negation: You simply insert the prefix **ne-** *in front of the verb, e. g.:* **Já jsem Tom. – Já nejsem Tom.**
There is only one exception: **To JE majonéza? – Ne, to NENÍ majonéza. To je jogurt.**

nejsem
nejsi / *coll.* **nejseš**
NENÍ
nejsme
nejste
nejsou

9. Spojte reakce. Pak napište informace o Lori, Pierrovi a Igorovi.

1.

Ahoj.	*Jsem z Austrálie.*
Já jsem Daniel.	*Ano, to je fajn.*
Odkud jsi?	*Jsem modelka.*
Co děláš?	*A já jsem Lori.*
To je fajn.	*Ahoj.*

Lori je ______________________________

2.

Dobrý den.	*Jsem z Francie.*
Já jsem Alena Nová.	*Ne, jsem manažer.*
Těší mě.	*Dobrý den.*
Odkud jste?	*Mě taky.*
Jste student?	*Já jsem Pierre Mattieu.*

Pierre Mattieu je ______________________________

3.

Dobrý den.	*Na shledanou.*
Promiňte, vy jste pan Brown?	*Ne, nejsem student. Jsem profesor.*
Vy nejste z Anglie?	*Ne, nejsem z Anglie. Jsem z Ruska.*
Aha. A vy jste student?	*Ne. Já jsem Igor Volkov.*
Tak promiňte.	*To nic.*
Na shledanou.	*Dobrý den.*

Igor Volkov je ______________________________

Igor Volkov není ______________________________

10. Reagujte na otázky.

Jak se jmenuješ/jmenujete? – ______________________________

Odkud jsi/jste? – ______________________________

Co děláš/děláte? – ______________________________

Jak se máš/máte? – ______________________________

lesson 1

Co je to? – To je / to není...

What is that? – It is / it isn't...

Alice a Tom jsou v kavárně.
05
Tom: Ahoj. Jak se máš, Alice?
Alice: Ahoj. Dobře, děkuju. A ty? Jak se máš ty?
Tom: Ujde to.
Alice: Co je to? **To je** whisky? V 10 hodin ráno?
Tom: Ne, **to je** nesmysl. **To není** whisky. **To je** čaj.
Alice: Aha, tak **to je** v pořádku.

11. Dělejte otázky a odpovídejte. Používejte obrázky na straně 19 a 20.

Například: Co je to? To je majonéza? – Ano, to je majonéza. / Ne, to není majonéza. To je jogurt.

12. Co říká robot špatně? Opravte věty.
06

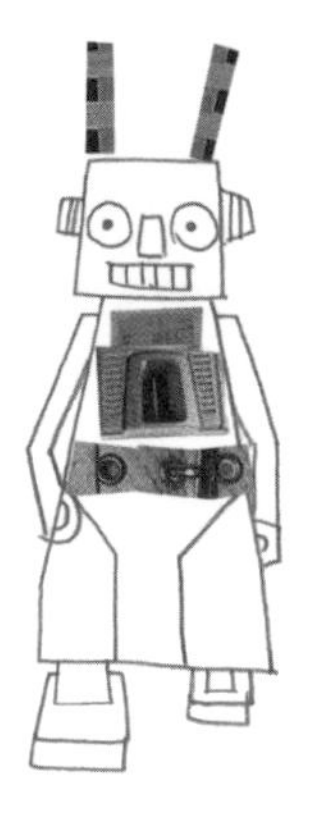

*Já **být** nový robot.*
***Jmenovat** se X 333.*

*Ty **být** taky robot X 333?*

*Ne, to **být** nesmysl.*
*To **nebýt** robot X 333.*

*To **být** škoda.*

13. Čtěte. Rozumíte?

To je skandál. **To je provokace.** **To je šok.** **To je chaos.**
To je fajn. **To je komedie.** **To je tragedie.** **To je komplikace.** **To je problém.**

Pamatujte si:

To je pravda. *That's true.*
To je škoda. *That's a pity / shame.*
To je vtip. *That's a joke.*
To je v pořádku. *That's O.K.*
To je jedno. *It's all the same.*
To je nesmysl. *That's nonsense.*
To je všechno. *That's all.*

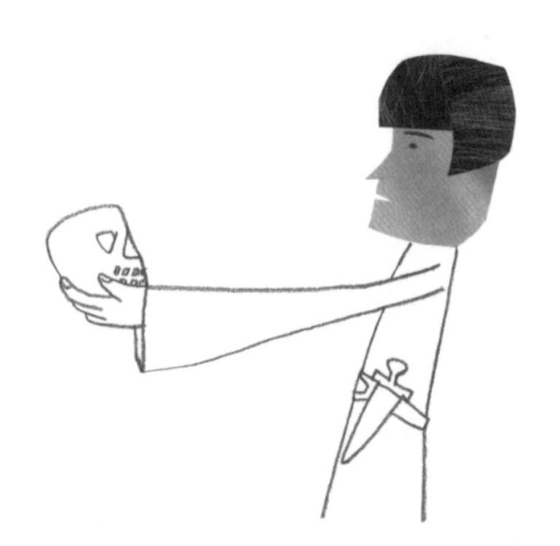

Být nebo nebýt – to je otázka!

Kolik stojí jogurt? – Jogurt stojí 10 korun.

Numbers and prices

07

Alice a Tom jsou v supermarketu.

Tom: Co je to, Alice? To je majonéza, že?
Alice: Ne, to není majonéza. To je jogurt.
Tom: A **kolik stojí** jogurt?
Alice: Jogurt **stojí** 10 korun.
Tom: A co je tohle, Alice? To je majonéza?
Alice: Ne. To taky není majonéza. To je zmrzlina.
Tom: A **kolik stojí** zmrzlina?
Alice: Zmrzlina **stojí** 25 korun.
Tom: A **kolik stojí** majonéza?
Alice: Majonéza **stojí** 30 korun.
Tom: Aha. To je problém. Mám 100 euro, ale jenom 5 korun.

Pozorujte: Kolik JE 1+1? X Kolik STOJÍ káva?

08

14. Poslouchejte.

0 nula
1 jeden, jedna, jedno
2 dva, dvě, dvě
3 tři
4 čtyři
5 pět
6 šest
7 sedm
8 osm
9 devět

10 deset
11 jedenáct
12 dvanáct
13 třináct
14 čtrnáct
15 patnáct
16 šestnáct
17 sedmnáct
18 osmnáct
19 devatenáct

20 dvacet
30 třicet
40 čtyřicet
50 padesát
60 šedesát
70 sedmdesát
80 osmdesát
90 devadesát

100 sto
200 dvě stě
300 tři sta
400 čtyři sta
500 pět set
600 šest set
700 sedm set
800 osm set
900 devět set

1 000 tisíc
2 000 dva tisíce
3 000 tři tisíce
4 000 čtyři tisíce
5 000 pět tisíc
6 000 šest tisíc
7 000 sedm tisíc
8 000 osm tisíc
9 000 devět tisíc

1 000 000 jeden milion
2 000 000 dva miliony
3 000 000 tři miliony
4 000 000 čtyři miliony
5 000 000 pět milionů
6 000 000 šest milionů
7 000 000 sedm milionů
8 000 000 osm milionů
9 000 000 devět milionů

15. Reagujte. Řekněte, kolik to stojí.

Kolik stojí lístek na tramvaj, jídlo v restauraci, pohlednice, známka, zmrzlina, pivo, minerálka a lístek na koncert?

Pozorujte: Kolik to stojí? – How much is it?

1. banán	*banana*	jídlo:
2. brokolice	*broccoli*	______
3. cukr	*sugar*	______
4. cigareta	*cigarette*	______
5. citron	*lemon*	______
6. čaj	*tea*	______
7. dort	*cake*	______
8. chléb, chleba	*bread*	pití:
9. jablko	*apple*	______
10. kakao	*cocoa*	______
11. káva (*coll.* kafe)	*coffee*	______
12. knedlík, knedlíky	*dumpling, dumplings*	______
13. majonéza	*mayonnaise*	______
14. máslo	*butter*	______
15. maso	*meat*	ovoce:
16. minerálka	*mineral water*	______
17. mléko	*milk*	______
18. okurka	*cucumber*	______
19. pivo	*beer*	______
20. rohlík	*long roll*	______
21. salám	*salami*	zelenina:
22. sýr	*cheese*	______
23. víno	*wine*	______
24. zmrzlina	*ice cream*	______

1. banán

2. brokolice

3. cukr

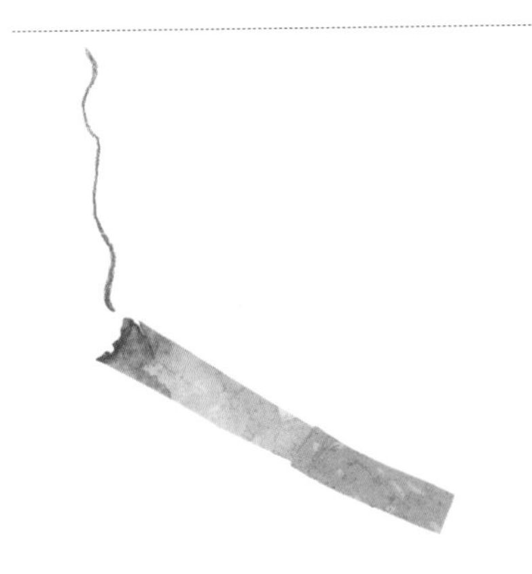

4. cigareta

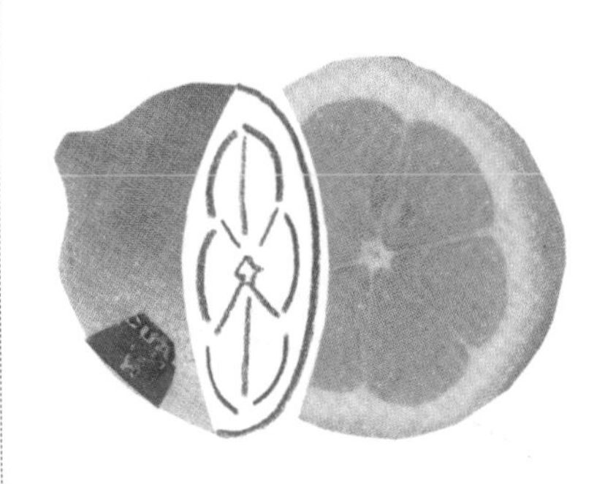

5. citron

6. čaj

7. dort

8. chléb, chleba

9. jablko

10. kakao

11. káva

12. knedlík, knedlíky

13. majonéza

14. máslo

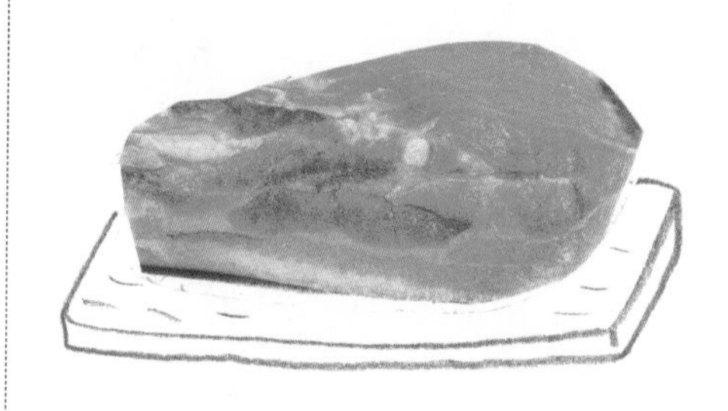

15. maso

16. minerálka

17. mléko

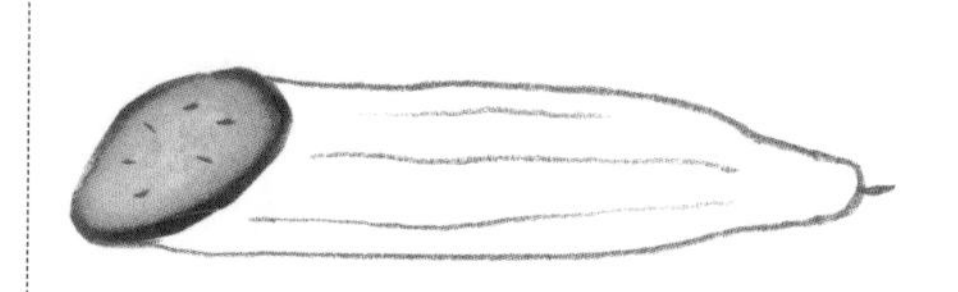

18. okurka

19. pivo

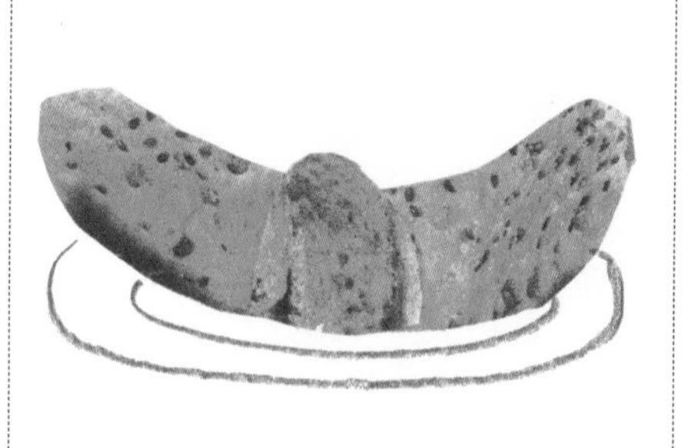

20. rohlík

21. salám

22. sýr

23. víno

24. zmrzlina

Lidé kolem vás

In this lesson you will:

- find out how important gender is in Czech
- talk about people's possessions
- speak about your family and the people around you

Lekce 2

Kdo je to? – To je...

Who is that? – That is...

1. Čtěte. Pozorujte.
(For more about Czech names and addressing people, see page 218.)

To je Jaromír Nohavica. Je zpěvák.

To je Lucie Bílá. Je zpěvačka.

To je Jan Hrušínský. Je herec.

To je Hana Maciuchová. Je herečka.

To je Václav Havel. Je politik a dramatik.

To je Madeleine Albrightová. Je politička.

Student nebo studentka?

Natural gender

09

Eva, Alice a Tom jsou ve škole.

Tom: Dobrý den. Vy jste Eva? Vy jste **učitel**?
Eva: Ano, já jsem Eva, ale nejsem **učitel**. Jsem **učitelka**. A kdo jste vy?
Tom: Já jsem Tom Reed. A jsem... **studentka**? Nebo **student**?
Eva: Ne, vy nejste **studentka**. Vy jste **student**.
Tom: Aha. Jsem **student**. A jsem... Jak se řekne česky *an Englishman*?
Eva: **Angličan**.
Tom: Jsem **Angličan**. A Alice je **Angličanka**, že?
Eva: Ano. Alice je **Angličanka** a **studentka**.

2. Rozumíte? Řekněte, kdo jste.

Například: Nejsem Češka, jsem Angličanka. Jsem studentka. Nejsem vegetariánka.

Angličan	Angličanka	______
Američan	Američanka	______
Němec	Němka	______
Rus	Ruska	______
Čech	Češka	______
doktor	doktorka	______
kamarád	kamarádka	______
manažer	manažerka	______
manžel	manželka	______
milionář	milionářka	______
optimista	optimistka	______
partner	partnerka	______
pesimista	pesimistka	______
profesor	profesorka	______
premiér	premiérka	______
prezident	prezidentka	______
ředitel	ředitelka	______
sekretář	sekretářka	______
student	studentka	______
učitel	učitelka	______
vegetarián	vegetariánka	______

Pozor:

člověk	–	*man, person*
muž	žena	*man, woman*
pán	paní	*Mr / sir, Mrs. / madam / ma'am*
přítel	přítelkyně	*friend*
kolega	kolegyně	*colleague*
sportovec	sportovkyně	*athlete*
tatínek	maminka	*father, mother*

3. Napište 5 jmen slavných lidí, které znáte. Ptejte se a odpovídejte podle modelu.

Například: Kdo je Bill Gates? – Je Američan. Je milionář. Není politik.

lesson 2

Ten muž, ten dům, ta žena, to auto

(masculine animate,masculine inanimate, feminine, neuter)

10

4. Čtěte nebo poslouchejte.

Alice a Tom jsou ve škole. Dívají se na fotografie.

Tom: Kdo je to? To je **tvůj** kamarád?
Alice: Ne, to není **můj** kamarád. To je **můj** učitel.
Tom: **Jaký** je?
Alice: Je **mladý** a **energický.** Je moc **sympatický.**

Alice: Co je to? To je **tvůj** dům?
Tom: Ano, to je **můj** dům.
Alice: **Jaký** je?
Tom: Je **nový** a **moderní**.

Alice: Kdo je to? To je **tvoje** kamarádka?
Tom: Ne, to není **moje** kamarádka. To je **moje** šéfka.
Alice: **Jaká** je?
Tom: Je **mladá** a **energická.** Je moc **sympatická.**

Tom: Co je to? To je **tvoje** auto?
Alice: Ano, to je **moje** auto.
Tom: **Jaké** je?
Alice: Není **nové.** Je **staré**, ale je **moderní**.

Pozor: Sympatický **doesn't mean** *sympathetic. See page 215.*

Gramatický rod

Grammatical gender (masculine animate, masculine inanimate, feminine, neuter)

1. Nouns

Very often, you can identify the gender of a new noun according to its ending (see also page 231).

a) Nouns with majority endings (about 75 %):

student, kamarád, tygr	banán, sýr, jogurt	káva, voda, majonéza	auto, pivo, rádio
consonant	*consonant*	*– a*	*– o*

b) Nouns with minority endings (about 25 %):

kolega, soudce **-a** *(rarely)* **-e** *(rarely)*	chleba **-a** *(an exception)*	televize, policie, kancelář **-e** *(very often)* **consonant**	nádraží, dítě, muzeum **-í, -e/-ě** *(not very often)* **-um** *(loanwords)*

2. Adjectives

a) "-ý – adjectives" (hard adjectives)

dobrý	*dobrý*	*dobrá*	*dobré*

You will hear the forms **dobrej**, **dobrej** *and* **dobrý** *in colloquial Czech.*

b) "-í – adjectives" (soft adjectives)

moderní

3. Pronouns

a) demonstrative pronouns* ten *(that) and* tenhle *(this)

ten ten**hle**	ten ten**hle**	ta ta**hle**	to to**hle**

b) possessive pronouns

já	můj	můj	moje / má	moje / mé
ty	tvůj	tvůj	tvoje / tvá	tvoje / tvé
my	náš	náš	naše	naše
vy	váš	váš	vaše	vaše
on/ono	jeho			
ona	její			
oni	jejich			

Čí je to?
Whose is it?

5. Pozorujte.

Čí je TEN banán?
To je MŮJ banán.

Čí je TA káva?
To je MOJE káva.

Čí je TO auto?
To je MOJE auto.

6. Podtrhněte správnou formu.

Například: Čí je ten/ta/**to** auto? To je tvůj/**tvoje** auto?- Ano, to je můj/**moje** auto.

1. Čí je *ten / ta / to* káva? To je *tvůj / tvoje* káva? – Ano, to je *můj / moje* káva.
2. Čí je *ten / ta / to* pivo? To je *tvůj / tvoje* pivo? – Ano, to je *můj / moje* pivo.
3. Čí je *ten / ta / to* banán? To je *tvůj / tvoje* banán? – Ne, to není *můj / moje* banán.
4. Čí je *ten / ta / to* čaj? To je *tvůj / tvoje* čaj? – Ne, to není *můj / moje* čaj.
5. Čí je *ten / ta / to* minerálka? To je *tvůj / tvoje* minerálka? – Ne, to není *můj / moje* minerálka.
6. Čí je *ten / ta / to* video? To je *tvůj / tvoje* video?– Ano, to je *můj / moje* video.
7. Čí je *ten / ta / to* kamarádka? To je *tvůj / tvoje* kamarádka? – Ano, to je *můj / moje* kamarádka.
8. Čí je *ten / ta / to* ředitel? To je *tvůj / tvoje* ředitel? – Ne, to není *můj / moje* ředitel.
9. Čí je *ten / ta / to* kamarád? To je *tvůj / tvoje* kamarád? – Ne, to není *můj / moje* kamarád.
10. Čí je *ten / ta / to* učitelka? To je *tvůj / tvoje* učitelka? – Ano, to je *můj / moje* učitelka.

7. Doplňte *ten / ta / to*. Řekněte, čí jsou reálné předměty.

sklenička

batoh

hrnek

tužka

počítač

diář

8. Spojte čísla a písmena.

1. já
2. ty
3. my
4. on
5. ona
6. oni
7. vy

A. náš, naše
B. jejich
C. její
D. váš, vaše
E. tvůj, tvoje
F. můj, moje
G. jeho

Jaký je Petr? Jaká je Eva?

What is Petr like? What is Eva like?

9. Čtěte nebo poslouchejte.

11

Eva je krásná a Petr je silný

Petr je mladý, vysoký, štíhlý a silný. Je moc inteligentní a energický. Eva je mladá, krásná, štíhlá a elegantní. Je taky moc inteligentní a energická. Myslíte, že to všechno je pravda?
Ne, to je nesmysl. Eva je úplně normální holka. Je hezká, ale není žádná modelka. Petr je fajn, ale není žádný superman – je úplně normální kluk. Eva a Petr nejsou ideální. Ale Eva je zamilovaná a Petr je taky zamilovaný. To víte, láska je slepá...

10. Pozorujte obrázky. Co znamenají?

dobrý

špatný

chudý

bohatý

malý

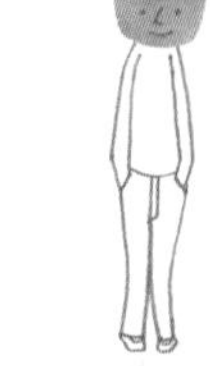

velký, vysoký

hezký, krásný

ošklivý

mladý

starý

levný

drahý

nový

starý

hubený, štíhlý

tlustý

zdravý

nemocný

slabý

silný

studený

teplý, horký

veselý

smutný

11. Diskutujte, co je / není dobré.

Co je dobré? Co není dobré?

studená káva
horké červené víno
mladé víno

silná káva
slabý čaj
silná cigareta

teplé pivo
staré pivo
lehká cigareta

teplé bílé víno
teplá kola
staré víno

Pozorujte:
CO je to? – To je banán. **JAKÝ je ten banán? – Dobrý.** **ČÍ je ten banán? – Můj.**

12. Najděte 3 adjektiva, která můžete použít se slovy *čaj, holka* a *metro.*

čaj	**holka**	**metro**
zdravá	studené	smutné
nemocný	krásná	drahá
dobré	starý	mladý
silný	veselý	levné
drahá	smutná	staré
lehká	mladá	chudé
zdravý	nový	ošklivý
horký	nemocný	nové

13. Dělejte otázky. Používejte *jaký, jaká, jaké.*

1. ______________ je ten čaj? – Horký.
2. ______________ je to rádio? – Nové.
3. ______________ je ten muž? – Starý.
4. ______________ je ta limonáda? – Studená.
5. ______________ je ten kolega? – Bohatý.
6. ______________ je to auto? – Drahé.
7. ______________ je ta sekretářka? – Mladá.
8. ______________ je to video? – Levné.
9. ______________ je ta minerálka? – Studená.
10. ______________ je ten student? – Sympatický.
11. ______________ je to auto? – Hezké.

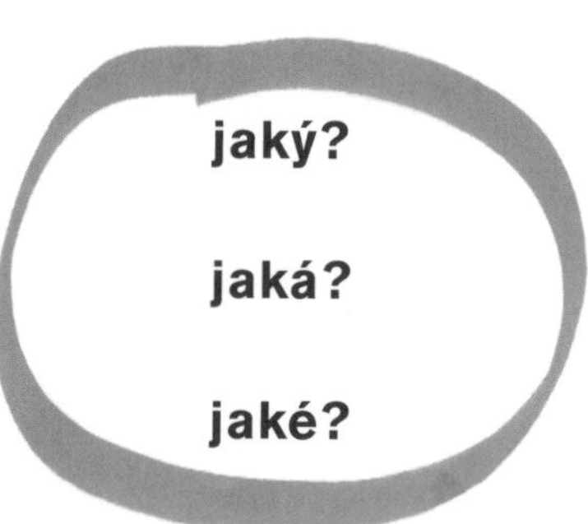

14. Jaký je ten pes? Jak se asi jmenuje? A jaký je asi jeho pán / paní?

15. Dělejte otázky se slovy *odkud, jak, kolik, co, kdo, jaký, čí.*

1. ______________ to stojí?
2. ______________ to je? Kamarád nebo šéf?
3. ______________ je 5 – 1?
4. ______________ je ten jogurt? Tvůj nebo můj?
5. ______________ jsi? Z Anglie nebo z Francie?
6. ______________ děláš?
7. ______________ je ta káva? Horká nebo studená?
8. ______________ je ten čaj? Silný nebo slabý?
9. ______________ je to auto? Nové nebo staré?
10. ______________ se jmenujete?
11. ______________ je to? Čaj nebo káva?
12. ______________ se máš?

Moje rodina
My family

12

16. Poslouchejte text a pozorujte obrázek. Kdo je kdo?

Kdo je kdo?

Jmenuju se Eva Hanušová. Jsem studentka a taky učitelka – studuju angličtinu a učím češtinu. Na fotografii je moje rodina. Můj tatínek se jmenuje Josef Hanuš. Je doktor.
Je vysoký a trochu tlustý. Moje maminka se jmenuje Milada. Je taky učitelka jako já. Je hezká a veselá, ale teď je trochu nemocná.
Moje starší sestra se jmenuje Alena. Je taky doktorka jako tatínek. Alena je hezká, chytrá, ale někdy je trochu nervózní. Její manžel se jmenuje Viktor Beneš. Je manažer. Je vysoký, ale není tlustý. Je moc sympatický.
Můj mladší bratr se jmenuje Filip. Je vysoký a hubený. Je strašný – typický puberťák! Ale pravda je, že je dobrý student...
Náš pes se jmenuje Rex a je moc fajn. Je už moc starý, ale je zdravý a veselý. Je můj nejlepší kamarád... Ale to vlastně není pravda. Můj nejlepší kamarád je můj přítel Petr. Petr studuje matematiku. Je mladý, vysoký, štíhlý, silný, chytrý a energický. Je fantastický!

Pozorujte:
Jak se jmenuješ? – Jmenuju SE Eva Hanušová. Můj tatínek SE jmenuje Josef.
For more about the particle se *and its position,* *see pages 35, 229 and 234.*

17. Napište informace o vaší rodině / kamarádech.

Například: Můj tatínek se jmenuje Josef. Je vysoký a trochu tlustý.

Můj ______ se jmenuje ______. Je ______.
Moje ______ se jmenuje ______. Je ______.
Můj ______ se jmenuje ______. Je ______.
Moje ______ se jmenuje ______. Je ______.
Můj ______ se jmenuje ______. Je ______.
Moje ______ se jmenuje ______. Je ______.

lesson 2

1. babička	*grandmother* (prababička – *great grandmother*)
2. bratr	*brother*
3. člověk, **lidé**, *coll.* **lidi**	*person, people*
4. dcera	*daughter*
5. dědeček	*grandfather* (pradědeček – *great grandfather*)
6. dítě, **děti**	*child, children*
7. dívka, *coll.* holka	*girl* (*pejor.* puberťačka – *teenager*)
8. chlapec, *coll.* kluk	*boy* (*pejor.* puberťák – *teenager*)
9. matka, maminka	*mother, Mum/Mom*
10. otec, tatínek	*father, Dad*
11. pán	*sir, Mr.*
12. paní	*madam/ma'am, Mrs., lady*
13. **příbuzný** *(adj.)*	*relative*
14. **rodiče**	*parents*
15. rodina	*family*
16. sestra	*sister*
17. slečna	*Miss*
18. syn	*son*
19. strýček, *coll.* strejda	*uncle*
20. švagr	*brother-in-law*
21. **švagrová** *(adj.)*	*sister-in-law*
22. teta	*aunt*
23. vnučka	*granddaughter*
24. vnuk	*grandson*

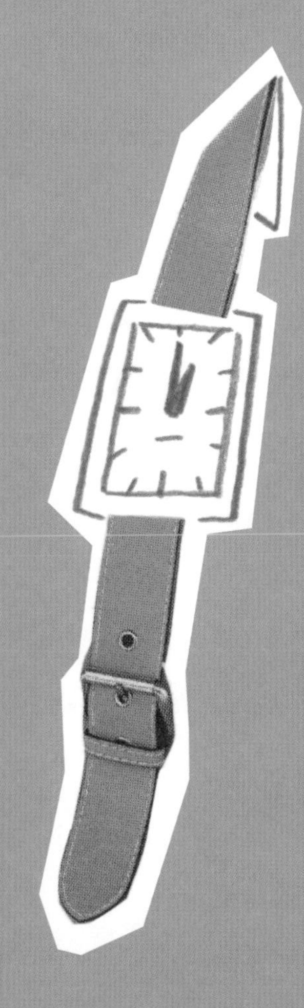

Váš program

In this lesson you will:

- say when things happen
- discuss your daily program
- speak about what you like or dislike doing
- say what you must and can do every day

Lekce 3

Kolik je hodin?

What time is it? Telling time

Je jedna **hodina / minuta.**

Jsou dvě (tři, čtyři) **hodiny / minuty.**

Je pět (šest, sedm…) **hodin / minut.**

Pozorujte:
When telling time, use a "twelve hour" system, e. g. **Je 12:15.** *For more about time in Czech,* *see page 219.*

1. Řekněte, kolik je hodin.

Kolik je hodin?

1.

2.

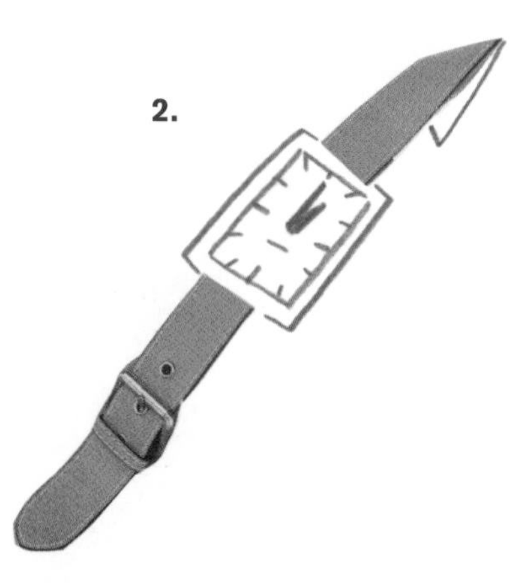

3.

4.

5.

6.

CARTIER

Kdy? / V kolik hodin?

When? / At what time?

Kdy se sejdeme? – Sejdeme se v 7 hodin.

V jednu **hodinu / minutu.**

Ve dvě (tři, čtyři) **hodiny / minuty.**

V pět (šest, sedm...) **hodin / minut.**

Pozorujte: v pět, v sedm X **ve tř**i, **ve čt**yři, **ve dv**anáct. *Can you say the rule now? See also page 228.*

13

2. Poslouchejte. Doplňte čas.

Kdy / v kolik hodin je ?

koncert je v ___
film je ve ___
balet je v ___

diskotéka je v ___
mítink je ve ___
pauza je v ___

konference je v ___
party je v ___
příští lekce je v ___

festival je v ___
seriál je v ___
nový kurz je v ___

konzultace je v ___
opera je ve ___
detektivka je ve ___

3. Dělejte otázky.

Kdy je...?

ČT 1

06.00 Dobré ráno
07.50 Návštěva v ZOO
09.35 Holka nebo kluk
Česká filmová komedie
10.05 Kinobox
Z filmového archivu
10.35 Detektiv M.Tomsa
Český detektivní film
12.00 Zprávy
12.10 Kalendárium
17.50 Tajemství
Český romantický film
19.00 Večerníček
19.15 Události
20.00 Filmový festival Karlovy Vary
Slavnostní zakončení
21.15 Muž z Honkongu
Francouzsko-italská komedie
23.55 Móda a extravagance
01.33 Star Trek III

ČT 2

06.00 Svět motorů
07.05 Panoráma
07.35 Objektiv
08.05 Jan Hus
Český historický film
09.24 Český film
Filmový týdeník
10.25 Salon
11.22 AZ Kvíz
Zábavný televizní kvíz
17.39 Rallye Bohemia
18.40 Golden League Řím
Atletický mítink v Itálii
19.15 Euronews
20.25 Amarcord
Filmový klub
22.05 Federico Fellini
Portrét italského režiséra
23.00 Jazz – Koncert
00.00 A.Dvořák
Symfonické variace op.78

NOVA

06.00 Snídaně s Novou
07.25 Televizní noviny
08.30 Simpsonovi
Seriál USA
09.23 Delfín Flip
Seriál USA pro děti i rodiče
11.05 Tenis
Finále Davis Cup
12.55 Zamilovaná
Telenovela Peru
19.25 Počasí
19.30 Televizní noviny
20.00 Chcete být milionářem?
Soutěž o 10 milionů korun
21.10 Patriot *Film USA*
22.55 Alibi
Thriller Kanada
23.35 Magazín Playboy
Erotický seriál USA
00.15 Xena
Fantasy seriál USA

PRIMA

08.00 Dinosaurus
Komediální seriál USA
09.45 Afrika – můj domov
Italský romantický film
12.00 Beverly Hills 90210
13.05 Šance
Německý romantický film
14.45 Kleopatra
Historický film USA
15.55 Mňam – Prima vařečka
17.50 Sauna
Miss Sauna 2004
18.40 Minuty regionu
České a moravské regiony
19.00 Zpravodajský deník
20.00 Komisař Rex
Krimiseriál Rakousko
21.50 Akta X
Seriál USA
23.02 Ulice Berlína
Německý krimiseriál

den

		kdy?
dneska	*today*	**dneska**
zítra	*tomorrow*	**zítra**
ráno	*early morning*	**ráno**
dopoledne	*morning*	**dopoledne**
poledne	*noon*	**v poledne**
odpoledne	*afternoon*	**odpoledne**
večer	*evening*	**večer**
noc	*night*	**v noci**
víkend	*weekend*	**o víkendu**

týden

		kdy?
pondělí	*Monday (from* po neděli, *after Sunday)*	**v pondělí**
úterý	*Tuesday (the second day – compare Russian* vtoroj)	**v úterý**
středa	*Wednesday (from* střed *– the middle)*	**ve středu**
čtvrtek	*Thursday (from* čtvrtý *– the fourth)*	**ve čtvrtek**
pátek	*Friday (from* pátý *– the fifth)*	**v pátek**
sobota	*Saturday (from Hebrew sabath)*	**v sobotu**
neděle	*Sunday (from* nedělat *– not to do)*	**v neděli**

měsíc

		kdy?
leden	*January (from* led *– ice)*	**v lednu**
únor	*February (probably from* nořit se *– to immerse = melting ice)*	**v únoru**
březen	*March (from* bříza *– birch tree or* březí *– pregnant animal)*	**v březnu**
duben	*April (from* dub *– oak)*	**v dubnu**
květen	*May (from* květina *– flower)*	**v květnu**
červen	*June (from* červený *– red)*	**v červnu**
červenec	*July (from* červený *– red)*	**v červenci**
srpen	*August (from* srp *– sickle)*	**v srpnu**
září	*September (from* za říje *– during the rutting season)*	**v září**
říjen	*October (from* říje *– rutting season)*	**v říjnu**
listopad	*November (from* list *and* padat *– a leaf and to fall)*	**v listopadu**
prosinec	*December (probably from* siný *– a bookish word for gray)*	**v prosinci**

roční období

		kdy?
jaro	*spring*	**na jaře**
léto	*summer*	**v létě**
podzim	*fall/autumn*	**na podzim**
zima	*winter*	**v zimě**

rok

1998

can be read as: 1. tisíc devět set devadesát osm
2. devatenáct set devadesát osm (since 1100)

kdy?

v roce 1998

1. tisíc devět set devadesát osm
2. devatenáct set devadesát osm

4. Odpovídejte na otázky.

1. Kdy je festival Pražské jaro?
2. Kdy je hokejový šampionát?
3. Kdy je fotbalová liga?
4. Kdy je olympiáda?
5. Kdy jsou Vánoce?
6. Kdy jsou Velikonoce?
7. Kdy máte narozeniny?
8. Kdy máte dovolenou?

5. Čtěte. (The following years are significant dates in Czech history. See also page 220.)

Víte, co se stalo v české historii v roce...?

1306, 1348, 1415, 1526, 1620, 1781, 1918, 1939, 1945, 1948, 1968, 1989, 1993, 2000, 2004

Co dělá Petr? Co dělá Eva?

Models of verbal conjugation

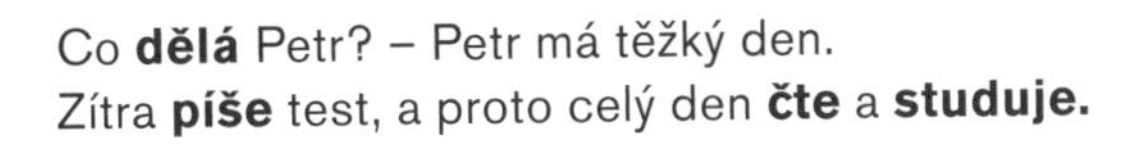

Co **dělá** Petr? – Petr má těžký den.
Zítra **píše** test, a proto celý den **čte** a **studuje.**

Co **dělá** Eva? – Eva má krásný den. Nepracuje, dopoledne **nakupuje**, a pak **obědvá** v restauraci.

*All Czech verbs are conjugated. What is conjugation? Compare: **I** do not understand –* nerozum**ím**, ***YOU** do not understand –* nerozum**íš**... *The verbs change their forms to express persons – they are conjugated. The personal pronouns* (já, ty, on, ona, my, vy, oni) *are usually omitted.*

There are four basic models of conjugation:

	Á-verbs	**Í-verbs**	**regular E-verbs** *(often "-ovat" verbs)*	**irregular E-verbs** *(often the stem changes)*
	dělat *(to do / to make)*	**rozumět** *(to understand)*	**pracovat** *(to work)*	**číst*** *(to read)*
I	**děl-ám**	**rozum-ím**	**prac-uju / pracuji**	**čt-u**
you	**děl-áš**	**rozum-íš**	**prac-uješ**	**čt-eš**
he / she	**děl-á**	**rozum-í**	**prac-uje**	**čt-e**
we	**děl-áme**	**rozum-íme**	**prac-ujeme**	**čt-eme**
you	**děl-áte**	**rozum-íte**	**prac-ujete**	**čt-ete**
they	**děl-ají**	**rozum-í / rozum-ějí**	**prac-ujou / prac-ují**	**čt-ou**

Note: děláš = *you informal,* děláte = *you formal / the plural. The forms* rozumějí / pracuju / pracujou *are colloquial.*
For negation, use the prefix ne-. *Czech has multiple negation* (Nikdy nic nedělám.). *See pages 79 and 80.*
To make a question, change the intonation (Pracuješ? Proč pracuješ doma?).

Conjugation is not difficult – it only takes practice! However, there are some verbs with an unpredictable conjugation. They are denoted by a star in this textbook (e. g. číst**). You will find a list of them on p. 232.*

Pozorujte:
Some Czech verbs are reflexive. They are accompanied by the reflexive particles **se** *or* **si** *(for more about this, see page 234). If a verb is reflexive, it must have* **se/si** *even if conjugated, e. g. the verb* **jmenovat se**:
jmenuju se
jmenuješ se
jmenuje se
jmenujeme se
jmenujete se
jmenujou se
Reflexive particles **se** *and* **si** *are placed in the second position in the sentence. For more about this, see page 229.*

The Czech past tense and future tense are easy! See pages 64 and 84.

-Á model: dělat	-Í model: rozumět
děl-ám **děl-áš** **děl-á** **děl-áme** **děl-áte** **děl-ají** Co děláte? (= Jakou máte profesi?) Co dělá váš tatínek / maminka / partner?	**rozum-ím** **rozum-íš** **rozum-í** **rozum-íme** **rozum-íte** **rozum-í / rozum-ějí** Rozumíte česky? Rozumíte anglicky / německy / rusky...?

6. Odpovídejte. Dělejte otázky a odpovídejte. Pište + / –.

Můžete spolu bydlet? *(Can you live together?)*

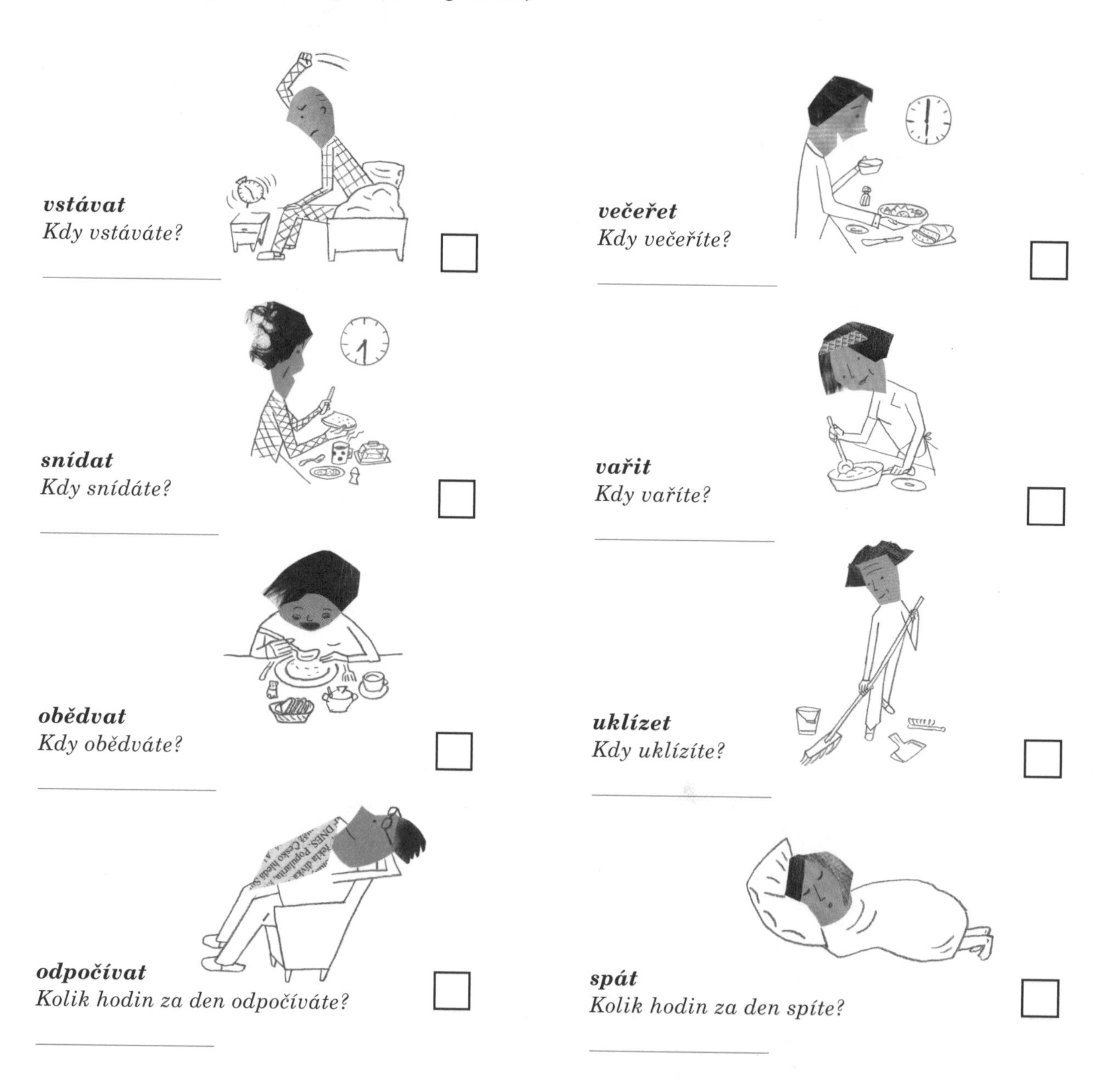

vstávat
Kdy vstáváte?
__________ ☐

snídat
Kdy snídáte?
__________ ☐

obědvat
Kdy obědváte?
__________ ☐

odpočívat
Kolik hodin za den odpočíváte?
__________ ☐

večeřet
Kdy večeříte?
__________ ☐

vařit
Kdy vaříte?
__________ ☐

uklízet
Kdy uklízíte?
__________ ☐

spát
Kolik hodin za den spíte?
__________ ☐

7. Počítejte všechny + a –. Najděte výsledek v tabulce. Dokončete věty dole.

6 až 8 +	Můžeme spolu bydlet, protože __________.
4 až 5 +	Můžeme spolu bydlet, ale musíme dělat kompromisy, protože __________.
1 až 3 +	Nemůžeme spolu bydlet, protože __________.

-E model, regular: pracovat	-E model, irregular: číst*
prac-uju **prac-uješ** **prac-uje** **prac-ujeme** **prac-ujete** **prac-ujou / prac-ují** Kdy pracujete? Kdo pracuje na počítači?	**čt-u** **čt-eš** **čt-e** **čt-eme** **čt-ete** **čt-ou** Kdy čtete? Co čtete? Čtete noviny / časopisy / detektivky?

8. Odpovídejte. Dělejte otázky a odpovídejte. Pište + / –.

Můžete spolu jet na dovolenou? *(Can you go together on a vacation?)*

nakupovat
Nakupujete suvenýry? ☐

psát*, píšu
Píšete často pohlednice? ☐

tancovat
Tancujete? ☐

plavat*, plavu
Plavete? ☐

cestovat
Cestujete často? ☐

hrát*, hraju
Hrajete tenis? Hrajete karty? ☐☐

lyžovat
Lyžujete často? ☐

pít*, piju
Pijete kávu? Pijete alkohol? ☐☐

9. Počítejte všechny + a –. Najděte výsledek v tabulce. Dokončete věty dole.

7 až 10 + Můžeme jet spolu na dovolenou, protože ______________________.

4 až 6 + Můžeme spolu jet na dovolenou, ale musíme dělat kompromisy, protože ______________________.

0 až 3 + Nemůžeme jet spolu na dovolenou, protože ______________________.

10. Téma ke konverzaci.

Co asi teď dělají vaši kamarádi a rodina?

Petr rád hraje fotbal. Eva ráda nakupuje.

To like to do / doing something

Petr ***rád*** *hraje fotbal.*

Eva ***ráda*** *nakupuje.*

The short adjectives rád / ráda / rádi *are very frequent in Czech. They are used in three constructions:*
1. Rád dělat – *to like doing / to do. See here.*
2. Být* rád, že – *to be glad that, to be happy that. See page 48.*
3. Mít* rád – *to like. See page 59.*

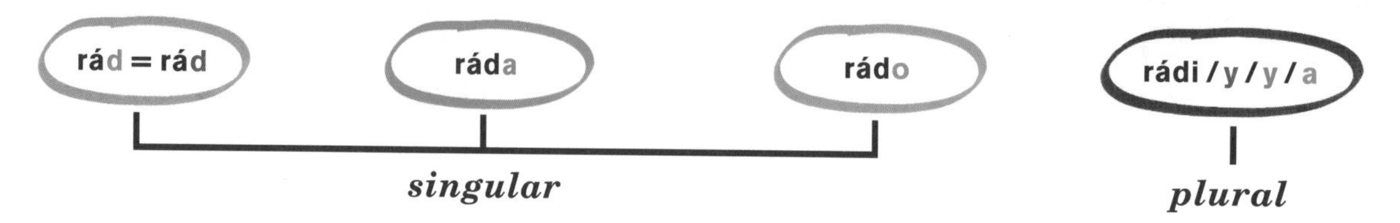

11. Změňte věty podle modelu.

Například: Eva čte. – Eva ráda čte.

1. Robert hraje basketbal. ______________________.
2. Irena spí. ______________________.
3. Michal se dívá na televizi. ______________________.
4. Jan lyžuje. ______________________.
5. Dana a David hrajou volejbal. ______________________.
6. Ivana a Alena plavou. ______________________.
7. Daniel a Adam cestujou. ______________________.

12. Řekněte, co rádi / neradi dělají.

1. 

2. 

3. 

4. 

5. 

6. 

7. 

8. 

Eva nemůže odpočívat. Musí studovat.

Modal verbs

14

Eva dneska **nemůže** spát ani odpočívat. **Musí** studovat. Zítra píše těžký test. Ale Petr je veselý. Nepíše test, proto **nemusí** studovat. „Dneska **můžu** dělat všechno." říká Petr. „**Můžu** hrát tenis, jít do kina, hrát šachy, plavat nebo celý den spát."
„Cože?" směje se Eva. „**Nemůžeš** jít do kina, protože je ráno. **Nemůžeš** plavat, protože je zima. **Nemůžeme** hrát šachy, protože já **musím** studovat. A **nemůžeš** hrát tenis, protože to **neumíš**. Ale **můžeš** uklízet a vařit."
„Ale to taky **neumím**," protestuje Petr. „Jdu spát. To je nejlepší program."

13. Dokončete věty.

Eva musí ______________________________.

Petr říká, že může ______________________________.

Eva říká, že Petr nemůže ______________________________.

Petr neumí ______________________________.

Pamatujte si:
muset – *must, have to*
moct*, můžu – *can, to be able to*
umět – *to know how to, can*
The modal verbs are followed by the infinitive (e. g. musím pracovat*).*

14. Dokončete věty.

1. Každý den musím ______________________________.
2. O víkendu můžu ______________________________.
3. V létě můžu ______________________________.
4. V zimě můžu ______________________________.
5. Když jsem nemocný, nemůžu ______________________________.
6. Když jsem nemocný, musím ______________________________.
7. Když jím, nemůžu ______________________________.
8. Když se dívám na televizi, nemůžu ______________________________.

15. Řekněte, co umíte / neumíte vy. Používejte obrázky na str. 41 a 42.

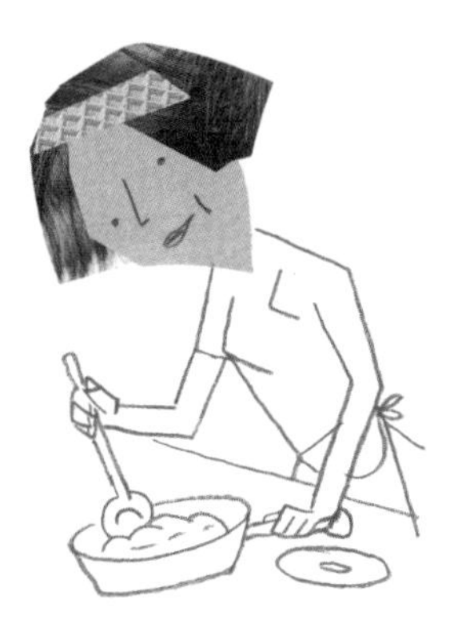

1. **cestovat** — ***to travel***
2. **číst*, čtu** — ***to read***
3. **dívat se na televizi** — ***to watch TV***
4. **hrát*, hraju tenis / fotbal / karty** — ***to play tennis / football / cards***
5. **jet*, jedu domů / do školy** — ***to go home / to school***
   přijedu — *I'll come*
   odjedu — *I'll leave*
6. **jít*, jdu domů / do školy** — ***to go on foot***
   přijdu — *I'll come*
   odejdu — *I'll leave*
7. **lyžovat** — ***to ski***
8. **nakupovat** — ***to go shopping***
9. **odpočívat** — ***to have a rest***
10. **plavat*, plavu** — ***to swim***
11. **pít*, piju** — ***to drink***
12. **pracovat** (na počítači) — ***to work*** *(on a computer)*
13. **psát*, píšu** — ***to write***
14. **malovat** — ***to paint, to draw***
15. **mluvit; říkat** — ***to speak; to say***
16. **snídat, obědvat, večeřet** — ***to have breakfast / lunch / dinner***
17. **spát, spím** — ***to sleep***
18. **sportovat** — ***to play sports***
19. **studovat** — ***to study***
20. **tancovat** — ***to dance***
21. **telefonovat** — ***to telephone***
22. **uklízet** — ***to clean***
23. **vařit** — ***to cook***
24. **vstávat** — ***to get up***

1. cestovat

2. číst*, čtu

3. dívat se na televizi

4. hrát*, hraju tenis

5. jet*, jedu domů / do školy

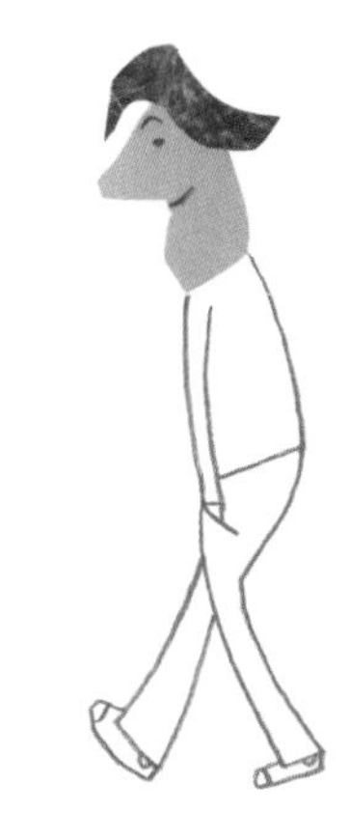

6. jít*, jdu domů / do školy

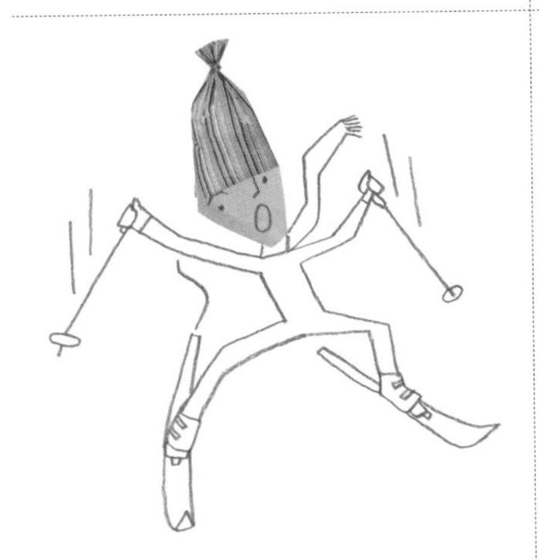

7. lyžovat

8. nakupovat

9. odpočívat

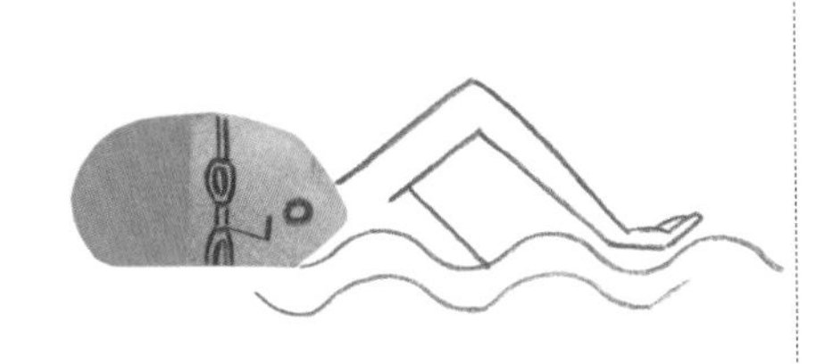

10. plavat*, plavu

11. pít*, piju

12. pracovat (na počítači)

13. psát, píšu*

14. malovat

15. mluvit; říkat

16. snídat, obědvat, večeřet

17. spát, spím

18. sportovat

19. studovat

20. tancovat

21. telefonovat

22. uklízet

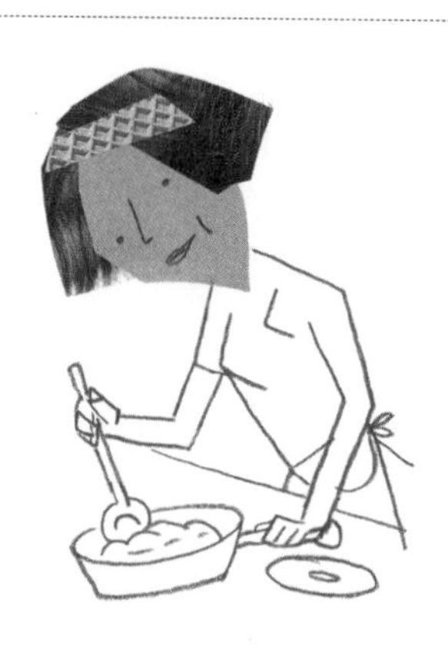

23. vařit

24. vstávat

Orientace

In this lesson you will:

- say where things are
- use the construction to *be happy – být rád*
- describe the area you live in

Lekce 4

lesson 4

Kde je to?

Where is it?

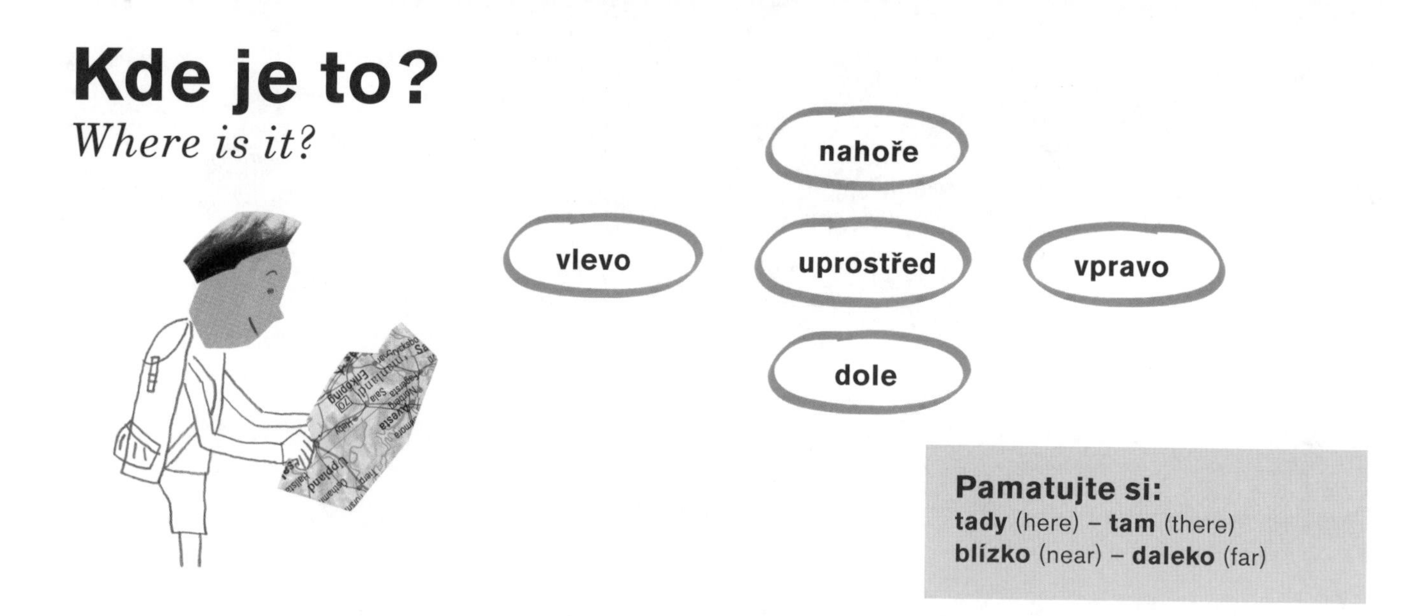

Pamatujte si:
tady (here) – **tam** (there)
blízko (near) – **daleko** (far)

1. Co znamenají slova v tabulce? Spojte písmena a čísla. Řekněte, kde je to.
Například: To je nádraží. Nádraží je vlevo dole.

Co je to? Kde je to?

A. nádraží	**B. letiště**	**C. cukrárna**	**D. ovoce - zelenina**
E. nemocnice	**F. škola**	**G. stanice**	**H. kostel**

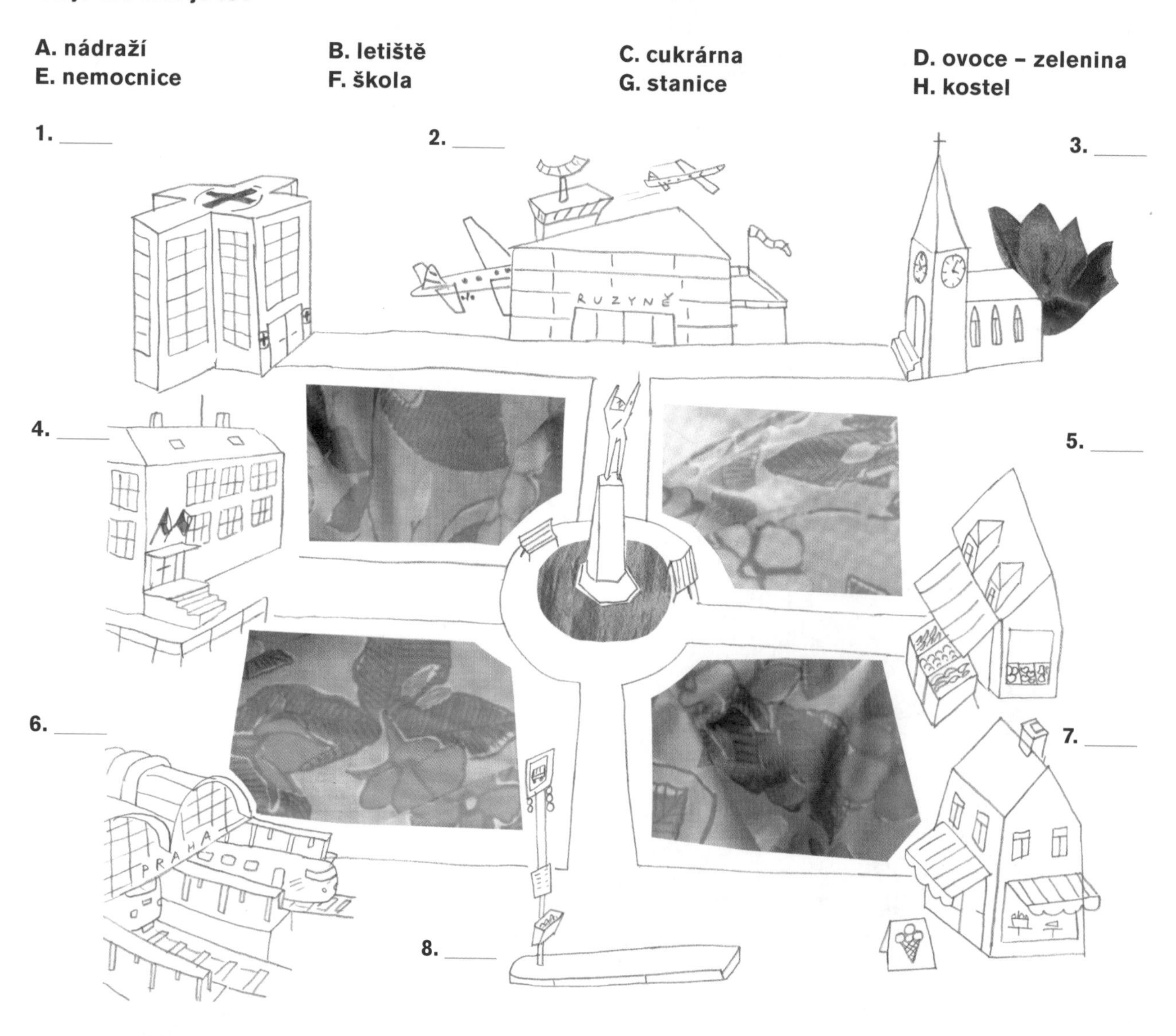

Pozorujte:
Vpravo je banka. – There is a bank on the right. **Uprostřed jsou stromy.** – There are trees in the middle.

Jak je to daleko?

How far is it?

Prosím vás, jak daleko je odtud centrum?
Pěšky 5 minut, autem 20 minut.

2. Čtěte. Rozumíte?

Jak můžete jít nebo jet?

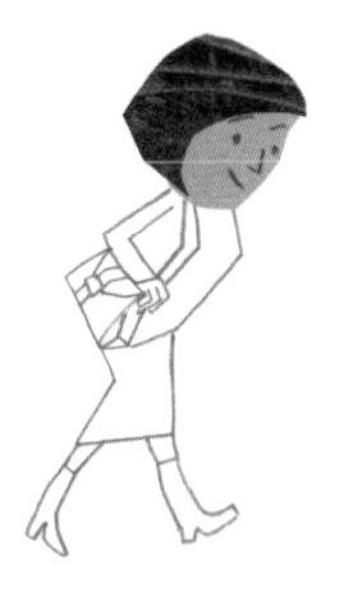

*jít **pěšky***

*auto: jet **autem***

*autobus: jet **autobusem***

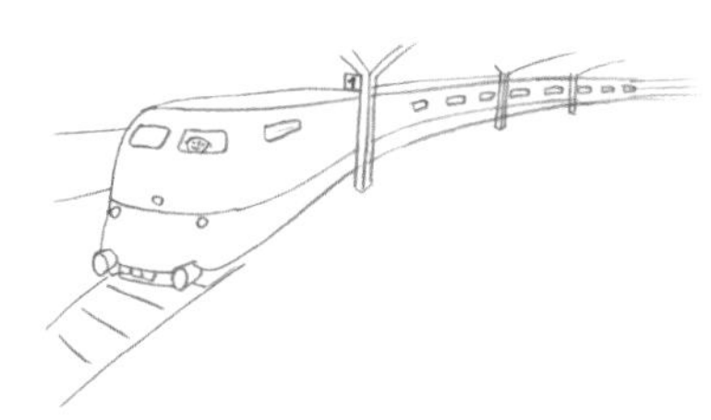

*vlak: jet **vlakem***

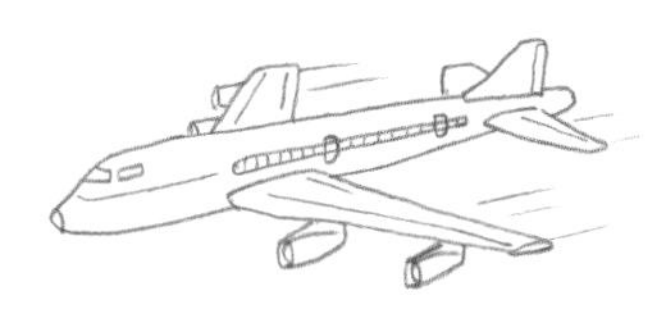

*letadlo: letět **letadlem***

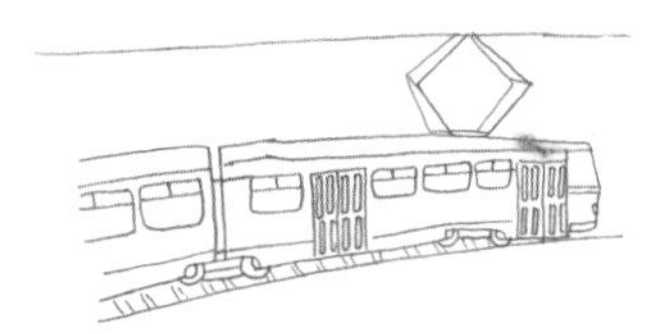

*tramvaj: jet **tramvají***

*metro: jet **metrem***

*taxík: jet **taxíkem***

15

3. Spojte čísla a písmena.

1. Prosím vás, kde je restaurace Alfa?
2. Je tady někde blízko kavárna?
3. Prosím vás, kde je hotel Diplomat?
4. Kde je tady nějaká dobrá hospoda?
5. Prosím vás, kde je divadlo?

A. Kavárna je odtud daleko. Můžete jet tramvají číslo 1 asi 50 minut. Nebo taxíkem asi 10 minut.

B. Hotel není daleko, je blízko. Je odtud asi 5 minut pěšky.

C. Jedna hospoda je tady dole vpravo. Je asi 10 minut odtud.

D. To je blízko, můžete jít pěšky. Je to ulice Krátká a divadlo je ten žlutý dům vlevo.

E. Restaurace Alfa je blízko, asi 5 minut autem nebo 25 minut pěšky. Je tam nahoře a vlevo.

Pamatujte si:
Jedu (metrem) áčkem, béčkem, céčkem. I go (by metro) by A, B or C line.

lesson
4

Tom je v České republice. Bydlí v Praze.

Models for the locative singular

16

4. Čtěte nebo poslouchejte. Kde je Tom každý den? Napište to.

Tom a jeho týden

Tom Reed je Angličan, ale teď není **v Anglii**. Je v **České republice**. Bydlí **v Praze v malém penzionu** a studuje češtinu. V pondělí a ve středu dopoledne je **ve škole**. Píše testy, čte texty a mluví česky. V úterý a v pátek je celý den **v práci**. Ve čtvrtek je **doma**. Tom je fotograf a pracuje **v kanceláři v centru**. V sobotu večer je **v kině** nebo **v divadle**, večeří **v restauraci** nebo hraje karty **v hospodě**. V neděli večer je **doma**, studuje a píše domácí úkoly. Co myslíte, jaký je jeho oblíbený den?

5. Řekněte, kde ten člověk je.

Kde je? Co tam dělá?

1. 

2. 

3. 

4. 

5. 

6. 

Pozorujte:
hotel – **v hotelu**, restaurace – **v restauraci**, škola – **ve škole**
For more about these forms (the locative singular) see lesson 14.

17

6. Poslouchejte. Pak reprodukujte text podle obrázků.

Odpoledne v kanceláři

1. 

2. 

3. 

4. 

5. 

6. 

7. 

8. 

Telefonní dialogy
Telephone calls

18

7. Čtěte nebo poslouchejte.

1.
Crrrrr.
Adam: Prosím?
Iva: Čau, Adame. To je fajn, že jseš doma. Je tam Leoš?
Adam: Ne, není. Nevím, kde je. Asi je v hospodě.
Iva: CO? Leoš je V HOSPODĚ? Ale zítra píše test!
Adam: Ne, to je vtip. Leoš není v hospodě. Je ve škole.
Iva: Fakt, jo? Aha. Tak díky.
Adam: Měj se. Ahoj.
Iva: Čau.

2.
Crrrrr.
Martin: Dobrý den. Tady je Martin. Je doma Jana?
Pan Hanuš: Ne, bohužel není.
Martin: A je ve škole?
Pan Hanuš: Ano, dneska večer je ve škole.
Martin: Aha. A nevíte, kdy končí?
Pan Hanuš: Končí v 7 hodin.
Martin: Aha. Děkuju.
Pan Hanuš: Prosím. Na shledanou.

8. Napište, co je typické pro formální / neformální styl.

Co je neformální?
Čau. ______________________
____

Co je formální?
Dobrý den. ______________________
____

9. Seřaďte dialogy.

1. Crrrrr.
2. Prosím, tady Markéta.
___ Jsem doma a studuju angličtinu. A kde jseš ty?
___ A odpoledne jsi doma?
___ Ahoj, Markéto. Tady Tomáš.
___ A co večer?
___ Já jsem v restauraci. Obědvám s kamarádkou.
___ Čau. Měj se.
___ Čau, Tomáši. Kde jsi? A co děláš?
___ Ne, odpoledne jsem v práci.
___ Ano, večer jsem doma.
___ Tak fajn. Měj se.

1. Crrrrr.
2. Prosím?
___ Je v kanceláři v Praze 5.
___ 251 81 82 33. A jeho mobil je 723 85 55 66.
___ Je tam prosím pan ředitel Kubát?
___ A jaký je tam telefon?
___ Ne, bohužel tady dneska není.
___ Ano. Co pro vás můžeme udělat?
___ Děkuju. Na shledanou.
___ Dobrý den. To je firma Kubát a partner?
___ Na shledanou.
___ A kde je?

10. Dělejte otázky.

1. Co ______________________
2. Jak ______________________
3. Jaký ______________________
4. Čí ______________________
5. Kdo ______________________
6. Kdy ______________________
7. Kde ______________________

Pozorujte:
co – *what*
jak – *how*
jaký – *what kind, what... like*
čí – *whose*
kdo – *who*
kdy – *when*
kde – *where*

Jsme rádi, že jsme doma.

The construction to be happy – být rád

The short adjectives rád / ráda / rádi *are very frequent in Czech. They are used in three constructions:*
1. Rád dělat – *to like doing / to do. See page 38.*
2. **Být* rád, že – *to be glad that, to be happy that. See here.***
3. Mít* rád – *to like. See page 59.*

11. Reagujte.

Například: Jsem rád, že o víkendu musím být v práci. / Nejsem rád, že o víkendu musím být v práci.

Šéf říká: O víkendu musíte být v práci.
Kamarádka telefonuje: Zítra je party.
Učitel říká: Zítra píšeme test.
V televizi říkají: Sting má koncert v Praze.
Maminka říká: Zítra vstáváš v 5 ráno.
Váš partner telefonuje: Večer jdeme do kina.
Kamarád říká: V neděli obědváme v hotelu Hilton a já to platím.

19

12. Čtěte nebo poslouchejte.

Pan Nowak a pan Novák

Martin Nowak: „Dobrý den. Promiňte, prosím, ale je tady pan ředitel?"
Sekretářka: „Moment... Pardon, kdo jste, prosím?"
Martin Nowak: „Já jsem Nowak. Manažer Martin Nowak z Ameriky."
Sekretářka: „Á, vy jste ten pan Nowak z Ameriky! Ale pan ředitel tady bohužel dneska není. Je tady zítra."

Martin Nowak: „Dobrý den. Prosím vás, je tady dneska pan ředitel?
Jan Novák: „Ano, ano, tady jsem. Dobrý den. Jsem rád, že jste tady. Pojďte dál, prosím. Já jsem Novák, ředitel Jan Novák. Vy jste Nowak a já jsem taky Novák. To je náhoda, že!"
Martin Nowak: „Ano, to je náhoda. Já jsem Čechoameričan a bydlím v New Yorku. Jsem rád, že jsem tady v Praze. To je moje manželka. Je Američanka, ale studuje češtinu a mluví česky."
Jan Novák: „Těší mě, paní Nowak? Nebo Nowaková? Promiňte, prosím, ale nevím, jak se jmenujete."
Paní Nowak: „Ale to je jedno. Těší mě. A jsem ráda, že jsem v Praze!"

13. Čtěte nebo poslouchejte. Napište podobný dopis.

Ahoj Ireno,

jak se máš? Já se mám dobře. Jsem v Praze v České republice. Na fotografii je dům, kde bydlím. Dole je restaurace a blízko je park. Můj byt je malý, ale hezký. Bydlím v centru a škola není daleko.

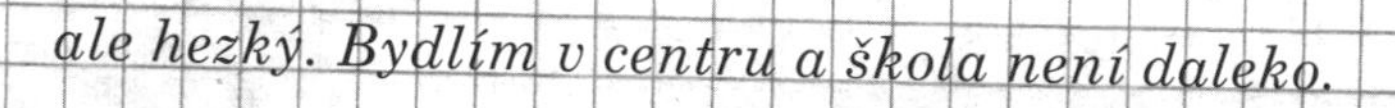

Je to asi jenom deset minut tramvají a pak pět minut pěšky.
A jaký je můj program? Dopoledne pracuju v kanceláři. Moje firma se jmenuje Ekoplán. Je to česká ekologická organizace. Odpoledne jsem ve škole a studuju češtinu. Lekce jsou v pondělí a ve středu. Naše učitelka se jmenuje Eva. Studuje angličtinu a učí češtinu. Je veselá a sympatická. Česká gramatika je těžká a často píšeme testy, ale ve škole je legrace. Jsou tady studenti z Afriky, z Asie a z Ameriky. Jeden student je taky z Anglie jako já. Jmenuje se Tom Reed a je hezký a moc sympatický:). Je fotograf. Jeho babička je Češka, a proto Tom mluví docela dobře česky. Praha není velká, ale je krásná. Je to staré historické město, ale funguje tady moderní metro. Je tady řeka Vltava a starý Karlův most. Jsem ráda, že jsem tady.

Měj se moc hezky.
Alice

P.S. Tady je moje nová adresa:

Vodičkova 13
110 00 Praha 1
Česká republika

1. **divadlo**	***theatre/theater***	v divadle
2. **dům** (*coll.* **barák), domy**	***house, houses***	v domě x doma
3. **hora, hory**	***mountain, mountains***	na horách
4. **hospoda**	***pub/bar***	v hospodě
5. **hrad**	***castle***	na hradě
6. **kancelář**	***office***	v kanceláři
7. **kino**	***cinema/movie theater***	v kině
8. **kostel**	***church*** *(as a building)*	v kostele
9. **letiště**	***airport***	na letišti
10. **město**	***city, town***	ve městě
11. **moře**	***sea***	v moři
12. **most**	***bridge***	na mostě
13. **náměstí**	***square***	na náměstí
14. **nemocnice**	***hospital***	v nemocnici
15. **obchod**	***shop***	v obchodě
16. **práce**	***work***	v práci
17. **příroda**	***country, countryside***	v přírodě
18. **restaurace**	***restaurant***	v restauraci
19. **řeka**	***river***	v řece
20. **stanice, zastávka**	***station, stop***	na stanici, zastávce
21. **škola**	***school***	ve škole
22. **ulice**	***street***	v / na ulici
23. **vesnice**	***village***	ve vesnici
24. **zámek**	***castle, mansion***	na zámku

1. *divadlo*

2. *dům, domy*

3. *hora, hory*

4. *hospoda*

5. *hrad*

6. *kancelář*

7. *kino*

8. *kostel*

9. *letiště*

10. *město*

11. *moře*

12. *most*

13. náměstí

14. nemocnice

15. obchod

16. práce

17. příroda

18. restaurace

19. řeka

20. stanice, zastávka

21. škola

22. ulice

23. vesnice

24. zámek

V restaurace

In this lesson you will:

- order food and drinks in a restaurant
- learn how to use the direct object
- say what you *like, have* and *want*

Lekce 5

Pád: akuzativ

The accusative

20

Petr studuje **matematiku**. Eva studuje **angličtinu** a pracuje jako učitelka. Petr je o **rok** starší než Eva. Petr má rád **Evu**, Eva má ráda **Petra** a oba dva mají rádi **dobré jídlo**. Dneska ale nic nejí, protože **Evu** bolí zub a **Petra** bolí hlava. Zítra snad už budou v pořádku, protože Eva bude mít **narozeniny**. Petr kupuje pro **Evu** krásný **dárek** – **parfém** za **tisíc** korun. Bude to překvapení. Petr ještě neví, jestli **ho** schová za **skříň**, pod **postel** nebo nad **knihovnu**. **Příští sobotu** chtějí jít na **večeři** do restaurace a Petr chce dát Evě **květiny** a **dárek**. Moc se na to těší.

Petr studies mathematics. Eva studies English and works as a teacher. Petr is one year older than Eva. Petr likes Eva, Eva likes Petr, and they both like good food. However, they aren't eating anything today, because Eva has a toothache and Petr has a headache. Hopefully, they will be O. K. Tomorrow, because it's Eva's birthday. Petr is buying a present for Eva – some perfume for one thousand crowns. It'll be a surprise. Petr doesn't know yet if he is going to hide it behind the wardrobe, under the bed, or above the bookcase. They want to go to a restuarant for dinner next Saturday and Petr wants to give Eva flowers and his present. He is looking forward to it very much.

The accusative is used:

1. to express the direct object after certain verbs

Petr studuje **matematiku**. Eva studuje **angličtinu**. Petr má rád **Evu**, Eva má ráda **Petra** a oba dva mají rádi **dobré jídlo**.

Observe:
The main function of the accusative case is to express the person or thing to whom or to which an action is done. This person or thing is called the direct object. Why does Czech need special endings for the accusative case? The reason is that Czech has flexible word order. In English, word order is fixed (subject – verb– direct object). In Czech the sentence structure can be the same – or completely different:

1. Petr miluje Evu. = Petr loves **Eva** (not Marie, Jana, Monika).
2. Evu miluje Petr. = It's **Petr**, who loves Eva (not Martin, Adam, Jan).
3. Petr Evu miluje. = Petr **loves** Eva (not likes, hates, watches).

You can see that Czech needs "a signal" (that is the ending) to tell the subject and object apart. You might wonder if the Czech sentences above have different meanings. Yes, they do. The rule concerning Czech word order can be briefly expressed by the following general principle: Information that was already mentioned – or otherwise "known" – is located at the beginning of a sentence and new, or more important information is located at the end.

2. after some prepositions, e. g.:

na
Příští sobotu chtějí jít na **večeři** do restaurace. Moc se na **to** těší.
pro
Petr kupuje pro **Evu** krásný dárek – parfém za tisíc korun.
za
Petr kupuje pro Evu krásný dárek – parfém za **tisíc** korun.
v
V **jednu hodinu**, v **poledne**, v **pondělí** At one o'clock, at noon, on Monday
o
Petr je o **rok** starší než Eva.
nad, pod, před, za, mezi *(These prepositions will be practised in lesson 20.)*
Petr ještě neví, jestli dárek schová za **skříň**, pod **postel** nebo nad **knihovnu**.

3. in the accusative object-centered expressions

Dneska ale nic nejí, protože **Evu** bolí zub a **Petra** bolí hlava.

4. to express time

Příští sobotu chtějí jít na večeři do restaurace.

Akuzativ singulár – spisovná čeština.

The accusative singular – standard Czech

case	function – example – prepositions	adjectives	nouns with majority endings	M nouns ending in -ž, -š, -č, -ř, -c, -j, -tel + nouns with minority endings
1. nominative Kdo? Co?	*The dictionary form.* *It expresses the subject* *E. g.* To je student. Káva je dobrá.	dobrý kvalitní dobrý kvalitní dobrá kvalitní dobré kvalitní	student banán káva auto	muž, soudce, kolega čaj židle, kancelář, místnost nádraží, moře, kuře
2. genitive Koho? Čeho?	*It expresses possessive or partitive meaning.* *E. g.* Kniha studenta Trochu kávy bez, během, blízko, do, kolem, kromě, místo, od, podle, podél, u, uprostřed, vedle, z, za	dobrého kvalitního dobrého kvalitního dobré kvalitní dobrého kvalitního	studenta banánu / lesa kávy auta	muže, soudce, kolegy čaje židle, kanceláře, místnosti nádraží, moře, kuřete
3. dative Komu? Čemu?	*It expresses indirect object.* *E. g.* Dám dárek studentovi. Volám kamarádce. díky, k, kvůli, naproti, proti	dobrému kvalitnímu dobrému kvalitnímu dobré kvalitní dobrému kvalitnímu	studentu /-ovi banánu kávě autu	muži /-ovi, soudci, kolegovi čaji židli, kanceláři, místnosti nádraží, moři, kuřeti
4. accusative **Koho? Co?**	*It expresses the direct object.* *E. g.* **Mám kamaráda. Piju kávu.** **mezi, na, nad, o, pod, po, pro, před, přes, skrz, za**	**dobrého kvalitního** **dobrý kvalitní** **dobrou kvalitní** **dobré kvalitní**	**studenta** **banán** **kávu** **auto**	**muže, soudce, kolegu** **čaj** **židli, kancelář, místnost** **nádraží, moře, kuře**
5. vocative	*It is used for addressing people or animals.*	dobrý kvalitní dobrá kvalitní	Ivane! Jano!	Marku! Aleši! Honzo! Jiří! Lucie! Carmen! Paní!
6. locative Kom? Čem?	*It expresses location.* *It always has a preposition.* *E. g.* Jsem v Anglii. Studuju na univerzitě. na, o, po, při, v	dobrém kvalitním dobrém kvalitním dobré kvalitní dobrém kvalitním	studentu /-ovi banánu /-ě kávě autu /-ě	muži /-ovi, soudci, kolegovi čaji židli, kanceláři, místnosti nádraží, moři, kuřeti
7. instrumental Kým? Čím?	*It expresses the means by or through which an action is carried out.* *E. g.* Jedu autem. Píšu perem. mezi, nad, pod, před, s, za	dobrým kvalitním dobrým kvalitním dobrou kvalitní dobrým kvalitním	studentem banánem kávou autem	mužem, soudcem, kolegou čajem židlí, kanceláří, místností nádražím, mořem, kuřetem

1. *For the endings in colloquial Czech, see page 224. For the plural, see page 94 and the chart on page 223.*
2. *Exceptions in Ma nouns:* král – krále, Francouz – Francouze, Klaus – Klause.
3. *Mobile* -e-*:* pes – psa, blázen – blázna, Karel – Karla. *For more about mobile -e-, see page 228.*
4. *Stem changes:* kůň – koně. *For more about this, see page 228.*
5. *Ma nouns ending in pronounced* -i/-í/-y *are declined like adjectives:* Jiří – Jiřího, Billy – Billyho.
   F nouns ending in pronounced -i/-í/-y/-o *or in a consonant do not change:* Gudrun, Ruth, Maiako.
6. *To denote cases, Czechs usually do not use the terms like "accusative, genitive" etc. They most commonly use the case numbers (1–7) or the "case questions" (e. g.* koho, co*).*

Zájmena v akuzativu

Pronouns in the accusative

Personal pronouns

	já	ty	on	ona	ono	my	vy	oni
Short forms	**mě**	**tě**	**ho**	**ji**	**ho**	**nás**	**vás**	**je**
Long forms	**mě**	**tebe**	**jeho**	**ji**	**jeho**	**nás**	**vás**	**je**
After prepositions	**mě**	**tebe**	**něho**	**ni**	**něho**	**nás**	**vás**	**ně**

Notes:

1. *Short forms of personal pronouns are members of the „Second Position Club". See page 229.*
2. *Long forms are used if you want to stress the pronoun, e. g.:* Miluju tě. Miluju ho. **X** Miluju **tebe**, a ne **jeho**.

Demonstrative pronouns – singular and plural

	Ma	Mi	F	N
ten, ta, to	**toho**	**ten**	**tu**	**to**
ti, ty, ty, ta	**ty**	**ty**	**ty**	**ta**

Possessive pronouns – singular

the nominative sg.	the accusative sg.			
	Ma	Mi	F	N
můj, moje, moje	**mého**	**můj**	**moji/mou**	**moje/mé**
tvůj, tvoje, tvoje	**tvého**	**tvůj**	**tvoji/tvou**	**tvoje/tvé**
jeho	**jeho**	**jeho**	**jeho**	**jeho**
její	**jejího**	**její**	**její**	**její**
náš, naše, naše	**našeho**	**náš**	**naši**	**naše**
váš, vaše, vaše	**vašeho**	**váš**	**vaši**	**vaše**
jejich	**jejich**	**jejich**	**jejich**	**jejich**

Possessive pronouns – plural

the nominative pl.	the accusative pl.
	Mi, Ma, F, N
moji, moje, moje, moje	**mé/moje**
tvoji, tvoje, tvoje, tvoje	**tvé/tvoje**
jeho	**jeho**
její	**její**
naši, naše, naše, naše	**naše**
vaši, vaše, vaše, vaše	**vaše**
jejich	**jejich**

Notes:

1. *You will hear the forms* **mýho, tvýho, mý, tvý** *in colloquial Czech.*
2. *Note the similarities between the declension of possessive and demonstrative pronouns (see here) and the declension of adjectives (see page 223).*

V restauraci.

In a restaurant

Host říká:

Je tady volno?	Is this seat taken?
Dám si	I will have
Chtěl bych/chtěla bych	I would like
Ještě jednou, dvakrát	One more
To je všechno.	That's all.
Prosím účet./Zaplatím.	The bill, please./I will pay.

Číšník/servírka říká:

Co si dáte?	What will you have?
Co si přejete?	What do you wish?
Ještě něco?	Something else?
Nemáte drobné?	Do you have change?
A co k pití?	Something to drink?
Zvlášť nebo dohromady?	Separately or together?

21

1. Hádejte, kde ti lidé asi jsou. Nová slova najdete na straně 58.

A. v obchodě **B. v hospodě** **C. v restauraci** **D. v cukrárně** **E. v kanceláři** **F. v metru**

1.
Číšník: Prosím, paní, co si dáte?
Lori: Dám si kávu a nějaký dezert. Co máte?
Číšník: Máme zmrzlinu, palačinky, dort...
Lori: Jednou palačinky, prosím.
Číšník: A ještě něco?
Lori: Ano. Dvakrát zmrzlinu. Dneska nemám dietu.

2.
Servírka: Prosím, co si dáte?
David: Jednou polévku a jednou kuře a rýži.
Servírka: A ještě něco?
David: Ještě jednou salát, prosím.
Servírka: To je všechno?
David: Ano, to je všechno. Zaplatím.

3.
Číšník: Co si dáte?
Eva: Dáme si dvakrát guláš s knedlíkem.
Číšník: A co k pití? Máme pivo, kolu, džus...
Tom: Jednou pivo a jednou kolu.
Číšník: A ještě něco?
Tom: Ne, díky. To je všechno. Zaplatím.

4.
Prodavačka: Prosím?
John: Chtěl bych dvakrát mléko a jednou sýr Eidam.
Prodavačka: A ještě něco?
John: Máte nějaké víno?
Prodavačka: Ano. Bílé nebo červené ?
John: Tak jednou červené a jednou bílé.

Pamatujte si:
To je dobrá káva. To je dobrá rýže. X Dám si dobr**ou** káv**u**. Dám si dobr**ou** rýž**i**.

jedna, dva, tři X jednou, dvakrát, třikrát
This way of counting is only used for buying or ordering things, e. g: Jednou pivo. Dvakrát kávu.

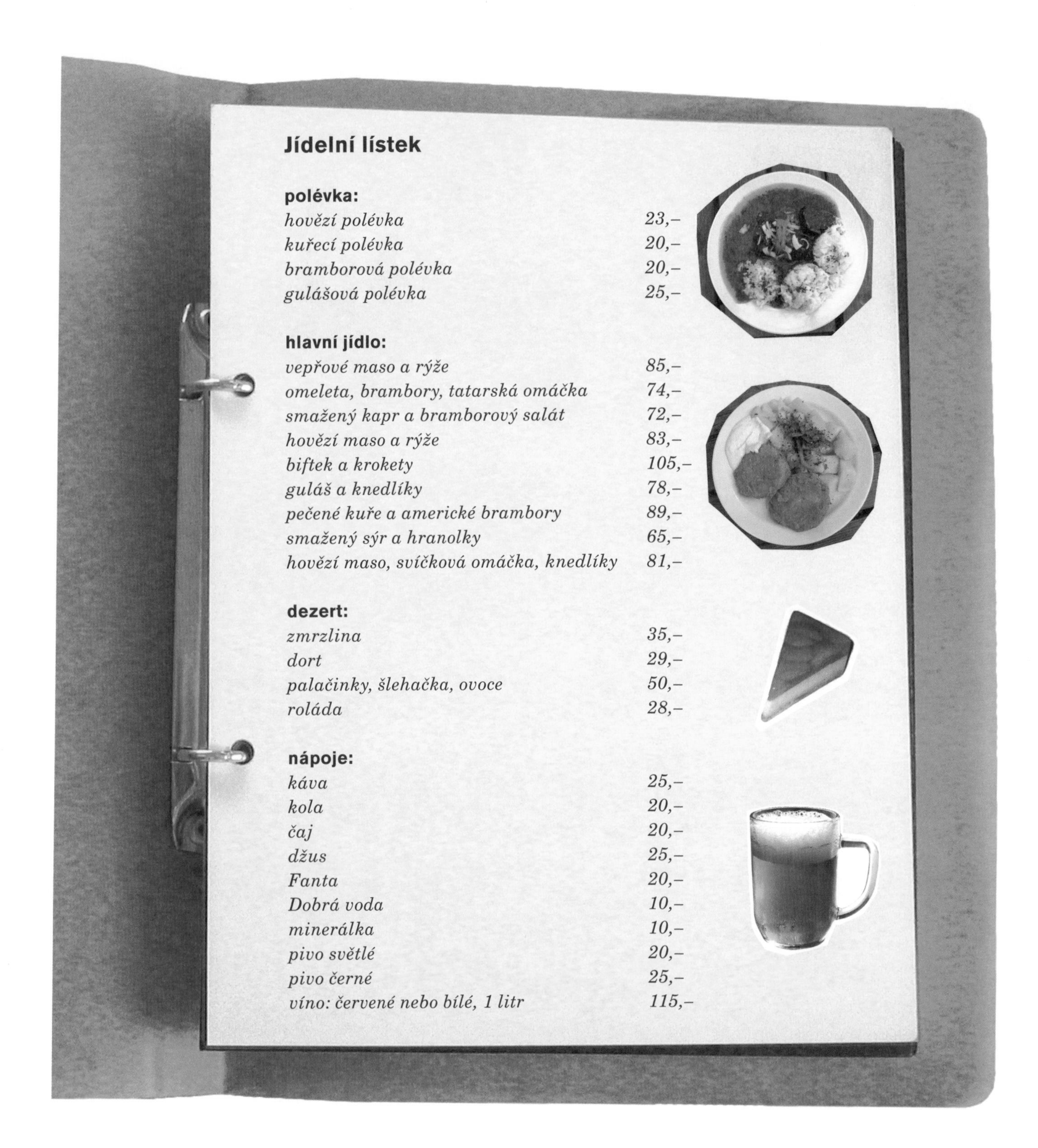

Jídelní lístek

polévka:

hovězí polévka	*23,–*
kuřecí polévka	*20,–*
bramborová polévka	*20,–*
gulášová polévka	*25,–*

hlavní jídlo:

vepřové maso a rýže	*85,–*
omeleta, brambory, tatarská omáčka	*74,–*
smažený kapr a bramborový salát	*72,–*
hovězí maso a rýže	*83,–*
biftek a krokety	*105,–*
guláš a knedlíky	*78,–*
pečené kuře a americké brambory	*89,–*
smažený sýr a hranolky	*65,–*
hovězí maso, svíčková omáčka, knedlíky	*81,–*

dezert:

zmrzlina	*35,–*
dort	*29,–*
palačinky, šlehačka, ovoce	*50,–*
roláda	*28,–*

nápoje:

káva	*25,–*
kola	*20,–*
čaj	*20,–*
džus	*25,–*
Fanta	*20,–*
Dobrá voda	*10,–*
minerálka	*10,–*
pivo světlé	*20,–*
pivo černé	*25,–*
víno: červené nebo bílé, 1 litr	*115,–*

2. Téma ke konverzaci:

Máte rádi nějaké typické české jídlo nebo pití? Jaká je vaše oblíbená restaurace nebo hospoda?

3. Procvičujte čísla 1 – 1000.

Co máte* rádi?
What do you like?

Petr je typický Čech.
***Má rád** pivo.*

Eva není typická Češka.
***Má ráda** mléko.*

*Ale Petr a Eva **mají rádi** knedlíky.*

The short adjectives rád / ráda / rádi *are very frequent in Czech. They are used in three constructions:*
1. Rád dělat – *to like doing / to do, e. g.* Rád hraju fotbal. *See page 38.*
2. Být* rád, že – *to be glad that, to be happy that, e. g.* Jsem rád, že jsem tady. *See page 48.*
3. **Mít* rád – *to like, e. g.* Mám rád kávu. *See this page.***
English "to like" can be translated in several ways in Czech. *For more about this, see page 186.*

rád = rád | **ráda** | **rádo** — *singular*
rádi / y / y / a — *plural*

4. Dělejte věty.

1. (Já) – mít rád – zelený čaj. __________
2. (Ty) – mít rád – silná káva? __________
3. Robert – mít rád – ovocný jogurt. __________
4. Alice – mít rád – čaj s mlékem. __________
5. (Vy) – mít rád – vanilková zmrzlina? __________
6. Eva a Jan – mít rád – červené víno. __________
7. (My) – mít rád – čokoláda. __________
8. Jan – nemít rád – maso. __________

Pamatujte si: rád + aktivita (Rád piju kávu.) X **mít rád** + objekt (Mám rád kávu.)

5. Dělejte otázky a diskutujte. Používejte sloveso mít rád.

Například: Máš rád kapučino? – Ne, nemám rád kapučino. Mám rád kávu.

pivo, **jazz**, **čokoláda**, **rap**, **grog**, **balet**, **literatura**, **seriály**, **opera**, **detektivky**, **akční filmy**, **horory**, **romantické filmy**

6. Jaké sloveso může / nemůže mít objekt?

Například: Piju minerálku. X Cestuju v létě.

mít* rád	**pít***	**cestovat**	**být***
číst*	**dělat**	**vstávat**	**uklízet**
psát*	**obědvat**	**plavat***	**kupovat**
hrát*	**snídat**	**lyžovat**	**mít***

minerálka	**dům**	**zmrzlina**	**fotbal**
kanasta	**majonéza**	**tužka**	**e-mail**
salát	**byt**	**kniha**	**mléko**
tenis	**manželka**	**kamarádka**	**voda**

Máte hlad nebo žízeň?

Phrases with the verb mít*

22

Eva Hanušová má mladšího bratra Filipa.

Filip je doma a je smutný. „Co je, Filipe?" říká jeho maminka.
„Nejsi nemocný? **Nemáš rýmu**?"
„Ne..."
„Tak co je? Jsi mladý, zdravý, **nemáš starosti**, **máš talent**... **Máš krásný život**!"
„Hmm..."
„Tak proč **máš špatnou náladu**?"
„Já nevím..."
„**Máš** asi **depresi**. Ne. **Mám nápad**! **Nemáš hlad**?"
„Jo, **máš pravdu**. **Mám hlad**. A taky **mám žízeň**! **Máš** nějaké **jídlo** a **pití**, mami?"

7. Rozumíte?

mít problém **mít lekci** **mít depresi** **mít migrénu** **mít krizi** **mít talent** **mít dietu**

8. Dělejte otázky. Používejte *mít* + objekt.

1. mít čas	to have time	**11. mít pravdu**	to be right
2. mít dobrou náladu	to be in a good mood	**12. mít rande**	to have a date
3. mít dovolenou	to have a vacation	**13. mít rýmu**	to have a cold
4. mít hlad	to be hungry	**14. mít schůzku**	to have an appointment
5. mít krásný život	to have a beautiful life	**15. mít smůlu**	to have bad luck
6. mít moc práce	to be very busy	**16. mít strach**	to be frightened
7. mít nápad	to have an idea	**17. mít štěstí**	to have good luck
8. mít narozeniny	to have a birthday	**18. mít volno**	to have free time
9. mít návštěvu	to have guests	**19. mít zlost/vztek**	to be angry
10. mít peníze (pl.)	to have money	**20. mít žízeň**	to be thirsty

9. Napište váš program. (You can use the present tense for future meaning.)

Dneska mám ______________________________

Zítra mám ______________________________

O víkendu mám ______________________________

Příští týden mám ______________________________

Příští měsíc mám ______________________________

Má velký hlad.

10. Odpovídejte.

1. Máte dneska dobrou nebo špatnou náladu?
2. Máte zítra čas jít do kina nebo do divadla?
3. Máte dneska večer schůzku nebo rande?
4. Máte zítra moc práce nebo máte volno?
5. Máte dovolenou v létě nebo v zimě?
6. Máte o víkendu návštěvu nebo party?

11. Je to pravda?

1. Šéf a manželka mají vždycky pravdu.
2. Když máte peníze, máte taky štěstí.
3. Když jste mladý, máte pořád dobrou náladu.
4. Někdy máte štěstí v neštěstí.
5. Čas jsou peníze.
6. Malé děti – malé problémy, velké děti – velké problémy.

Petr chce mapu. Eva chce nové šaty.

To want – chtít*

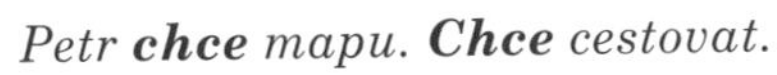

Petr ***chce*** *mapu.* ***Chce*** *cestovat.*

Eva ***chce*** *nové šaty.* ***Chce*** *být krásná.*

Pozorujte: Chtít* *is a verb with an irregular conjugation:* **chci, chceš, chce, chceme, chcete, chtějí**.

12. Dělejte otázky. Používejte sloveso *chtít*. Používejte slova na straně 40.

23

13. Čtěte nebo poslouchejte. Jaký dialog je formální / neformální? Proč?

Na návštěvě

Paní Bílá: Dobrý den. Jak se máte? Pojďte dál. Jsem ráda, že jste tady.
Pan Novák: Děkuju, paní Bílá.
Paní Bílá: Prosím, odložte si. Tady je gauč, sedněte si, prosím. Nechcete kávu?
Pan Novák: Ano, děkuju. Ale prosím vás, nemáte smetanu nebo mléko?
Paní Bílá: Samozřejmě. Tady je mléko. Nechcete cukr?
Pan Novák: Ne, děkuju. Cukr nechci. Cukr není moc zdravý.
Paní Bílá: A nechcete dort nebo koláč?
Pan Novák: Ne, děkuju, nemám hlad. A taky mám dietu. Prosím vás, kde tady máte toaletu? Odskočím si.
Paní Bílá: Tady, tady, prosím.

Paní Bílá: Tak, tady je ta káva. No, a co vaše manželka? Ještě je nemocná?
Pan Novák: Ne, už je zdravá. Teď tady není, má dovolenou. Já mám bohužel moc práce, a tak musím být tady.
Paní Bílá: Jsem moc ráda, že je vaše manželka zdravá.

Pan Novák: Tak na shledanou, paní Bílá. Pozdravujte manžela a dceru.
Paní Bílá: Děkuju. A vy pozdravujte manželku. Na shledanou.

Pozorujte: Nechcete kávu? – Ano, děkuju. / Ne, děkuju.

24

Na ulici

Adam: Čau, Martino. Jak se máš?
Martina: Čau, Adame. No, ujde to. A co ty? Jak se máš ty?
Adam: Fantasticky. Mám fakt štěstí. Mám výbornej džob, a tak mám moc práce, ale taky mám peníze. Mám všechno, co chci. Ale ty jseš nějaká smutná. Máš špatnou náladu, nebo co?
Martina: Ne, nejsem smutná, jsem normální. Mám taky moc práce, ale nemám peníze. A mám rýmu.
Adam: Hmm, to je špatný. A nechceš cigaretu? Mám ameriku. A nebo skotskou whisky? Nebo marihuanu? Ty jseš taková krásná holka.
Martina: Co? Kdo? Já a marihuanu? Já a alkohol? To je špatnej vtip, ne?! Nechci ani whisky, ani cigaretu, ani nějakou stupidní drogu. Máš smůlu. Čau. Mám rande!
Adam: Ach jo, fakt mám dneska nějakou smůlu.

Pozorujte: *For more about colloquial Czech,* *see page 221.*

1. bramborový salát	*potato salad*	**polévka:**
2. brambor, brambory	*potato, potatoes*	
3. dezert, moučník	*dessert*	
4. guláš	*goulash*	
5. hlavní jídlo	*main dish*	
6. hovězí maso	*beef*	
7. hranolek, hranolky	*French fries*	**hlavní jídlo:**
8. kapr	*carp*	
9. kroketa, krokety	*croquettes*	
10. losos	*salmon*	
11. omáčka	*sauce*	
12. palačinka, palačinky	*crepe, crepes*	
13. pečené kuře	*baked chicken*	
14. polévka	*soup*	**salát:**
15. pstruh	*trout*	
16. roláda	*Swiss roll*	
17. rýže	*rice*	
18. ryba, ryby	*fish*	
19. řízek	*Vienna schnitzel*	
20. smažený sýr	*fried cheese*	**dezert / moučník:**
21. šlehačka	*whipped cream*	
22. tatarská omáčka	*tartar sauce*	
23. vepřové maso	*pork*	
24. voda	*water*	

Slavní lidé

In this lesson you will:

- speak about who is who in world history
- learn and practice the past tense
- find out how to say Czech in Czech

Lekce 6

lesson 6

Co dělal Petr? Co dělala Eva?

The past tense

Co **dělal** Petr?
Petr **byl** doma.
Měl moc práce,
a proto **psal**, **četl**
a **studoval**.

Co **dělala** Eva?
Eva **nebyla** doma.
Měla volno, a proto
nakupovala a pak
jedla v restauraci.

–To form the past tense, take three simple steps:

1. *Find the infinitive. "Drop"* **-t** *and add* **-l**. *What you'll get is the* **-l** *form (= past participle). E. g.:* dělat – dělal.

2. *The* **-l** *form has masculine, feminine or neuter gender. E. g.* dělat:

3. *Add auxiliary verbs (part of the conjugation of the verb* "to be"*). Note: the forms for* he, she, it *and* they *do not have any auxiliary verbs!*

dělal /-a /-o jsem	I did	**dělali jsme**	we did
dělal /-a /-o jsi	you did	**dělali jste**	you did
dělal /-a /-o –	he / she / it did	**dělali –**	they did

Notes:
— -y /-y /-a *in the plural are only used in writing and in very formal speaking.*
— *The polite address:* Pane Nový, dělal jste něco? Paní Nová, dělala jste něco?
— *Informal you-forms can be contracted in colloquial spoken Czech:* dělal jsi = dělals, dělala jsi = dělalas
— *Observe the reflexive verbs:* jmenoval jsi se – jmenoval ses, díval jsi se – díval ses, narodil jsi se – narodil ses
— *The past participle (*-l *form) is also used to create the conditional (see page 154).*

Negace – *Negation*

To form negative forms just add **ne-** *to the main verb* (not to the auxiliary!): nedělal jsem, nedělal jsi, nedělal...

Nepravidelné l-formy – *Irregular l-forms*

Some monosyllabic verbs, verbs ending in **-nout** *and some other verbs change their stems in the past tense. These verbs are denoted by a star, e. g.* **mít*** *and* **mrznout*** *and you will find them on* *page 232**. The most common ones are:*

být*	mít*	chtít*	číst*	jíst*	jít*	moct*	pít*	psát*	spát*	umřít*
byl	**měl**	**chtěl**	**četl**	**jedl**	**šel, šla, šli**	**mohl**	**pil**	**psal**	**spal**	**umřel**

1. Kdo to byl?

Například: Bill Clinton **byl** americký prezident. Agatha Christie **byla** britská autorka.

Marilyn Monroe	Abebe Bikila	italský malíř	česká spisovatelka
Jurij Gagarin	Antonín Dvořák	čínský filozof	ruský kosmonaut
Pablo Picasso	Lao-c'	indický politik	český skladatel
Máhatmá Gándhí	Edith Piaf	etiopský maratonec	americká herečka
Božena Němcová	Leonardo da Vinci	španělský malíř	francouzská zpěvačka

2. Doplňte slovesa v minulém čase.

1. (být) Můj tatínek ____________ doma. Moje maminka taky ____________ doma.
2. (mít) Můj kolega Martin ____________ moc práce. Moje kolegyně Jana taky ____________ moc práce.
3. (chtít) Můj pes ____________ jídlo. Moje kočka taky ____________ jídlo.
4. (číst) Můj asistent ____________ dokumenty. Moje sekretářka ____________ dokumenty.
5. (jíst) Můj syn ____________ zeleninu. Moje dcera taky ____________ zeleninu.
6. (jít) Náš prezident ____________ na koncert. Jeho manželka taky ____________ na koncert.
7. (moct) Můj bratr ____________ pracovat. Moje sestra taky ____________ pracovat.
8. (pít) Můj dědeček ____________ vodu. Moje babička taky ____________ vodu.
9. (psát) Student ____________ test. Studentka taky ____________ test.
10. (spát) Můj kamarád ____________ celý den. Moje kamarádka taky ____________ celý den.

3. Řekněte, co ti lidé dělali. Pak dělejte negativní věty.

1.

2.

3.

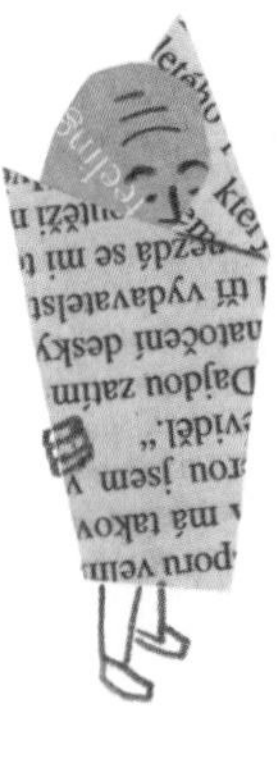

4.

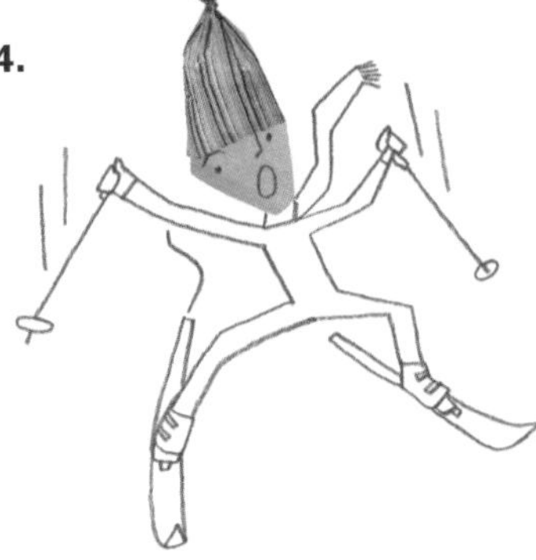

5.

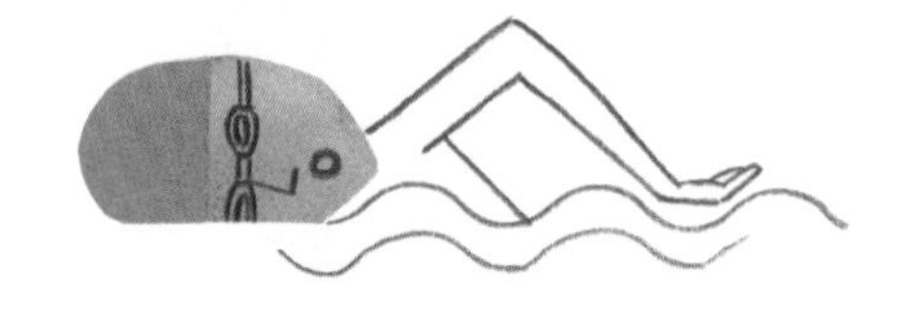

6.

Slavní lidé

Famous people

25

4. Čtěte nebo poslouchejte. Podtrhněte l-formy.

Karel IV. (= čtvrtý)

Turista, který je v Praze, často slyší: Karlův most, Karlova univerzita, Karlštejn... Ale kdo ten Karel byl?

Karel IV. byl český král. Narodil se v roce 1316 a umřel v roce 1378. Jeho otec byl z Lucemburska a jeho matka byla Češka. Karel studoval ve Francii a do Prahy přišel v roce 1333.

Karel IV. byl velmi energický a inteligentní. Byl štíhlý a vysoký – měřil 175 centimetrů. To bylo neobvyklé, protože lidé byli malí. Byl dobrý politik a organizátor, ale byl taky religiózní a pověrčivý. Když plánoval most, hledal spolu s astrology speciální čas a den. Začínal stavět most 9. 7. 1357 v 5 hodin 31 minut. Proč? Protože to datum dělá „most" – 1 3 5 7 9 7 5 3 1.

Karel IV. měl čtyři manželky. Poslední z nich, krásnou Elišku Pomořanskou, která byla silná jako muž, můžete vidět ve filmu Noc na Karlštejně. Karel měl rád Prahu a hodně pro město a pro celou zemi dělal. Byl to dobrý král.

5. Najděte správnou odpověď.

1. Karel IV. se narodil
a) v roce 1316
b) v roce 1416
c) v roce 1516

2. Jeho otec byl
a) z Anglie
b) z Lucemburska
c) z Česka

3. Jeho matka byla
a) Češka
b) Francouzka
c) Angličanka

4. Karel IV. studoval
a) ve Francii
b) v Anglii
c) v Praze

5. Karel IV. byl
a) malý a tlustý
b) štíhlý a vysoký
c) tlustý a vysoký

6. Karel IV. hledal pro most
a) speciální čas
b) speciální místo
c) speciální jméno

7. Karel IV. byl
a) dobrý politik a špatný organizátor
b) špatný politik a dobrý organizátor
c) dobrý politik a dobrý organizátor

8. Karel IV. měl
a) dvě manželky
b) čtyři manželky
c) tři manželky

9. Eliška Pomořanská byla
a) krásná a slabá
b) silná a ošklivá
c) krásná a silná

6. Napište text o nějakém slavném člověku. Odpovídejte na otázky.

Kdo je to?
Kdy žil / žila?
Kdy se narodil / narodila?
Co dělal / dělala?
Proč je slavný / slavná?
Jaký byl / jaká byla?
Kdy umřel / umřela?
Jaký měl / měla život?

Byl jsem doma. Včera jsem byl doma.

Second position in a Czech sentence

26

Eva: „Co **jsi dělal** včera, Petře? **Dělal jsi** něco?"
Petr: „**Byl jsem** doma a **studoval jsem**. No, moc **jsem nestudoval**.
Pracoval jsem na počítači. Ale moc dlouho **jsem nepracoval**.
Hrál jsem na počítači hry. Vlastně **jsem hrál** jenom 20 minut.
A pak **jsem spal**. **Spal jsem** celý den. Strašně rád spím."

Pozorujte:
Czech word order is quite flexible. However, there are several unstressed words in Czech that "need" to be located in the second position (not necessarily as the second word) in a sentence. The past tense auxiliaries (jsem, jsi etc.) *are members of this „Second Position Club". For more about it, see page 229.*

7. Doplňte sloveso. POZOR na druhou pozici.

Například: **Byl jsem** doma. Včera **jsem byl** doma.

1. Byl jsem v restauraci.
   Včera ______________________ v restauraci.
2. Pracoval jsem ve škole.
   V pátek ______________________ ve škole.
3. Bydlel jsem v Praze.
   Minulý rok ______________________ v Praze.
4. Byla jsem v kanceláři.
   Ve středu ______________________ v kanceláři.
5. Spal jsem v hotelu.
   Předevčírem ______________________ v hotelu.
6. Studovala jsem v Anglii.
   Minulý rok ______________________ v Anglii.
7. Vařili jsme guláš.
   O víkendu ______________________ guláš.
8. Byli jste doma?
   Vy ______________________ doma?
9. Četl jsi tu novou detektivku?
   Ty ______________________ tu novou detektivku?
10. Dívali jsme se na ten výborný nový film.
    My ______________________ na ten výborný nový film.

8. Opravte věty. POZOR na druhou pozici!

1. Jsem byl ráno ve škole.
2. Včera večer psal jsem dlouhý dopis.
3. Jste hráli minulý týden golf nebo tenis?
4. Minulý týden neměla čas jsem, protože byla jsem každý den v práci.
5. Jsi byl včera doma nebo v kanceláři?
6. Jsme psali test ve škole.
7. Nikdy nejedl jsem knedlíky. Ale teď mám knedlíky rád.
8. O víkendu nemohl jsem jet na koncert, protože byl jsem nemocný.
9. Jsem nechtěl čaj, jsem chtěl kávu.
10. Jsem se narodil v roce 1981.

9. Používejte slova na straně 40, 92 a 130. Dělejte věty v minulém čase.

10. Čtěte nebo poslouchejte. Dělejte podobný dialog.

Typický domácí dialog I.

Jana: Proč jsi včera odpoledne a večer nebyl doma?
Adam: Protože jsem byl v práci.
Jana: A proč jsi byl v práci?
Adam: Protože jsem něco potřeboval v kanceláři.
Jana: A co jsi potřeboval v kanceláři?
Adam: Hledal jsem bankovní kartu.
Jana: A proč jsi hledal kartu?
Adam: Protože jsem potřeboval peníze.
Jana: A proč jsi potřeboval peníze?
Adam: Protože jsem chtěl kupovat nový monitor.
Jana: Ale proč jsi chtěl kupovat nový monitor?
Adam: Protože ten náš starý monitor je špatný a nekvalitní.
Jana: A kde ten nový monitor máš?
Adam: No, měl jsem smůlu. Viděl jsem kvalitní monitor, ale byl moc drahý.
Jana: Aha. A kde máš ty peníze?
Adam: Ehm... Měl jsem včera nějaký špatný den, a tak jsem si dal jeden koňak... No, a v restauraci byli můj kolega Ivan a kamarád Zdeněk. Dali jsme si ještě jeden koňak a pak ještě jeden. Ale včera bylo včera. Teď jsem doma a jsem rád, že mám takovou hodnou a hezkou manželku. – Co je, Jano? Ty máš špatnou náladu? Ale proč?

Typický domácí dialog II.

Jana: Ahoj, Adame? Jak se máš? A co čteš?
Adam: To je jedno, co čtu. Ale kde jsi byla ty?!? Už je večer a já mám strašný hlad a žízeň. A doma není jídlo.
Jana: Byla jsem v práci a pak jsem nakupovala v centru. Viděla jsem hezký kabát, krásný svetr a fantastickou, ale opravdu fantastickou kabelku. Byla červená, supermoderní a elegantní a nebyla moc drahá... Stála jenom 3 359 korun. Vidíš? Tady je. Ta je senzační, viď?
Adam: Co? Ty jsi kupovala takovou drahou kabelku? No, není špatná... Ale levná nebyla. Jo, a kde máš to jídlo? Maso. Nebo salám... A pivo!
Jana: Nóó... Nemám to. Nevidíš, že jsem neměla čas?!

Pamatujte si:

Jak jsi se měl? = Jak ses měl?	*How have you been?*
Jak to dopadlo?	*How did it go? How did it turn out?*
Co se stalo?	*What happened?*
Zapomněl/a jsem	*I forgot*

Note: **Zapomněl jsem**, že Eva **je** tady. – *I forgot that Eva was here.*

Kdy jste byli poprvé v České republice?

Adverbs expressing time

11. Odpovídejte.

1. Kdy jste byli poprvé v České republice / v Praze?
2. Kdy jste poprvé letěli letadlem?
3. Kdy jste poprvé viděli moře?
4. Kdy jste poprvé jedli knedlíky?
5. Kdy jste poprvé řídili auto?
6. Kdy jste poprvé pili alkohol?
7. Kdy jste byli naposled doma?
8. Kdy jste naposled plakali v kině?
9. Kdy jste naposled jeli taxíkem?
10. Kdy jste naposled tancovali?

Jde ***poprvé*** *do školy.*

Jde ***naposled*** *do školy.*

Pamatujte si:

brzo / brzy	*– early*	**nedávno**	*– recently*
kdy	*– when*	**nejdřív**	*– first*
když	*– when, if (as a conjunction)*	**pak, potom**	*– then*
minulý (měsíc)	*– last (month)*	**poprvé**	*– for the first time*
nakonec	*– in the end*	**pozdě, později**	*– late, later*
naposled	*– for the last time*	**včera**	*– yesterday*

12. Seřaďte obrázky. Co je číslo 1, 2, 3… ?

Jak jsem připravoval party

Pak jsme tancovali.

Potom jsme jedli a pili.

Potom jsem vařil.

Nakonec jsem uklízel.

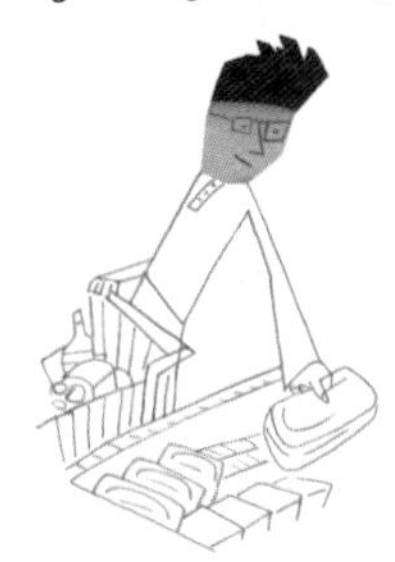

Pak jsem nakupoval jídlo a pití.

Nejdřív jsem zval kamarády.

13. Napište, co jste dělali včera / o víkedu.

1. Nejdřív ______________________________
2. Pak ______________________________
3. Potom ______________________________
4. Pak ______________________________
5. Později ______________________________
6. Nakonec ______________________________

14. Čtěte nebo poslouchejte. Hádejte, kdo to byl.

Kdo to byl?

Akira Kurosawa	Marie Curie-Skłodowská	Andrej Tarkovskij	Edith Piaf
John Lennon	Louis Armstrong	Charles Chaplin	Ema Destinnová

1. ______________________________

Byl Angličan. Narodil se v roce 1889 v Londýně v chudé rodině. Nejdřív pracoval v Anglii, ale pak jel do Ameriky. Miloval film. Začínal jako herec a později měl filmové studio. Ve filmu nosil velké boty, černý klobouk a knír. Po roce 1945 žil ve Švýcarsku. Umřel v roce 1977.

2. ______________________________

Byl Američan. Narodil se v roce 1901 v New Orleansu. Jeho rodina byla velmi chudá. Už jako malý kluk hrál na trubku. Později taky zpíval a hrál v jazzovém orchestru. Jazz byl jeho život. Jeho kamarádi říkali, že je jazzový král. Umřel v New Yorku v roce 1971.

3. ______________________________

Byla Češka. Narodila se v roce 1878. Měla krásný soprán, a proto studovala operu. Nejdřív zpívala v Národním divadle v Praze, ale později taky v Covent Garden v Londýně a v Metropolitní opeře v New Yorku. Milovala populárního italského zpěváka Carusa a on miloval ji. Umřela v roce 1930. Její portrét vidíte na bankovce 2000 Kč.

4. ______________________________

Byl Rus. Narodil se v roce 1932. Studoval orientalistiku a pracoval jako režisér a scénárista. Nejdřív žil v Rusku, ale později emigroval do západní Evropy. Točil filozofické a humanistické filmy, například Andrej Rublev nebo Stalker. Umřel v roce 1986.

5. ______________________________

Byla Polka. Narodila se v roce 1867. Nejdřív žila v Polsku, ale pak ve Francii. Studovala fyziku a chemii a později pracovala jako profesorka fyziky na Sorbonně. Její manžel byl taky fyzik. Spolu studovali radioaktivitu a objevili radium a polonium. Dvakrát dostala Nobelovu cenu za fyziku – v roce 1903 a 1911. Umřela v roce 1934.

6. ______________________________

Byl Angličan. Narodil se v roce 1940 v Liverpoolu. Už jako kluk hrál na kytaru, zpíval a psal písničky. V roce 1962 založil s kamarády kapelu. Byla to asi nejslavnější kapela na světě. Jejich kapela skončila v roce 1970. Pak žil v Americe. Umřel v roce 1980. Jeho manželka je Japonka.

7. ______________________________

Byla Francouzka. Narodila se v roce 1915 ve Francii. Když byla malá, byla velmi chudá a musela zpívat na ulici. Později začala zpívat šansony a byla velmi slavná a populární. Hrála taky v divadle a ve filmu. Umřela v roce 1963.

8. ______________________________

Byl Japonec. Narodil se v roce 1910. Ve čtyřicátých letech začínal točit filmy jako režisér. Jeho nejslavnější film je historické drama Sedm samurajů. Dělal taky psychologické filmy a psal scénáře. Umřel v roce 1998 jako legendární filmový režisér.

Pamatujte si:
When translating from Czech into English, you should always find the subject of the sentence first (note that it can be expressed by a verb form or mentioned overtly only in the preceding sentence). Then, organize the sentence the way you would an English sentence: ***subject – verb – object – manner – place – time.***

Čech, Češka x český x čeština

How to say Czech in Czech

28

Petr je **Čech**. Eva je **Češka**. Petr a Eva jsou **Češi**.

Mají rádi **české** pivo.
Mluví **česky**.
Jejich jazyk je **čeština**. **Čeština** není lehká.
Ale existuje nějaký opravdu lehký jazyk?

15. Hádejte, jak se ti lidé jmenujou. Doplňte informace podle modelu.

Například: To je Olaf. Olaf je Švéd. Mluví švédsky. Jeho země se jmenuje Švédsko.

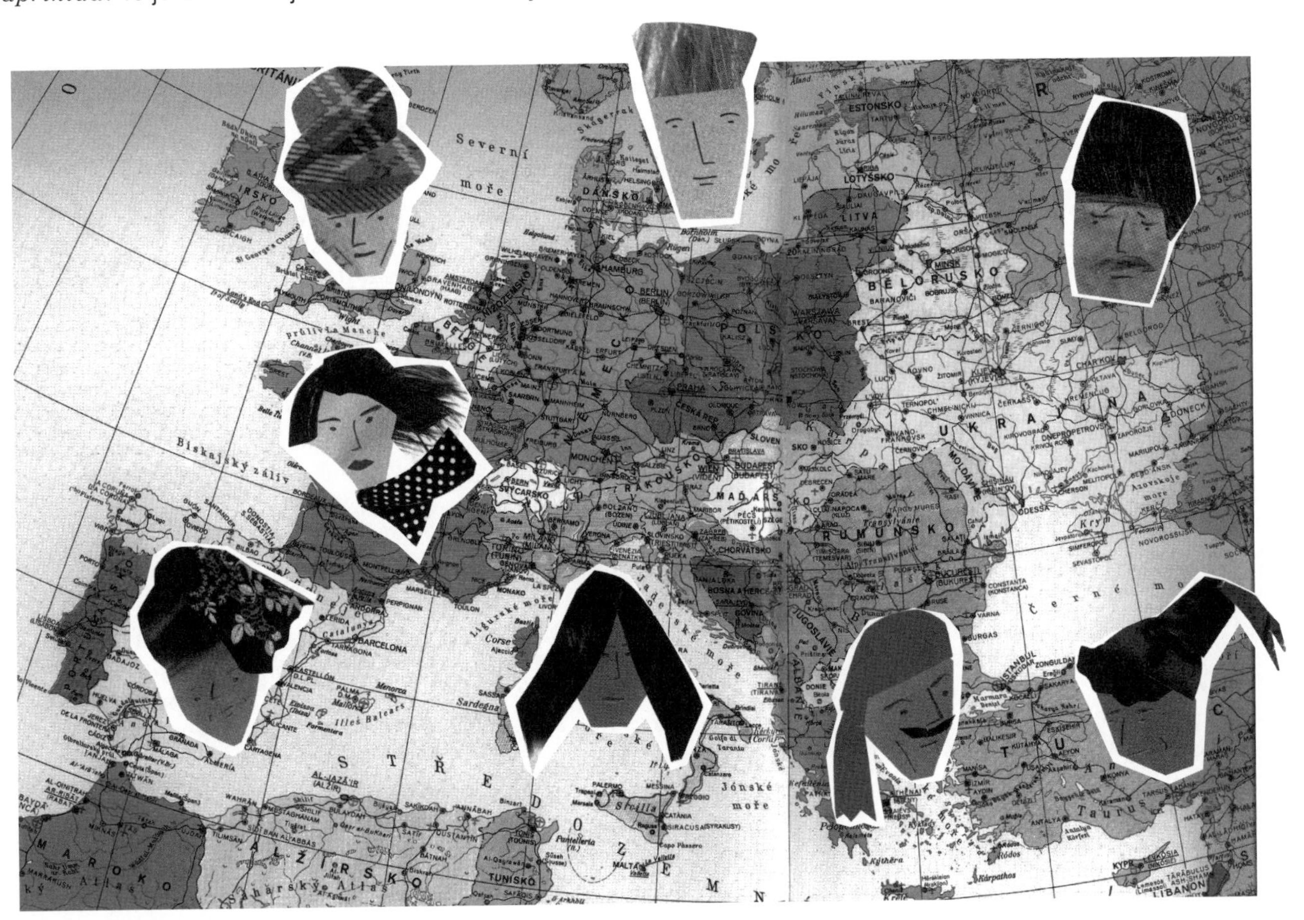

16. Používejte slovník na straně 72. Doplňte informace podle modelu.

Například: Edith Piaf byla francouzská zpěvačka. Mluvila francouzsky. Byla Francouzka.
Pablo Picasso byl španělský malíř. Mluvil španělsky. Byl Španěl.

1. Anna Achmatovová byla ruská spisovatelka.
2. Lao-c' byl čínský filozof.
3. Hans Christian Andersen byl dánský spisovatel.
4. Astrid Lindgrenová byla švédská spisovatelka.
5. Akira Kurosawa byl japonský režisér.
6. Johann Wolfgang Goethe byl německý spisovatel.
7. Charlotte Brontëová byla anglická spisovatelka.
8. Leonardo da Vinci byl italský malíř.
9. Franklin Delano Roosevelt byl americký prezident.
10. Karel Čapek byl český dramatik a spisovatel.

Pozorujte:
KTERÝ *is the most common "tie" between sentences.*
Albert Einstein byl ten muž, KTERÝ napsal teorii relativity.
Marie Curie-Skłodowská byla ta žena, KTERÁ objevila radium.

lesson 6

země / stát / kontinent	kde?	národnost	adjektivum, adverbium (ý – y)	jazyk
Česká republika	**v České republice**	**Čech / Češka**	**český, česky**	**čeština**
Afrika	v Africe	Afričan / Afričanka	africký, africky	–
Amerika	v Americe	Američan / Američanka	americký, americky	–
(Spojené státy / USA)	v USA (úesá)	–	–	–
Anglie	v Anglii	Angličan / Angličanka	anglický, anglicky	angličtina
Asie	v Asii	Asiat / Asiatka	asijský, asijsky	–
Austrálie	v Austrálii	Australan / Australanka	australský, australsky	–
Bulharsko	v Bulharsku	Bulhar / Bulharka	bulharský, bulharsky	bulharština
Česká republika / Česko	v České republice	Čech / Češka	český, česky	čeština
Čína	v Číně	Číňan / Číňanka	čínský, čínsky	čínština
Dánsko	v Dánsku	Dán / Dánka	dánský. dánsky	dánština
Evropa	v Evropě	Evropan / Evropanka	evropský, evropsky	–
Finsko	ve Finsku	Fin / Finka	finský, finsky	finština
Francie	ve Francii	Francouz / Francouzka	francouzský, francouzsky	francouzština
Itálie	v Itálii	Ital / Italka	italský, italsky	italština
Irsko	v Irsku	Ir / Irka	irský, irsky	irština
Izrael	v Izraeli	Izraelec / Izraelka	izraelský, izraelsky	hebrejština
Japonsko	v Japonsku	Japonec / Japonka	japonský, japonsky	japonština
Kanada	v Kanadě	Kanaďan / Kanaďanka	kanadský, kanadsky	–
Maďarsko	v Maďarsku	Maďar / Maďarka	maďarský, maďarsky	maďarština
Mexiko	v Mexiku	Mexičan / Mexičanka	mexický, mexicky	–
Německo	v Německu	Němec / Němka	německý, německy	němčina
Norsko	v Norsku	Nor / Norka	norský, norsky	norština
Polsko	v Polsku	Polák / Polka	polský, polsky	polština
Portugalsko	v Portugalsku	Portugalec / Portugalka	portugalský, portugalsky	portugalština
Rakousko	v Rakousku	Rakušan / Rakušanka	rakouský, rakousky	–
Rusko	v Rusku	Rus / Ruska	ruský, rusky	ruština
Rumunsko	v Rumunsku	Rumun / Rumunka	rumunský, rumunsky	rumunština
Řecko	v Řecku	Řek / Řekyně	řecký, řecky	řečtina
Slovensko	na Slovensku	Slovák / Slovenka	slovenský, slovensky	slovenština
Skotsko	ve Skotsku	Skot / Skotka	skotský	–
Španělsko	ve Španělsku	Španěl / Španělka	španělský, španělsky	španělština
Švédsko	ve Švédsku	Švéd / Švédka	švédský, švédsky	švédština
Švýcarsko	ve Švýcarsku	Švýcar / Švýcarka	švýcarský	–
Turecko	v Turecku	Turek / Turkyně	turecký, turecky	turečtina
Velká Británie	ve Velké Británii	Brit / Britka	britský	–
Vietnam	ve Vietnamu	Vietnamec / Vietnamka	vietnamský, vietnamsky	vietnamština

Inzeráty

In this lesson you will:

- buy, sell and describe an apartment or house
- have fun writing advertisements
- learn more about the verb *to know*
- find out that Czechs are very "negative"
- learn how to say *for* in Czech

Lekce 7

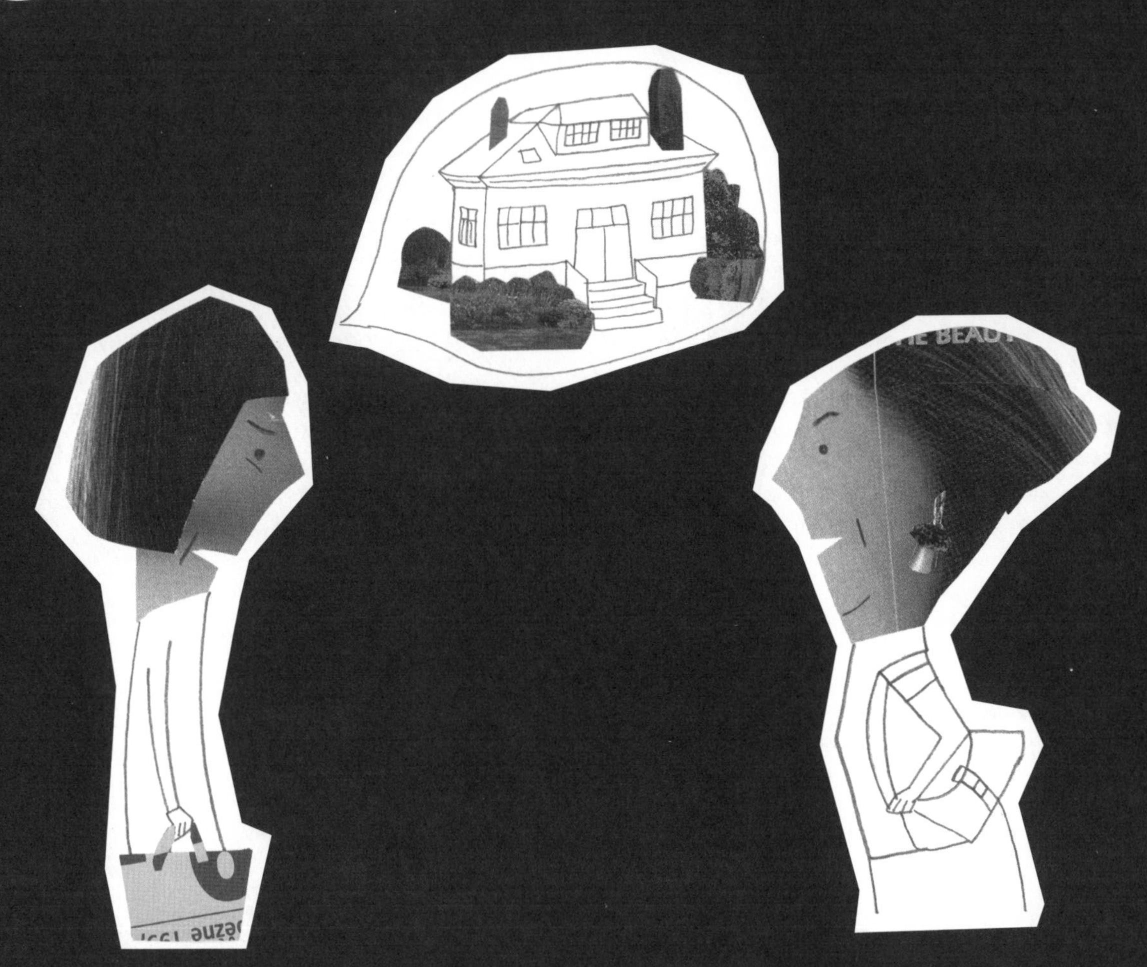

Byt a dům

Apartment / flat and house

1. Doplňte.

2. Poslouchejte.

29

Paní Smutná hledá byt

Paní Veselá: Dobrý den, paní Smutná? Tak co, jak se máte?
Paní Smutná: Ále, špatně, paní Veselá. Hledám nový byt.
Paní Veselá: A proč hledáte nový byt? Máte hezký byt, ne?
Paní Smutná: Ano, ale ten je moc malý. Mám teď doma dceru a její rodinu. Potřebujeme velký byt.
Paní Veselá: Hm, to je problém...
Paní Smutná: Máme malou kuchyň a malou ložnici. Obývák je velký a světlý. Problém ale je, že potřebujeme velký obývák, velkou ložnici, velkou kuchyň a taky dětský pokoj. A garáž na auto. A tak hledám nový byt, ale je to těžké. Takový velký byt je moc drahý a já nemám peníze. Tak mám špatnou náladu a jsem smutná.
Paní Veselá: No ne, to je náhoda! Já teď hledám takový malý byt. Mám velký byt 4+1, ale ten je starý a tmavý a potřebuje rekonstrukci. Jsem sama a takový velký byt nechci. Chcete ten velký starý byt?

3. Používejte slova na straně 82. Téma ke konverzaci:

1. Co znamená byt 1+1, 2+1, 3+1? Co znamená 1+ kk?
2. Víte, jak velký je typický český byt a jaké má pokoje?
3. Jak vypadá váš byt nebo dům?
4. Jaký je váš oblíbený pokoj nebo vaše oblíbené místo? Proč ho máte rádi?
5. Co potřebujete, když zařizujete nový byt nebo dům?
6. Kolik stojí byt nebo dům v České republice? Kolik stojí byt nebo dům ve vaší zemi?

4. Procvičujte čísla 1 – 10 milionů.

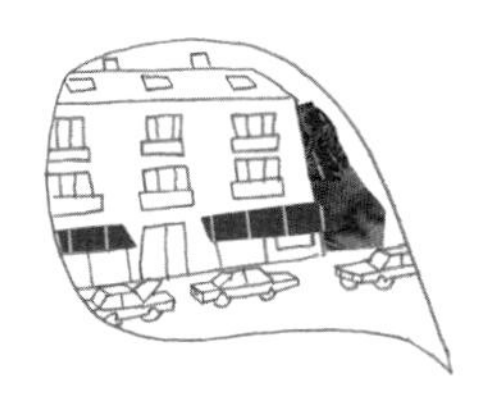

Petr a Eva hledají byt nebo dům. ALE... Eva miluje město a nesnáší vesnici.
Petr miluje vesnici a nesnáší město. A tak hledají kompromis. Co myslíte, existuje?

5. Čtěte inzeráty. Jaký inzerát psala Eva? Jaký inzerát psal Petr? Jaký inzerát psali oba?

)PHARM s.r.o.
hledá
ČETNÍ
eme:
školské vzdělání
ní znalost práce na PC
ikativní schopnosti
né vystupování
flexibilita
:
é pracovní prostředí
kolektivu
ožný ihned, plat dohodou.
aný životopis zašlete na
x: EUROPHARM s.r.o.
a 23, 161 00 Praha 6
x: 233 310 032

Prodám velký 5+1 v Praze v centru s velkou kuchyní a balkonem. Tel. 784 896 593

Požadujeme:
- SŠ vzdělání

Nabízíme:
- zajímavou a

Mladí manželé (doktor a učitelka) hledají levný byt 1+1 až 2+1. v Praze 5 nebo 6. E-mail: trnkovi@seznam.cz.

Zvolte AYS partnerem
Pro naše klienty, mezinárodní společnosti v centru Prahy, hledáme kandidátky na pozice:
ASISTENTKA, RECEPČNÍ

Firma Beck International s.r.o. v Mělníku hledá obchodní zástupce z celé ČR pro uzavírání smluv na automaty na vodu. V případě zájmu zasílejte životopis na e-mail beck@beck-international.cz

Kupujete nebo prodáváte byt, garáž, dům nebo chatu? Naše firma nabízí všechno, co potřebujete. Telefon nebo fax: 406 554 375.

Koupím luxusní vilu se zahradou na kraji velkého města. Bazén a garáž nutné. Mobil 733 867 790

Hledáme dům na kraji města blízko lesa. Autobus, vlak nebo metro do centra. Telefon 734 672 995

Hledám byt v centru. Galerie, kino a divadlo blízko. Mobil 643 267 193

Hledám malý dům na vesnici. Může být i starý a před rekonstrukcí. Voda a les blízko. Mobil 723 872 243

Stabilní mezinárodní společnost přijme Obchodní zástupce na VPP - max. 10 prodejů v měsíci. Nabízíme práci v místě bydliště, prodej jak stávajícím, tak novým zákazníkům firmy, práci s kvalitními produkty, profesionální zaškolení zdarma. Zájem máme o muže, ženy, partnerské páry s vysokým pracovním nasazením, kteří umějí komunikovat a mají zájem si přivydělat min. 15.000,-Kč/měsíčně. Zkušenosti z prodeje výhodou, ne však podmínkou. K výběrovým pohovorům se přihlaste na tel. 602 613 088 nebo e-mail : truksaal@wsinternational.cz.

6. Chcete prodat váš byt / dům. Napište inzerát.

Prodám ______________________________

____

____

____

Koupím ______________________________

____

____

____

The verbs **prodám** *(I will sell) and* **koupím** *(I will buy) are perfective.*
For more about perfective verbs, see lesson 12.

lesson
7

Hledám partnera nebo partnerku.

Verbs + the accusative

7. Kdo psal ten inzerát – žena nebo muž? A co znamená 22/184?

Student 22/184, sportovec, nekuřák a abstinent, hledá sympatickou a štíhlou partnerku v Praze. Mám rád hory a moře, rád hraju tenis a plavu. Telefon 723 33 67 81.

30

8. Poslouchejte. Doplňte text podle kazety. Hádejte, kdo asi psal ten inzerát.

Kdo psal ten inzerát?

1. ____________ ____________ exotické země? Jsem student 24 / 185 a hledám ____________ na netradiční cestu do Afriky.

2. Jsem ________ /________ studentka medicíny. Nehledám peníze ani sex. Hledám lásku. Chtěla bych potkat ____________ ____________ partnera na celý život.

3. Jsem manažer 39 / 177. Jsem chytrý, ________________ a bohatý, ale jsem sám. Pořád pracuju a nemám čas hledat ________________.

4. Jsem sekretářka ________ /________. Nejsem ____________, ale asi mám smůlu. Hledám sympatického muže, který rád ____________ a pracuje na zahradě.

Pamatujte si: Hledám dobr**ého** partner**a**. Hledám dobr**ou** partnerk**u**.

9. V tabulce jsou dva inzeráty. Napište je.

Učitelka 26/168 hledá ____

Sportovec 32/180 hledá ____

partnerku **veselou** **a**	**divadlo** **mám ráda** **lyžuju**	**a** **abstinenta** **a**	**tolerantního** **a** **inteligentního**	**rád** **kulturu**	**hraju tenis** **sympatickou**

10. Hledáte partnera / partnerku, kamaráda / kamarádku, psa / kočku. Jste ředitel / ředitelka firmy nebo školy a hledáte asistenta / sekretářku, učitele / učitelku. Napište inzerát.

31

11. Čtěte nebo poslouchejte.

Miluje Anežka Martina?

Martin čeká na tramvaj. Najednou vidí Anežku.
Martin: Jé, Anežka. Miluju Anežku. Ahoj, Anežko! Co děláš dneska večer? Tady blízko je jedna dobrá kavárna.
Anežka: Ahoj. Dneska nemám čas... A taky nemám ráda kávu. Piju jenom čaj.
Martin: Aha... A co zítra? Nechceš jít do kina na nějaký romantický film?
Anežka: Ne, nesnáším romantické filmy. A v úterý jdu na tenis.
Martin: Hm... A nechceš jít do restaurace? Tady v centru je jedna výborná restaurace.
Anežka: Ale restaurace je drahá a já nemám peníze...
Martin: Prosím tě. Nepotřebuješ peníze. Zvu tě.
Anežka: Ale já nemám ráda restaurace. Lidi tam kouří a já nenávidím cigarety.
Martin: Ach jo... A nechceš jít plavat?
Anežka: Ne. Nesnáším vodu. A taky nemám plavky.
Martin: Aha... To je škoda. Jé, Jana! Promiň, Anežko, já teď nemám čas. Tamhle vidím Janu. Ahoj, Jano! Jak se máš? Co děláš dneska večer?

12. Martin hledá partnerku. Napište pro Martina inzerát.

Pamatujte si:
verbs + the accusative:

čekat na / počkat na	to wait for	**nesnášet / nesnést**	to hate / can't stand
číst* / přečíst*	to read	**potřebovat**	to need
dívat se / podívat se na	to look at, to watch	**používat / použít**	to use
dělat / udělat	to do / to make	**prodávat / prodat**	to sell
hledat	to look for	**psát* / napsat***	to write
hrát* / zahrát*	to play	**řídit auto, firmu**	to drive a car / run a firm
kupovat / koupit	to buy	**vařit / uvařit**	to cook
nakupovat / nakoupit	to go shopping	**vidět / uvidět**	to see
milovat	to love	**znát / poznat**	to know
nenávidět	to hate	**zvát* / pozvat***	to invite

The verbs in this chart are written in this order: imperfective verb / perfective verb. At this stage, you are learning to use the imperfective ones (the ones on the left). For more information, see page 124.

13. Spojte čísla a písmena.

1. Prodávám malý dům,
2. Nekupuju cigarety,
3. Miluju čokoládu,
4. Jsem ředitel
5. Umím řídit auto,
6. Nepíšu dopisy,
7. Když čekám na tramvaj,
8. Když píšu dopis,

A. ale neumím řídit letadlo. Nejsem pilot.
B. protože píšu jenom e-maily.
C. ale teď mám dietu a jím jenom saláty.
D. protože potřebuju velký dům.
E. protože nesnáším tabák.
F. čtu noviny.
G. používám tužku a papír.
H. a řídím firmu.

Pozorujte:
KDY máš čas? X Co děláš, KDYŽ máš čas?

Znát, vědět, umět.
To know in Czech

32

Znáte Toma? Víte, kdo to je?
Znáte Alici? Víte, kdo to je?

Eva **zná** Toma a Alici. Tom a Alice jsou její studenti.
Eva **ví**, že Tom je fotograf. **Umí** dobře fotografovat.
Eva taky **ví**, že Alice pracuje pro ekologickou organizaci.
Tom a Alice už **umí** trochu česky a **znají** dobře Prahu.
Alice **ví**, kde jsou dobré obchody. Tom **ví**, kde mají dobré pivo.

1. znát
The verb **znát** *is used with a direct object (in the accusative).*
E. g.: Eva **zná** Toma a Alici. Tom a Alice **znají** dobře Prahu.

2. vědět*
The verb **vědět** *is used with a separate clause or the pronoun* **to** (it). **Vědět** *is a verb with a completely irregular conjugation:* **vím, víš, ví, víme, víte, ví / vědí**.
E. g.: Alice **ví**, kde jsou dobré obchody. Ví to. Tom **ví**, kde mají dobré pivo. Ví to.

3. umět
The verb **umět** *means to know how to or can. It is used with skills, abilities and languages.*
E. g.: Tom **umí** dobře fotografovat. Tom a Alice už **umí** trochu česky.

Pozorujte:
UMÍM / MLUVÍM / ROZUMÍM česky, anglicky, rusky, francouzsky, německy, polsky, italsky, španělsky...
For more languages, see page 72.

14. Doplňte slovesa *umět, vědět a znát*.

1. ____________, kdo byl Albert Einstein?
2. ____________ Michaela Jacksona?
3. ____________, kdy je Pražské jaro?
4. ____________ francouzsky?
5. ____________ dobře Prahu?
6. ____________, kde mají nejlepší pivo?
7. ____________, kde je divadlo?
8. ____________ hrát fotbal?
9. ____________ nějaký exotický jazyk?
10. ____________, kdo je český prezident?
11. ____________ nějaký populární sportovní klub?
12. ____________, jaký je dneska den?
13. ____________ zpívat?
14. ____________ nějakou dobrou restauraci?
15. ____________, kdy je nějaký dobrý koncert?
16. ____________ italsky?

15. Téma ke konverzaci:

Jaké země znáte? Co o nich víte?
Znáte nějakého slavného Čecha, Angličana, Němce, Rusa, Poláka, Itala, Francouze...? Co o nich víte?
Co umíte? Umíte vařit, tancovat, plavat, hrát tenis...?
Jaké jazyky umíte?

Pamatujte si:
ZNÁM Toma a Alici. VÍM, kdo jsou Tom a Alice.

Někdo tam je. – Ne, nikdo tam není.

Interrogative, indefinite and negative pronouns and adverbs in the nominative sg.

***Někdo** tam je.*

*Ne, **nikdo** tam **není**.*

16. Dělejte věty. Opakujte zájmena.

1. Kdo ______
2. Co ______
3. Kdy ______
4. Kde ______
5. Jak ______
6. Jaký ______
7. Čí ______

		interrogative pronouns		indefinite pronouns *(some-)*	negative pronouns *(no-)*
ně- **ni-**	+	**kdo*** **co*** **kdy** **kde** **jak** **jaký*** **čí***	=	**ně**kdo* **ně**co* **ně**kdy **ně**kde **ně**jak **ně**jaký* **ně**čí*	**ni**kdo* **NIC*** **ni**kdy **ni**kde **ni**jak **ŽÁDNÝ*** **ni**čí*

** These forms are declined. For the declension of* kdo *and* co *(and their derivations with* ně- *and* ni-*), see page 227. Other words with an asterisk are declined like adjectives.*

17. Čtěte a pozorujte.

1. Co potřebujete? Hledáte něco?
2. Kdy je festival? Festival je někdy v dubnu.
3. Kde je ten svetr? Někde jsem ten svetr viděla, ale nevím, kde.
4. Jak vaříte polévku? Nějak nevím, jak tu polévku vařit.
5. Jaký jsi měl dneska den? Vypadáš nějaký unavený.
6. Čí je ten kabát? Ten kabát musí něčí být, ale nevím, čí.

Pozorujte: *Czech doesn't have articles. However, there are some equivalents.*
THE, THAT: English the or that can be often translated by **ten / ta / to**.
THIS: To say this simply add the syllable -hle: **tenhle / tahle / tohle**.
A, AN: English a / an can be translated by Czech **nějaký** *(some) or* **jeden**, **jedna**, **jedno** *(one).*

Nikde nic nevidím.

Multiple negatives

Nikde nic nevidím.

18. Odpovídejte negativně.

1. Je tady někdo? – Ne, ____________
2. Máte někdy špatnou náladu? – Ne, ____________
3. Máte někdy smůlu? – Ne, ____________
4. Máte někdy depresi? – Ne, ____________
5. Jste někdy frustrovaný? – Ne, ____________
6. Znáte nějakého originálního nového autora? – Ne, ____________
7. Máte někdy nějaký velký problém? – Ne, ____________
8. Znáte nějakého milionáře? – Ne, ____________
9. Znáte nějakou dobrou doktorku? – Ne, ____________
10. Máte někde milion dolarů? – Ne, ____________
11. Jste někdy unavený? – Ne, ____________ Jsem superman.

19. Doplňte správnou formu slovesa.

1. Ten náš nový kolega ________ (být) nudný. ________ (Být) žádný kamarád – nikdy ________ (organizovat) žádnou party.
2. Haló! ________ (Být) tady někdo? To ________ (být) strašné. Nikde nikdo ________ (být).
3. Hledám sekretářku. Nikdy tady ________ (být).
4. Adame, ty ________ (být) strašný. ________ (Mít) tady v kanceláři žádný systém. Nikdy ________ (vědět), kde ________ (mít) disketu, knihu nebo slovník.
5. Kde ________ (být) ten diář? Nikde tady ________ (být).

20. Čtěte. Rozumíte?

To je něco! **Lepší něco než nic.** **Ten pán? To je někdo!** **Ten pán? To je nikdo!**

21. Řekněte negativně.

1. Byl jsem doma.
2. Pracovali jsme celý den.
3. Viděl jsi ten film?
4. Spali jsme v hotelu.
5. Chtěl jsem být doma.
6. Dívali jsme se na televizi.
7. Tancovali jste?
8. Maminka v neděli odpočívala.

Petr kupuje dárek pro Evu za 500 korun.

The preposition for in Czech. Prepositions + the accusative

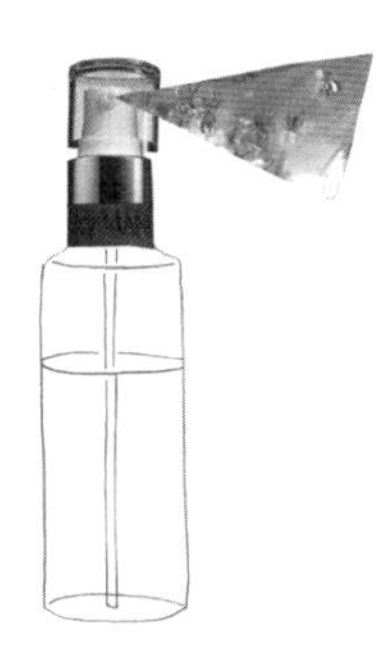

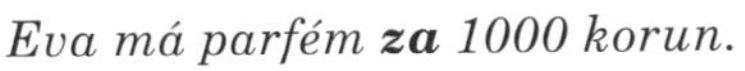

*Eva má parfém **za** 1000 korun.*

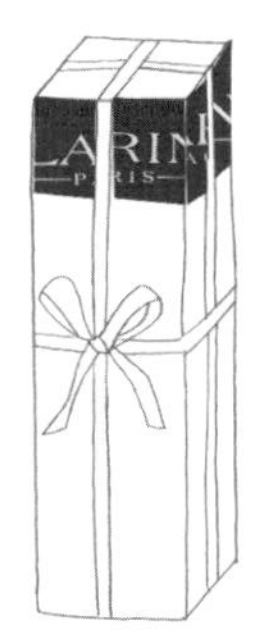

*Petr kupuje dárek **pro** Evu **za** 500 korun.*

Pozorujte:

1. pro
(often "for people")
Kupuju lístky pro kamarádku.

2. za
a) with amounts of money
Kupuju lístky za 1000 korun.
b) with time
Koncert začíná za 5 minut.

3. na
(often the purpose)
Kupuju lístky na koncert.

21. Doplňte prepozici.

1. Chtěl bych nějakou kosmetiku ____________ manželku.
2. Prosím vás, máte tady ten nový česko-anglický slovník ____________ 500 korun?
3. Dneska jsme měli ____________ večeři knedlíky, zelí a vepřové maso. A pivo.
4. Dám si svíčkovou ____________ 98 korun.
5. Chtěl bych nějakou levnou tašku, asi tak ____________ 100 korun.
6. Každý den mám ____________ snídani jogurt.
7. Potřebuju nový šampon ____________ vlasy.
8. V obchodě mají čokoládovou zmrzlinu ____________ 20 korun.
9. Mám dárek ____________ moji českou kamarádku.
10. Kupoval jsem lístky ____________ koncert ____________ 500 korun.
11. Kupujeme byt ____________ jeden milion korun.

22. Opravte chyby.

lístek pro 150 Kč	dům na 3 miliony korun	učebnice na učitelku
____________	____________	____________
dovolená pro týden	test za studentku	kniha pro 2000 Kč
____________	____________	____________
guláš pro večeři	dárek za maminku	parfém na kamarádku
____________	____________	____________

Pozorujte:
na týden X **za** týden
Jsem v Praze **na** týden. *I am staying in Prague for a week.*
Jedu do Prahy **na** týden. *I'm going to Prague for a week.*
Přijedu do Prahy **za** týden. *I'll come to Prague in a week.*

1. **byt**	*apartment/flat*
2. **dětský pokoj**	*nursery, children's bedroom*
3. **dveře** (*pl. only*)	*door*
4. **garáž**	*garage*
5. **knihovna**	*bookcase*
6. **koupelna**	*bathroom*
7. **křeslo**	*armchair*
8. **kuchyň**	*kitchen*
9. **lednička**	*refrigerator*
10. **ložnice**	*bedroom*
11. **nábytek**	*furniture*
12. **obraz**	*picture*
13. **obývák**	*living room*
14. **okno**	*window*
15. **patro: první, druhé, třetí...**	*floor: the first, second, third...*
16. **pokoj, místnost**	*room*
17. **postel**	*bed*
18. **pračka**	*washing machine*
19. **rádio, CD [cédé],** *coll.* **cédéčko**	*radio, CD*
20. **skříň**	*wardrobe*
21. **stůl**	*table*
22. **vana**	*bathtub*
23. **zahrada**	*garden*
24. **záchod, toaleta**	*toilet/WC*

V kuchyni je...

V obýváku je...

V ložnici je...

V koupelně je...

Volný čas

In this lesson you will:

- plan your future
- discover the three meanings of the verb *to go*
- speak about where you are going ("na-words")
- plan your leisure time

Lekce 8

lesson 8

Budeme doma a budeme číst. Pojedeme na výlet.

The future tense

33

1. Poslouchejte text. Podtrhněte správné odpovědi.

1. V sobotu Eva a Petr
a) budou doma
b) budou v práci
c) budou ve škole

2. V sobotu
a) budou spát
b) budou číst
c) budou se dívat na video

3. V sobotu večer
a) půjdou na konferenci
b) půjdou na diskotéku
c) půjdou na koncert

4. V neděli
a) pojedou na hory
b) pojedou na Slovensko
c) pojedou na výlet

33

2. Poslouchejte text. Doplňte mezery.

Eva a Petr mají o víkendu volno. Co plánujou?

„Petře, co ______________________ o víkendu?"

„V televizi říkali, že v sobotu ______________ špatné počasí. Tak ______________ doma, ne?

______________ ______________ a ______________ na video."

„Dobře. Ale co večer?"

„Večer ______________ na koncert. Už mám lístky."

„Fajn. A co v neděli?"

„V neděli ______________ hezké počasí. ______________ na výlet na hrad Karlštejn. Chceš?"

„Ne, nechci. Tam už jsem byla. ______________ na hrad Kokořín."

1. The future tense of the verb být

V televizi říkali, že v sobotu **bude** špatné počasí. Tak **budeme** doma, ne? V neděli **bude** hezké počasí.

budu	**budeme**
budeš	**budete**
bude	**budou**

2. The future tense of imperfective verbs

Petře, co **budeme dělat** o víkendu? **Budeme číst** a **dívat se** na video.

budu	**budeme**		
budeš	**budete**	**+**	**the infinitive**
bude	**budou**		

3. The future tense of verbs of motion jít, jet *and* letět

Večer **půjdeme** na koncert. **Pojedeme** na výlet na hrad Karlštejn.

For more about these verbs, see pages 86–88 of this lesson.

jít	(to go on foot)	– **půjdu**
jet	(to go by vehicle)	– **pojedu**
letět	(to go by plane)	– **poletím**

Pozorujte:

The verbs of motion jít, jet, letět *and others often use prefixes that change their meanings. See also lesson 13.*
přijdu, přijedu – *I'll come,* **odejdu, odjedu** – *I'll leave,* **sejdeme se** – *we'll meet*

4. The future tense of perfective verbs

Například: udělám – *I'll do,* koupím – *I'll buy. For more about perfective verbs, see lessons 12 and 13.*

3. Řekněte, co budou dělat.

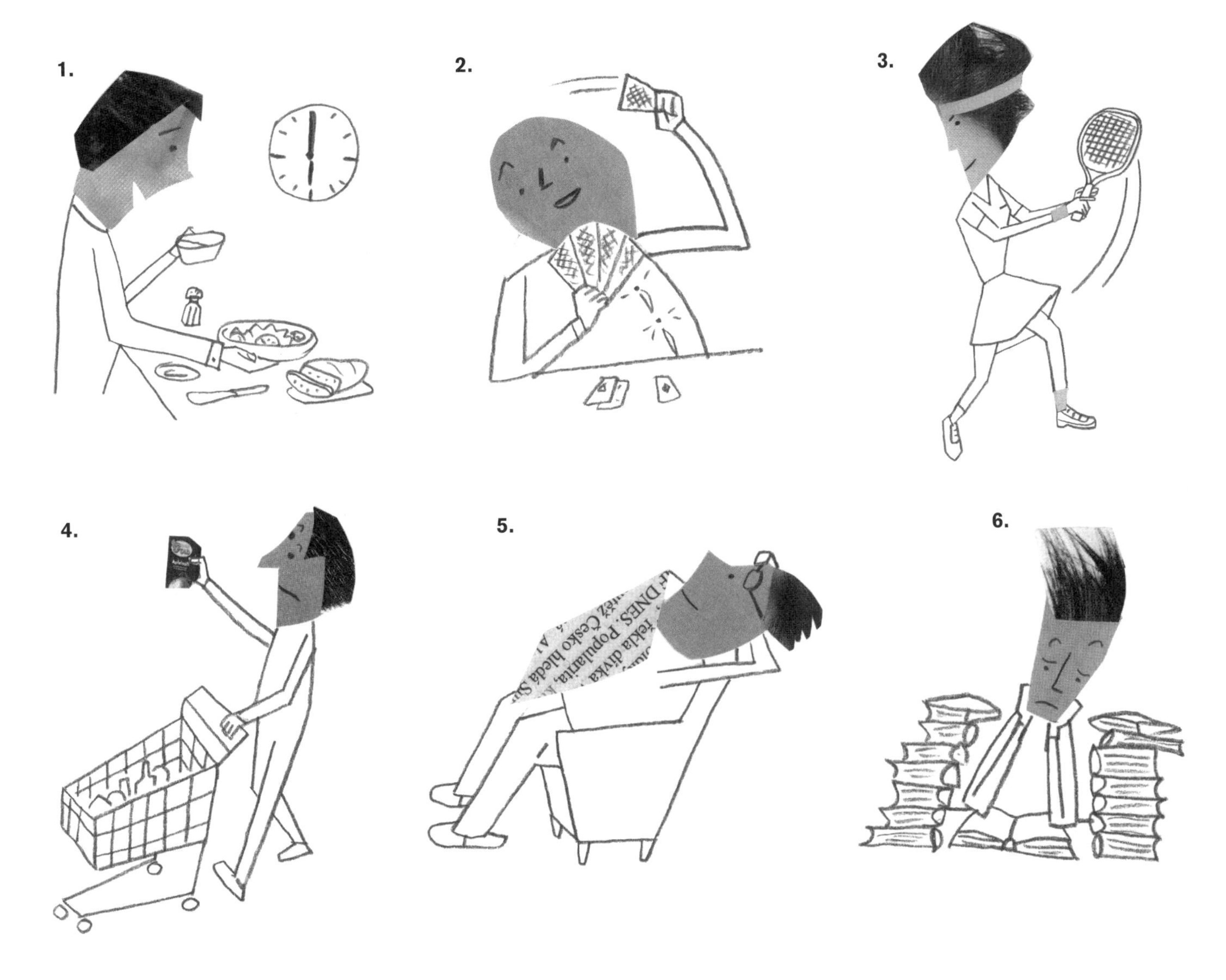

4. Dělejte věty.

Například: zítra být ve škole – Zítra budu ve škole.
zítra pracovat v kanceláři – Zítra budu pracovat v kanceláři.

1. zítra být v práci
2. příští rok být v ČR
3. v listopadu nakupovat dárky na Vánoce
4. zítra dopoledne být doma
5. v létě cestovat
6. o víkendu být v kanceláři
7. zítra vstávat v 6 hodin ráno
8. dneska večer studovat
9. dneska večer být v hospodě
10. moje kamarádka v zimě lyžovat
11. moji rodiče být v létě v ČR
12. moje maminka zítra vařit
13. můj šéf být zítra v práci
14. můj tatínek být v neděli celý den doma
15. moje kamarádka o víkendu uklízet
16. moje sestra o víkendu tancovat
17. můj kamarád být o víkendu doma
18. můj bratr kupovat nový byt

5. Diskutujte.

Co budou lidé dělat v roce 2100?

Lidé budou bydlet na Marsu.
Nebudou už žádné ekologické problémy.
Klonovat lidi bude normální.
Náš život budou řídit počítače.

Nebudou už žádné konflikty a války.
Lidé budou žít dvě stě let.
Auta budou používat elektřinu, ne benzin.
Architekti budou stavět města na moři.

Jít X jet X letět

"To go" in Czech

jít* = ***to go on foot***

jet* = ***to go by a vehicle***

Jít *and* jet *are verbs of motion. Verbs of motion have special forms for the future tense:* **půjdu, pojedu** *(see page 84 of this lesson). However, you can also use the present tense for the future in spoken Czech* (Zítra jdu na hokej).

6. Jak cestujeme? (Opakujte na straně 45).

jít	jet	letět
pěšky on foot	**autem** by car **autobusem** by bus **metrem** by "metro" **áčkem / béčkem / céčkem** by A / B / C lines **taxíkem** by taxi **vlakem** by train **tramvají** by tram **lodí** by ship **na kole** by bicycle	**letadlem** by plane

7. Čtěte.

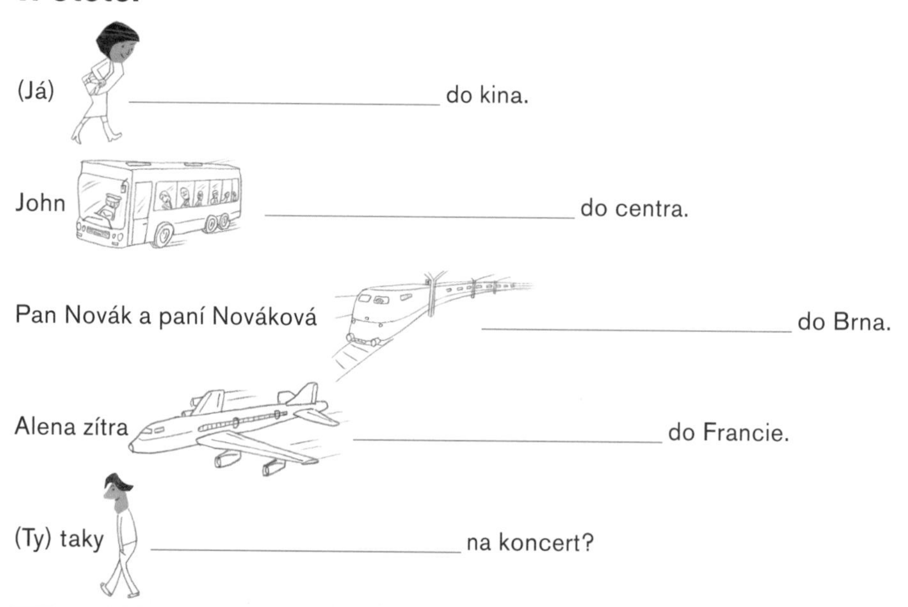

(Já) ______________________ do kina.

John ______________________ do centra.

Pan Novák a paní Nováková ______________________ do Brna.

Alena zítra ______________________ do Francie.

(Ty) taky ______________________ na koncert?

Pamatujte si:
Promiňte, že JDU pozdě. I' m sorry I' m late.

Promiňte, že jdu pozdě.

Kam jdeš? – Do školy na lekci a pak k doktorovi.

"Na-words"

Tom říká:
„Kam jdeš, Alice?"
Alice říká:
„Jdu **do** školy **na** lekci a pak **k** doktorovi."

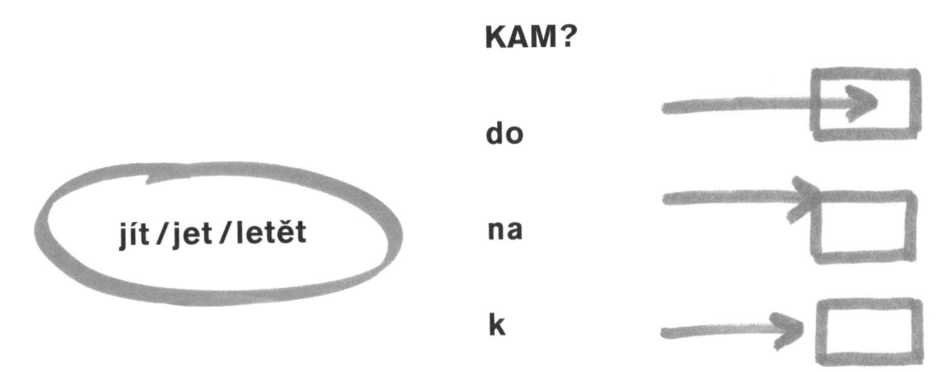

1. *The preposition* do
The preposition **do** *expresses motion to inside some place* (Jdu do školy, do divadla). *It is mostly used with continents, countries, cities, villages and shops.* **Do** *is used with the genitive.* *See page 107.*

2. *The preposition* na
The preposition **na** *expresses motion to a surface* (Dávám knihu na stůl) *or to open-space localities* (Jedu na letiště, na nádraží). *However, the preposition* **na** *is also used with:*
a) actions and activities (na diskotéku, na koncert) *and some public institutions* (na poštu, na ambasádu)
b) islands and peninsulas (na Floridu, na Maltu)
c) exceptions (na Moravu, na Slovensko)
The words used with the preposition **na** *are called "na-words".* **Na** *is used with the accusative. See this lesson.*

3. *The preposition* k
The preposition **k** *(or its extended form* **ke***) usually expresses motion to outside some place* (Jdu ke škole, k divadlu). *Logically, it is used with people* (Jedu k doktorovi). **K / ke** *is used with the dative.* *See page 189.*

8. Čtěte „na-slova". Používejte slovník. Rozumíte?

ambasáda	konference	náměstí	rande	stanice
diskotéka	lekce	**návštěva**	recepce	**trh**
dovolená (= jako adj.)	letiště	**ostrov, poloostrov**	schůze	**výlet**
hokej, fotbal…	**mítink**	policie	**schůzka**	**výstava**
hory	**Morava**	**poliklinika**	**Slovensko**	**záchod = toaleta**
hrad, zámek	nádraží	**pošta**	**služební cesta**	**zahrada**
koncert	**nákup**	**procházka**	snídaně / **oběd** / večeře	**zastávka**

9. Dělejte otázky podle modelu. Reagujte.

Například: Kam jdeš / půjdeš zítra večer? – Zítra večer jdu / půjdu na koncert.

zítra	**příští týden**	**o víkendu**	**jít**	**výlet**	**návštěva**	**nákup**	**konference**
dneska večer	**příští rok**	**příští měsíc**	**jet**	**pošta**	**procházka**	**letiště**	**Morava**
za týden	**za měsíc**	**za rok**	**letět**	**rande**	**dovolená**	**Florida**	**služební cesta**

10. Čtěte slova v tabulce. Rozumíte? Pak doplňte slova z tabulky do textu.

na koncert	**na výstavu**	**na letiště**	**na kávu**	**na ekologickou konferenci**
na diskotéku	**na oběd**	**na polikliniku**	**na ambasádu**	**na večeři**

Těžký den

Pátek byl těžký den. Jsem rád, že už je víkend. Ráno jsem vstával už v 5 hodin. Jel jsem ______________ a čekal jsem tam na pana profesora Higginse, který přiletěl z Kanady letadlem v 5:55. S profesorem Higginsem jsme jeli ______________, kde pan profesor analyzoval ekologickou situaci v Evropě. Celé dopoledne jsem organizoval konferenci, protože můj šéf byl nemocný a musel jet ______________ V poledne jsme šli ______________ do restaurace a pak ______________ do kavárny. Potom jsme jeli ______________, protože profesor Higgins potřeboval vízum do Ruska a nějaké oficiální dokumenty. Pak jsme šli ______________ do galerie. Večer jsme jeli ______________ do restaurace, kde jsme jedli české speciality a pili výborné víno. Po večeři šli někteří lidé ______________, ale tam už jsem nešel, protože klasickou hudbu nemám moc rád. Šel jsem domů a šel jsem spát. A víte, co jsem slyšel ráno? Že pan profesor Higgins šel ______________ a tancoval tam celou noc!

Pozorujte: KDE jsi? X KAM jdeš? KAM jedeš? KAM letíš?

11. Doplňte prepozice *do, na* a *k.*

O víkendu jdeme ________ kávu ________ kavárny.
Odpoledne musím jet ________ poštu pro balík z Ameriky.
Chceš jít v sobotu večer ________ koncert skupiny YES?
Nemám čas. Jdu ________ oběd ________ hospody.
Šel jsem ________ obchodu ________ nákup.
Nechceš jít večer ________ diskotéku ________ klubu Radost?
Byla jsem nemocná. Musela jsem jít ________ doktorovi.
Zítra nemůžu jít ________ školy ________ lekci.
O víkendu jsem šla ________ výstavu ________ galerie.
V pondělí večer jdu ________ Hamleta ________ Národního divadla.
Nechceš jít ________ kina ________ ten nový film od Spielberga?
Monika není doma. Jela ________ kamarádovi.
Příští týden jedu ________ služební cestu ________ Berlína.
Jedu s kamarádem ________ Prahy ________ letiště.

12. Řekněte slova v závorce v akuzativu sg.

1. Potřebuju vízum, a proto jdu na (ambasáda).
2. Jdeš v sobotu večer na (diskotéka)?
3. Dneska jdu na (mítink). Začínáme už v 8:30.
4. Jarmila jde na (nákup).
5. V sobotu jdu na (krásný dlouhý výlet).
6. V červnu jedu na (dovolená) na (Florida).
7. Tenhle víkend má Dáša dovolenou a jede na (Morava).
8. Teď jdu na (konference).
9. Víš, že Karel a Dáša jeli na (Malta)?
10. Adam a Alice jdou v neděli na (návštěva).
11. Jel jsem na (nákup) do Delvity.
12. Kam jedete na (hora)?
13. V pátek jedu na (konference).
14. Jdu na (rande).
15. Ve tři ráno jedu na (letiště).
16. Jdu na (toaleta).
17. Teď jdu na (oběd).
18. Pozítří jdeme na (výstava).
19. Jedu na (diskotéka).
20. V úterý ráno jdu na (policie).

13. Řekněte, jak pojedete.

Například: Do kina pojedu tramvají a pak metrem.

1. Domů ______
2. Na hory ______
3. Na nádraží ______
4. Do divadla ______
5. Do centra ______
6. Na výlet ______

14. Napište, kam půjdete a co budete dělat příští týden.

Po ______
Út ______
St ______
Čt ______
Pá ______
So ______
Ne ______

15. Řekněte v budoucím / minulém čase. Pak dělejte negativní věty.

1. spát celý den
2. tancovat
3. jet na konferenci
4. dívat se na televizi
5. jet na policii
6. jít na procházku
7. jít na výstavu do galerie
8. být doma
9. jít na diskotéku
10. obědvat v restauraci
11. jíst salát
12. jít na oběd
13. být v Praze
14. kupovat dům za 4 miliony
15. jít do kina
16. být v kanceláři
17. letět do Austrálie
18. telefonovat do Prahy
19. bydlet v hotelu
20. jít na mítink
21. jet pro kamaráda na letiště
22. večer pracovat
23. jet na výlet
24. jet na dovolenou
25. prodávat byt
26. psát e-mail
27. jít na lekci do školy
28. vstávat v 5 hodin ráno

16. Seřaďte věty. Doplňte prepozici *na* + akuzativ.

Například: David – zítra – jít – konference. David zítra jde / půjde na konferenci.

1. Michal – příští měsíc – jet – dovolená.
2. Eva – a – Alex – dneska – jet – nákup.
3. Já – teď – nejet – auto, ale – já – jít – pěšky.
4. Jana – včera – nejít – na – oběd.
5. Ty – dneska večer – jít – ten nový film?
6. My – příští měsíc – jet – festival.
7. Vy – jít – minulý měsíc – konference?
8. Já – včera – jet – autobus – nákup.
9. Tom a Dana – minulý víkend – jet – vlak – výlet.
10. Ty – příští rok – jet – dovolená – Slovensko?

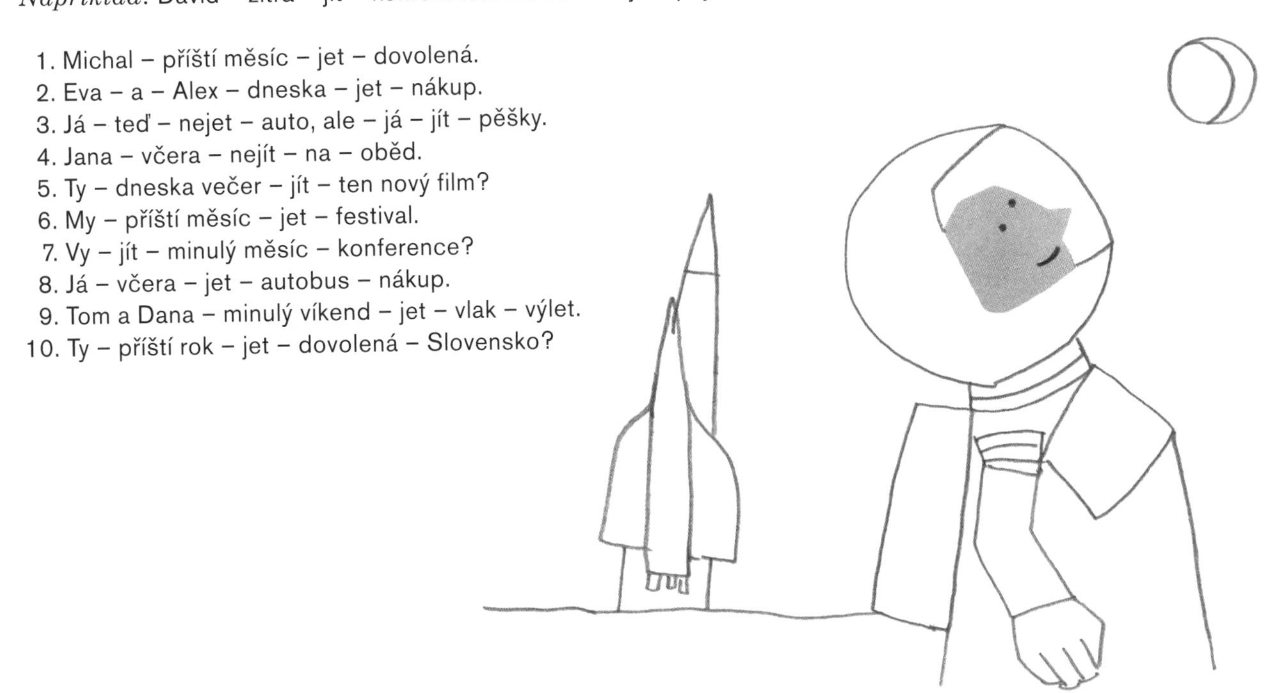

Poletím na měsíc na dovolenou na Měsíc.

17. Řekněte, kam pojedou na dovolenou lidé na fotografiích a co tam budou dělat.

1. 

2. 

3. 

4. 

5. 

34

18. Poslouchejte. Kdo je kdo na fotografii?

Ivan říká: Doufám, že tenhle rok budu mít krásnou dovolenou. Mám rád přírodu, a proto pojedu na hory do Rumunska, daleko od civilizace. Budu spát v lese, lézt na skály a fotografovat hory, zvířata, květiny a stromy. Budu tři týdny sám – jenom já a hory. To bude pohoda.

Markéta říká: Celý rok pracuju, a proto budu v létě odpočívat. Pojedu s kamarádkou do Itálie k moři. Celý den budeme ležet na pláži, opalovat se a někdy taky plavat. Večer půjdeme tancovat na diskotéku nebo na večeři do restaurace. Doufám, že tam budou zajímaví lidé a že bude dobré počasí.

Monika říká: Já a můj manžel máme rádi historii a moc rádi cestujeme. Příští rok v září pojedeme na Maltu do La Valletty. Budeme si prohlížet historické památky, půjdeme do muzea a do galerie, a budeme fotografovat a malovat obrazy. Večer půjdeme na večeři do restaurace nebo na víno do vinárny.

Richard říká: Já nebudu mít žádnou dovolenou. Neměl jsem dovolenou už tři roky. Mám vlastní firmu, a proto nemůžu odpočívat. V létě budu doma nebo v kanceláři, jenom někdy půjdu na tenis nebo plavat. Vím, že pracuju moc, ale na dovolenou prostě nemám čas.

Oldřich říká: Já jsem konzervativní člověk a strašně nerad cestuju. V červenci pojedu na dovolenou jako každý rok na chatu na Moravu. Budu tam pracovat na zahradě, koupat se a chytat ryby. Manželka pro mě bude vařit jahodové knedlíky. To bude ta nejlepší dovolená, jakou znám.

19. Napište, kam pojedete na dovolenou a co tam budete dělat. Používejte slova na straně 92.

____

____

____

____

____

____

____

____

____

Kam pojedete na dovolenou? Na Havaj, na hory nebo na chatu?

Kam pojedete?

Jak pojedete?

Kdy pojedete?

Kolik to bude stát?

Co tam budete dělat?

lesson
8

1. bruslit / zabruslit si	*to ice skate*
2. cvičit / zacvičit si aerobik, gymnastiku, strečink...	*to do aerobics, gymnastics, stretching*
3. chytat / chytit ryby; rybařit	*to go fishing*
4. jezdit – jet* na kole	*to go biking*
5. jezdit – jet* na skatebordu (na skejtu)	*to go skateboarding*
6. jezdit – jet* na jachtě	*to go yachting*
7. jezdit – jet* na lodi	*to go boating*
8. jezdit – jet* na kolečkových bruslích	*to go roller skating*
9. chodit – jít* na výlety	*to go hiking*
10. hrát* karty, šachy...	*to play cards, chess...*
11. koupat se / vykoupat se	*to go swimming*
12. lézt* / vylézt* na skálu	*to go rock climbing*
13. luštit / vyluštit křížovku	*to do a crossword puzzle*
14. lyžovat / zalyžovat si	*to ski*
15. malovat / namalovat	*to paint*
16. opalovat se / opálit se	*to sunbathe*
17. plavat* / zaplavat* si	*to swim*
18. posilovat	*to strengthen, to work out*
19. raftovat	*to raft*
20. potápět se / potopit se	*to dive*
21. prohlížet / prohlédnout (si) památky	*to go sightseeing*
22. sbírat známky, starožitnosti...	*to collect stamps, antiques...*
23. skládat / složit skládačku, puzzle	*to do a puzzle*
24. tancovat / zatancovat si	*to dance*

Lidské tělo

In this lesson you will:

- describe people
- use the plural forms of nouns
- complain about what hurts you
- end up at the doctor's

Lekce 9

lesson
9

Nominative a akuzativ plurálu – spisovná čeština

The nominative and accusative plural – standard Czech

case	function – prepositions	adjectives	majority nouns	M nouns ending in -ž, -š, -č, -ř, -c, -j, -tel + minority ending nouns
1. nominative	The same functions and prepositions as in the singular	dobří kvalitní dobré kvalitní dobré kvalitní dobrá kvalitní	**studenti** **banány** **kávy** **auta**	muži, soudci, kolegové čaje židle, kanceláře, místnosti nádraží, moře, kuřata
2. genitive		dobrých kvalitních dobrých kvalitních dobrých kvalitních dobrých kvalitních	studentů banánů káv aut	mužů, soudců, kolegů čajů židlí, kanceláří, místností nádraží, moří, kuřat
3. dative		dobrým kvalitním dobrým kvalitním dobrým kvalitním dobrým kvalitním	studentům banánům kávám autům	mužům, soudcům, kolegům čajům židlím, kancelářím, místnostem nádražím, mořím, kuřatům
4. accusative		dobré kvalitní dobré kvalitní dobré kvalitní dobrá kvalitní	**studenty** **banány** **kávy** **auta**	muže, soudce, kolegy čaje židle, kanceláře, místnosti nádraží, moře, kuřata
5. vocative		dobří kvalitní dobré kvalitní	studenti! studentky!	
6. locative		dobrých kvalitních dobrých kvalitních dobrých kvalitních dobrých kvalitních	studentech banánech kávách autech	mužích, soudcích, kolezích čajích židlích, kancelářích, místnostech nádražích, mořích, kuřatech
7. instrumental		dobrými kvalitními dobrými kvalitními dobrými kvalitními dobrými kvalitními	studenty banány kávami auty	muži, soudci, kolegy čaji židlemi, kancelářemi, místnostmi nádražími, moři, kuřaty

1. *For the endings in colloquial Czech, see page 223.*
2. *In the nominative plural, Ma nouns ending in* -h, -ch, -k, -r *soften like this:* hoch – hoši, kluk – kluci, doktor – doktoři. *For more about this, see page 228.*
3. *Latin N nouns drop the* -um *ending:* centrum – centra, muzeum – muzea.
4. *Mobile* -e-: pes – psi, blázen – blázni, broskev – broskve, mrkev – mrkve. *For more about mobile* -e-, *see page 228.*
5. *Stem changes:* kůň – koně, dům – domy, stůl – stoly. *For more about this, see page 228.*
6. *Irregular plural forms:* člověk – lidi, dítě – děti, oko – oči, ucho – uši, ruka – ruce.

Lidské tělo
Irregular plural forms

35

Eva a Petr si povídají.
Eva: „Víš... Chtěla bych mít dítě."
Petr: „Cože? Jaké dítě? Ty chceš mít TEĎ dítě?"
Eva: „Ne, teď ne. Ale možná za rok nebo za dva roky. Bude to určitě holka. Bude mít modré **oči**, červenou pusu, malé **uši**, hezké nohy, krásné **ruce** a blond vlasy..."
Petr: „Hm, já jedno dítě nechci. Chtěl bych mít tři **děti**. Tři kluky."

Pamatujte si:
člověk - lidé, *coll.* **lidi, dítě - děti, oko - oči, ucho - uši, ruka - ruce**

1. Namalujte obrázek člověka. Používejte následující slova z tabulky. Jakou barvu mají obvykle oči a vlasy?

oči	uši	ruce	nohy	vlasy	pusa

2. Kdo je kdo na obrázku? Najděte a podtrhněte formy plurálu.

Kdo je kdo?

A. Martin je malý, starší a trochu silnější. Má malé černé oči a velký nos. Nemá vlasy, ale má velké uši a velký elegantní knír. Martin je ředitel.
B. Alena je starší elegantní paní. Má modré oči a bílé vlasy. Je štíhlá a má brýle. Je v důchodu, ale ještě pracuje v kanceláři. Je moderní babička.
C. Daniela je blondýnka, má velké modré oči, je malá a štíhlá. Vypadá jako Marylin Monroe. Je moc hezká, ale není modelka. Je sekretářka a pracuje v kanceláři.
D. Jirka je štíhlý, skoro hubený. Je vysoký, má dlouhé ruce, dlouhé nohy a dlouhé vlasy. Má hezké hnědé oči a brýle. Vypadá jako hippie, ale je expert na počítače.
E. Zdeňka není ani malá, ani velká, ani tlustá, ani hubená. Má hnědé vlasy, zelené oči, malou pusu a velký nos. Je učitelka, ale teď nepracuje ve škole, protože má tři malé děti.

1.

2.

3.

4.

5.

Pozorujte:
Neříkáme STARÝ člověk, ale STARŠÍ člověk. Neříkáme TLUSTÝ člověk, ale SILNĚJŠÍ člověk.

3. Téma ke konverzaci.

1. Jak jste vypadali, když jste byli malí?
2. Jak vypadají vaši příbuzní, kamarádi, oblíbený zpěvák / zpěvačka...?

Laura a Sandra mají velké plány.

Regular plural forms

36

4. Najděte a podtrhněte formy plurálu.

Laura a Sandra mají velké plány

Laura a Sandra jsou studentky. Studujou na univerzitě. V červnu dělají zkoušky. Teď píšou těžké testy a čtou tlusté učebnice a slovníky. Venku je krásné počasí, ale dobré studentky nemůžou myslet na hezké kluky, veselé kamarádky, rychlá auta, výborné filmy a dobré kluby, kavárny a diskotéky. Musí myslet jenom na knihy, učebnice a slovníky.
Ale všechny zkoušky jednou končí, a pak mají Sandra s Laurou velké plány. Budou cestovat. Čekají je exotické země, krásné pláže, teplá moře, výborná vína, dobrá jídla a moderní auta. A možná taky nějaké romantické lásky...
Nebo opravdová LÁSKA? Opravdová láska je jenom jedna.

5. Analyzujte text. Napište plurály do tabulky. Jaká koncovka je nejčastější?

-a	**-e**	**-y**
Nouns ending in **-o** *or* **-um**	*Mainly nouns ending in* **ž, š, č, ř, j** *or* **-e**	*Many other nouns*
______________	______________	______________
______________	______________	______________
______________	______________	______________

6. Najděte rozdíly.

1.

2.

7. Řekněte v plurálu.

1. Kupuju (rohlík).
2. Studentka čte (učebnice).
3. Chtěla bych tři (káva).
4. Chtěl bych (papír a obálka).
5. Znáš (film)?
6. Vidíš (auto)?
7. Znáš (restaurace)?
8. Alice nepoužívá (parfém).
9. Jana používá (slovník).
10. Žena používá (krém).
11. Alena kupuje (džus).
12. Máte (banán)?
13. Hledáš (kamarád)?
14. Doma mám (stůl a židle).
15. Adam studuje (dokument).
16. Marie kupuje (ananas).
17. Máš dva (dům)?
18. Na Vánoce kupuju (dárek).
19. Hledám dva (pes).
20. Hledám moje (dítě).
21. Znáš ty (člověk)?

8. Odpovídejte. Používejte plurál.

1. Co potřebujete, když studujete nebo cestujete?
2. Co potřebujete, když chcete být zdravý?
3. Co potřebujete, když připravujete party?
4. Jaké dárky obvykle kupujete na narozeniny?
5. Jaké dárky jsou nejlepší pro ženy, muže a děti?
6. Co potřebujete, když zařizujete nový byt?
7. Co vidíte z okna, když jste doma / ve škole?
8. Jaké věci používá moderní člověk každý den?

9. Máte mobil? Diskutujte o tom, jestli jsou mobily dobré nebo špatné a proč.

10. Poslouchejte text. Najděte formy plurálu.

Mobily – pro a proti

Jana říká: „Já myslím, že mobily jsou výborné. Když máte nějaké problémy, můžete vždycky mluvit s kamarády. Taky máte pořád nové informace. Ale nejlepší jsou textové zprávy. Všechny moje kamarádky mají mobily, a tak si ve škole píšeme „esemesky". V naší rodině používáme mobily všichni: rodiče i obě sestry. Mobily jsou perfektní! Já mám dva mobily a můj přítel má taky dva. Bez mobilu nemůžeme žít."

Marta říká: „Mobilní telefony nesnáším. Vím, že jsou situace, kdy můžou být praktické. Ale proč musí lidi telefonovat v obchodě nebo v restauraci? Já nechci poslouchat jejich problémy. Nejhorší jsou řidiči na ulici. Řídí a přitom telefonujou – a to je nebezpečné. Taky myslím, že každý člověk potřebuje být někdy sám a nedostávat pořád nové a nové informace. Lidi myslí, že budou šťastní, když budou mít dvě auta, dvě televize, dva mobily, ale... Jé, promiňte, zvoní mi mobil!"

Pozorujte: ***Three steps to the Czech counting***
0. "The zero step" is used for buying food, e. g. dvakrát kávu, třikrát guláš *etc.* *See page 57.*
1. The first step: 2, 3, 4 + the nominative plural. See here:

DVA, TŘI, ČTYŘI studenti, banány **DVĚ, TŘI, ČTYŘI kávy, židle** **DVĚ, TŘI, ČTYŘI auta**

2. "The second step": When buying and counting things you will hear forms like „dolarů, korun, piv". *This is the genitive plural, that is used after numerals higher than five. Remember the model, which can be used with the majority of nouns:* 5 **dolarů**? To je 150 **korun** a 5 **piv**.

11. Poslouchejte. Doplňte dialogy.

37

1.
Co si přejete?
Chtěl bych ________ mléka a dva ________ .
To je všechno?
Ano, ________________ .

2.
Prosím?
Chtěla bych čtyři ________ , dva rohlíky
a ________ avokáda.
________________ ?
Ne, děkuju. To je všechno.

3.
________________ , máte známky?
Ano, máme.
Tak ________ známky na dopisy ________ ?
12,80.

4.
Dobrý den. Co si dáte?
Dáme si dvě ________ , dvě ________ a dva ________ .
A ke guláši ________ nebo knedlíky?
Knedlíky.

12. Změňte věty podle modelu.

Například: Třikrát kávu, prosím. – **Tři kávy**, prosím.

1. Dvakrát preso a třikrát zmrzlinu. ________________
2. Čtyřikrát čaj a dvakrát dort. ________________
3. Třikrát omeletu a čtyřikrát salát, prosím. ________________
4. Čtyřikrát pivo! ________________
5. Prosím vás, dám si dvakrát řízek. ________________
6. Chtěl bych dvakrát polévku. ________________
7. Chtěla bych dvakrát Fantu a čtyřikrát sodu. ________________
8. Chtěli bychom dvakrát becherovku a třikrát matonku. ________________

Co tě / vás bolí? – Bolí mě hlava.

Accusative object-centered constructions

13. Představte si, že jste u doktora. Řekněte, co vás bolí.

14. Téma ke konverzaci:

Co vás bolí, když máte rýmu / migrénu / bronchitidu?
Berete nějaké léky?
Máte alergii na nějaké léky?
Používáte přírodní léky nebo homeopatika?

Pozorujte:
Accusative object-centered contructions express feelings and emotions, e. g.: **bolí mě** – *it hurts me,* **baví mě** – *"it entertains me",* **těší mě** – *"it pleases me",* **zajímá mě** – *"it interests me"... The person is the object (in the accusative) of those emotions and feelings, as if he / she was exposed to it. Note that the short personal pronouns* (mě, tě, ho *etc.*) *are members of the "Second Position Club" (see page 229). Compare the dative object-centered constructions on page 187* (**je mi špatně** – *I am sick,* **je mi dobře** – *I am fine).*

15. Jak se jmenujou lidi na obrázku? Co je bolí? Dělejte věty podle modelu.
Například: To je Adam. Adam říká: „Bolí mě hlava." Adama bolí hlava.

U doktora

At the doctor's

Doktor říká:
Co tě / vás bolí?

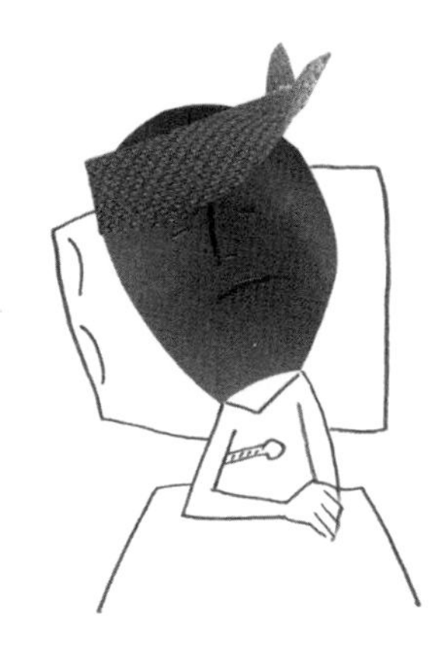

Pacient říká:
Bolí mě hlava. Je mi špatně.

38

16. Čtěte nebo poslouchejte. Pak dělejte podobné dialogy.

1.
Doktor: Dobrý den, paní Burešová! Tak, co vás bolí?
Paní Burešová: Pane doktore, bolí mě hlava a v krku.
Doktor: Aha. A máte teplotu?
Paní Burešová: Mám jenom 37, ale bolí mě celé tělo a je mi špatně.
Doktor: No, asi to bude nějaká viróza. Musíte být tři dny doma, brát nějaké vitaminy a pít čaj s medem a citronem.

2.
Paní Peštová: Dobrý den, paní doktorko. Lucka je nemocná, dneska ráno měla skoro 39.
Doktorka: Otevři pusu, Lucko! Aha. Hm... To je ošklivá angína. Musí mít antibiotika. Nemá Lucka alergii na Penicilin, paní Peštová?
Paní Peštová: Ne, žádnou alergii nikdy neměla.
Doktorka: A kdy měla antibiotika naposled?
Paní Peštová: Naposled měla Ampicilin, když byla malá, v roce 1999. Měla silnou bronchitidu.
Doktorka: Tak dobře. Bude brát tenhle lék jednou za šest hodin. Tady je recept, paní Peštová. Víte, kde je lékárna?
Paní Peštová: Tady dole, ne?
Doktorka: Ano. Za týden musíte přijít na kontrolu. A Lucka musí být doma a hodně pít!

3.
Doktorka: Co je vám, pane Janoušek?
Pan Janoušek: Bolí mě břicho a je mi špatně.
Doktorka: A máte teplotu?
Pan Janoušek: Ano. Mám 38,5.
Doktorka: Aha... Myslím, že to může být apendix. Zavolám sanitku a pojedete do nemocnice.

4.
Doktor: Tak co potřebujete, paní Hrubešová?
Paní Hrubešová: Pane doktore, já mám takový problém. Tady nahoře nemám jeden zub. Příští měsíc budu mít narozeniny, a tak chci mít všechno v pořádku.
Doktor: Samozřejmě, paní Hrubešová! Budete mít nový zub a budete zase krásná! A promiňte, ale... kolik vám bude let?
Paní Hrubešová: Bude mi osmdesát let, pane doktore, už osmdesát let.
Doktor: No, to je hezké, paní Hrubešová. Gratuluju.

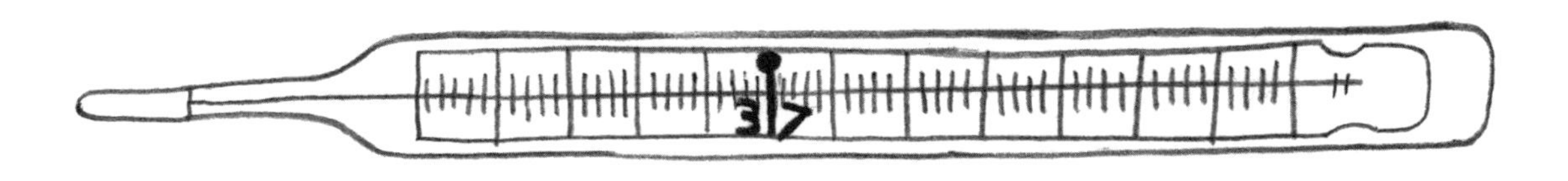

lesson 9

Ty jsi má láska. X Miluju tě!

Personal pronouns in the accusative

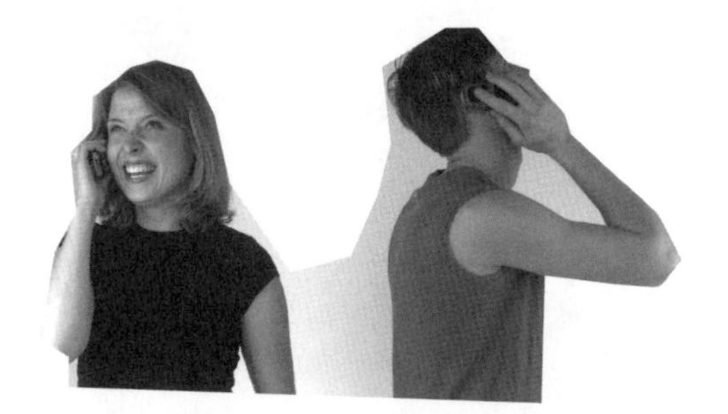

Petr zná Evu už dva měsíce. Má **ji** rád.
Říká: „Ty jsi má láska. Miluju **tě**! Čekám na **tebe**..."

Osobní zájmena v akuzativu

	já	ty	on	ona	ono	my	vy	oni
Short forms	**mě**	**tě**	**ho**	**ji**	**ho**	**nás**	**vás**	**je**
Long forms	**mě**	**tebe**	**jeho**	**ji**	**jeho**	**nás**	**vás**	**je**
After preposition	**mě**	**tebe**	**něho**	**ni**	**něho**	**nás**	**vás**	**ně**

Pozorujte:
All Czech personal pronouns (já, ty, on etc.) *are declined. For a complete outline of the declension of personal pronouns, see page 227. Here you can see the accusative forms. There are three sets of pronouns here:*
*1. **Short forms** are used after verbs. They are members of the "Second Position Club".* (Miluju **tě**.)
In this textbook you will only practice short forms of personal pronouns.
*2. **Long forms** are used at the beginning of a sentence or if you want to stress them.*(Miluju **tebe**, ne Hanu.)
*3. **Prepositional forms** are used after prepositions.*(To je pro **tebe**. Čekám na **tebe**.)

17. Používejte krátké formy osobních zájmen.

1. To je Alena. Vidím __________ .
2. To je Ivan. Hledám __________ .
3. To je čaj. Potřebuju __________ .
4. To je káva. Mám __________ ráda.
5. To je Milan. Znáš __________ ?
6. To jsou Brownovi. Neznáte __________ ?
7. To jsme my. Potřebujete __________ ?
8. To jste vy. Jsme rádi, že __________ vidíme.
9. To je polévka. Vařím __________ .
10. Aleno, kde jsi? Nevidím __________ !

18. Poslouchejte. Doplňte text.

39

Jana říká: Tohle je __________ kočka Micka. Miluju __________ , protože je krásná __________ nejsem doma, Micka nic nejí a čeká na. __________ Když jedu na __________ , hledá mě. Micka __________ má moc ráda, ale nemá ráda Viktora. A myslím, že Viktor __________ taky nemá rád. A to je škoda, protože já __________ miluju oba!

Viktor říká: Jana je moc fajn __________ . Miluju ji, ona miluje __________ a příští rok __________ svatbu. Ale tu její kočku fakt nesnáším! Je __________ a rozmazlená. Ale Jana __________ miluje. Když ji vidí, je celá šťastná a nemá čas na __________ . Chtěl bych mít psa! Budu __________ mít doma, budu __________ trénovat a cvičit a budu __________ mít rád.

Kdo, co X koho, co

Interrogative pronouns kdo, co *in the accusative*

***Koho** hledáte?*
Hledám dceru a syna. Pardon – žirafu a tygra.

Pamatujte si:
The interrogative pronouns **kdo, co** *are declined. It is very important to know the declension of these pronouns, because they help you understand and make questions. For a complete overview of the declension of* **kdo, co**, *see page 227.*
Here are their forms in the accusative:
kdo - koho
co = co

19. Spojte písmena a čísla.

A. Na co hrajete?
B. Na koho čekáte?
C. Co děláte zítra?
D. Koho hledáte?
E. Co hledáte?
F. Na co se díváš?
G. Pro koho kupuje květiny?

1. Pro manželku.
2. Na ten nový italský film.
3. Musím celý den pracovat.
4. Tužku a papír.
5. Pana Davida Krombacha.
6. Hraju na kytaru a na saxofon.
7. Na pana Nováka.

20. Dokončete věty.

1. Kdo ______________________________?
2. Koho ______________________________?
3. Pro koho ______________________________?
4. Co ______________________________?
5. Na co ______________________________?
6. Jaký ______________________________?
7. Jaká ______________________________?
8. Jaké ______________________________?
9. Jakou ______________________________?
10. Jakého ______________________________?

1. **břicho**	***belly***
2. **brýle**	***glasses***
3. **chlup,** *usually* **chlupy**	***body and animal hair***
4. **hlava**	***head***
5. **koleno**	***knee***
6. **knír**	***moustache***
7. **krk**	***neck, throat*** (**Bolí mě v krku.** *I have a sore throat.*)
8. **noha**	***foot, leg***
9. **nos**	***nose***
10. **obličej**	***face***
11. **oko, oči**	***eye, eyes***
12. **pleš**	***bald spot***
13. **postava**	***figure***
14. **povaha**	***character***
15. **prst**	***finger, toe***
16. **pusa, ústa**	***mouth*** (*coll.* pusa = *kiss*)
17. **rameno**	***shoulder***
18. **ruka, ruce**	***hand, hands***
19. **tělo**	***body***
20. **ucho, uši**	***ear, ears***
21. **vlas,** *usually* **vlasy**	***hair***
22. **vous,** *usually* **vousy**	***beard***
23. **zub**	***tooth***
24. **žaludek**	***stomach***

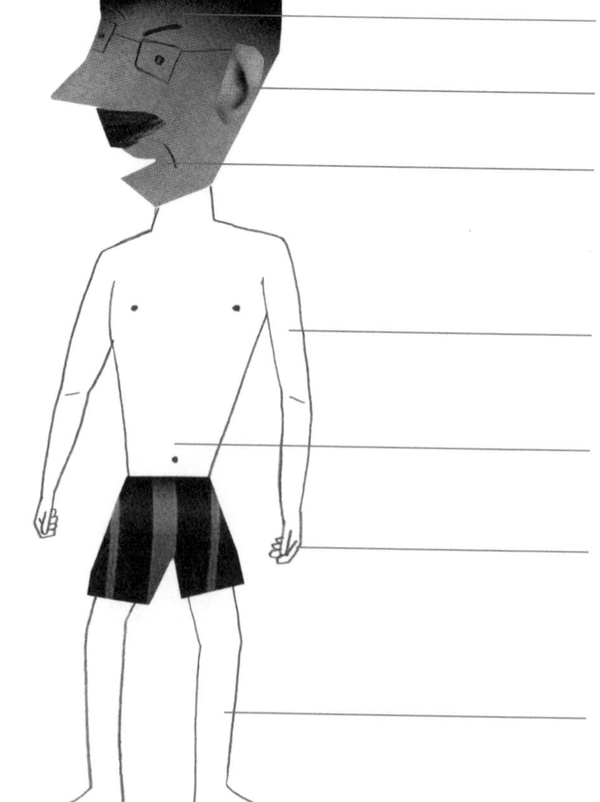

Cestujeme

In this lesson you will:

- get acquainted with the genitive sg.
- travel from one country to another
- make travel plans

Lekce 10

lesson
10

Pád: genitiv

The genitive

40

Je neděle večer a Eva a Petr plánujou program na příští týden. „Zítra je 20. (*read:* **dvacátého**) **května**, že? Matka má narozeniny. Musím koupit láhev **červeného vína**, pár **zákusků**, pět **růží**, cédéčko **Eltona Johna** a ještě něco **hezkého**. Bez **dárků** nemůžeme pořádně slavit. V úterý nebudu doma. Budu u **kamaráda**, od **kamaráda** půjdu do **knihovny** a z **knihovny** půjdu večer domů."
„Já budu od **rána** do **večera** studovat. Ve středu v půl **dvanácté** dělám zkoušku. Náš učitel je strašný – ptá se vždycky **studentů** na každý detail. Mám strach hlavně z **gramatiky**. Naštěstí mám sešit **kamarádky**, která chodí do **školy** častěji než já."

It's Sunday morning and Eva and Petr are planning (their) program for next week.
"Tomorrow is May 20th, isn' it? It's my mother's birthday," says Petr. "I must buy a bottle of red wine, a few pastries, five roses, an Elton John CD and some other nice things. We cannot celebrate properly without gifts. On Tuesday, I won't be at home. I'll be at my friend's house, from my friend's house I will go to the library and then, from the library I will go home in the evening."
"I'll be studying from morning to night. On Wednesday at 11.30 I'm taking an exam. Our teacher is terrible – he always asks the students about every detail. I am worried mostly about the grammar. Fortunately, I have my friend's notebook who goes to school more often than I do."

The genitive is used:

1. after many prepositions, e. g.:
do: Půjdu do **knihovny**. Budu studovat do **večera**.
z: Z **knihovny** půjdu domů.
od: Od **kamaráda** půjdu do knihovny. Budu studovat od **rána**.
u: Budu u **kamaráda**.
bez: Bez **dárků** nemůžeme pořádně slavit.

2. to express possessive meaning
It expresses whose things are or who is their author:
Naštěstí mám sešit **kamarádky**.
Koupím cédéčko **Eltona Johna**.

3. to express partitive meaning + some other functions
a) after words denoting parts, containers, weights and measures:
Musím koupit láhev **červeného vína**.
b) after "quantifiers" (trochu, moc, hodně, málo, dost, míň, víc, většina...)
Musím koupit pár **zákusků**.
c) after numbers higher than 5 (They are followed by the genitive plural.)
Musím koupit 5 **růží**.
d) after the expressions co, něco, nic... *(They are followed by adjectives in the genitive singular.)*
Musím koupit něco **hezkého**.

Note that 2 and 3 a), b) often correspond to English "of" or " 's ". However, there isn't necessarily an outer "signal"(as "of" or " 's ") here. This meaning is implied by the ending.

4. after some verbs, e. g.:
ptát se: Náš učitel je strašný – ptá se vždycky **studentů** na každý detail.
mít strach z: Mám strach hlavně z **gramatiky**.

5. with some expressions concerning time:
Zítra je **20.** (= **dvacátého**) **května**.
Ve středu v půl **dvanácté** dělám zkoušku.

Genitiv singulár – spisovná čeština.

The genitive singular – standard Czech

case	function – example – prepositions	adjectives	nouns with majority endings	M nouns ending in -ž, -š, -č, -ř, -c, -j, -tel + nouns with minority endings
1. nominative Kdo? Co?	*The dictionary form.* *It expresses the subject.* *E. g.* To je student. Káva je dobrá.	dobrý kvalitní dobrý kvalitní dobrá kvalitní dobré kvalitní	student banán káva auto	muž, soudce, kolega čaj židle, kancelář, místnost nádraží, moře, kuře
2. genitive **Koho? Čeho?**	*It expresses possessive or partitive meaning.* *E. g.* Kniha studenta. Trochu kávy. **bez, během, blízko, do, kolem, kromě, místo, od, podle, podél, u, uprostřed, vedle, z, za**	**dobrého kvalitního** **dobrého kvalitního** **dobré kvalitní** **dobrého kvalitního**	**studenta** **banánu / lesa** **kávy** **auta**	**muže, soudce, kolegy** **čaje** **židle, kanceláře, místnosti** **nádraží, moře, kuřete**
3. dative Komu? Čemu?	*It expresses indirect object.* *E. g.* Dám dárek studentovi. Volám kamarádce. díky, k, kvůli, naproti, proti	dobrému kvalitnímu dobrému kvalitnímu dobré kvalitní dobrému kvalitnímu	studentu/-ovi banánu kávě autu	muži/-ovi, soudci, kolegovi čaji židli, kanceláři, místnosti nádraží, moři, kuřeti
4. accusative Koho? Co?	*It expresses the direct object.* *E. g.* Mám kamaráda. Piju kávu. mezi, na, nad, o, pod, po, pro, před, přes, skrz, za	dobrého kvalitního dobrý kvalitní dobrou kvalitní dobré kvalitní	studenta banán kávu auto	muže, soudce, kolegu čaj židli, kancelář, místnost nádraží, moře, kuře
5. vocative	*It is used for addressing people or animals.*	dobrý kvalitní dobrá kvalitní	Ivane! Jano!	Marku! Aleši! Honzo! Jiří! Lucie! Carmen! Paní!
6. locative Kom? Čem?	*It expresses location.* *It always has a preposition.* *E. g.* Jsem v Anglii. Studuju na univerzitě. na, o, po, při, v	dobrém kvalitním dobrém kvalitním dobré kvalitní dobrém kvalitním	studentu/-ovi banánu/-ě kávě autu/-ě	muži/-ovi, soudci, kolegovi čaji židli, kanceláři, místnosti nádraží, moři, kuřeti
7. instrumental Kým? Čím?	*It expresses the means by or through which an action is carried out.* *E. g.* Jedu autem. Píšu perem. dobrým kvalitním mezi, nad, pod, před, s, za	dobrým kvalitním dobrým kvalitním dobrou kvalitní dobrým kvalitním	studentem banánem kávou autem	mužem, soudcem, kolegou čajem židlí, kanceláří, místností nádražím, mořem, kuřetem

1. *For the endings in colloquial Czech, see page 224. For the genitive plural, see the chart on page 222.*
2. *Exceptions in Ma nouns:* král – krále, Francouz – Francouze, Klaus – Klause.
3. *Several Mi words have -a ending:* lesa, kostela, Londýna, večera, sýra + *the majority of months, e. g.:* února, března, dubna *etc.*
4. *The word* chleba *doesn't change (it's a "frozen" genitive).*
5. *Latin N nouns drop the -um ending:* centrum – centra, muzeum – muzea.
6. *Mobile -e-:* pes – psa, blázen – blázna, Karel – Karla, broskev – broskve, mrkev – mrkve. *For more about mobile -e-, see page 228.*
7. *Stem changes:* kůň – koně, dům – domu, sůl – soli. *For more about this, see page 228.*
8. *Ma nouns ending in the pronounced -i/-í/-y are declined like adjectives:* Jiří – Jiřího, Billy – Billyho. *F nouns ending in the pronounced -i/-í/-y/-o or in a consonant do not change:* Gudrun, Ruth, Toshiko.

Zájmena v genitivu

Pronouns in the genitive

Personal pronouns

	já	ty	on	ona	ono	my	vy	oni
Short forms	**mě**	**tě**	**ho**	**jí**	**ho**	**nás**	**vás**	**jich**
Long forms	**mě**	**tebe**	**jeho**	**jí**	**jeho**	**nás**	**vás**	**jich**
After preposition	**mě**	**tebe**	**něho**	**ní**	**něho**	**nás**	**vás**	**nich**

Notes:
1. *Short forms of personal pronouns are members of the "Second Position Club". See page 229.*
2. *Long forms are only used if you want to stress the pronoun, e. g.:* Vážím si tě. X Vážím si **tebe**, a ne **jeho**.

Demonstrative pronouns – singular and plural

	Ma, Mi, N	F
ten, ta, to	**toho**	**té**
ti, ty, ty, ta	**těch**	

Possessive pronouns – singular

the nominative sg.	the genitive Ma, Mi, N	the genitive F
můj, moje, moje	**mého**	**mojí / mé**
tvůj, tvoje, tvoje	**tvého**	**tvojí / tvé**
jeho	**jeho**	**jeho**
její	**jejího**	**její**
náš, naše, naše	**našeho**	**naší**
váš, vaše, vaše	**vašeho**	**vaší**
jejich	**jejich**	**jejich**

Possessive pronouns – plural

the nominative pl.	the genitive pl. Ma, Mi, F, N
moji, moje, moje, moje	**mých**
tvoji, tvoje, tvoje, tvoje	**tvých**
jeho	**jeho**
její	**jejích**
naši, naše, naše, naše	**našich**
vaši, vaše, vaše, vaše	**vašich**
jejich	**jejich**

Notes:
1. *You will hear the forms* **mýho**, **tvýho**, **mý**, **tvý**, **mejch**, **tvejch** *in colloquial Czech.*
2. *Note the similarities between the declension of possessive and demonstrative pronouns (see here) and the declension of adjectives (see page 223).*

Z práce a do práce.

From work to work.

41

1. Poslouchejte text. Doplňte prepozice.

Pan Veselý cestoval a pan Smutný „cestoval"

Pan Smutný: „Ahoj, Karle. Už jsem tě dlouho neviděl. Ty jsi měl dovolenou, viď? Kam jste jeli?"

Pan Veselý: „Celé léto jsme s manželkou cestovali. Nejdřív jsme jeli _________ Dánska, _________ Dánska jsme jeli _________ Norska a _________ Norska _________ Švédska. Manželka chtěla jet taky _________ Island, ale na to jsme už neměli peníze. Pak jsme jeli _________ Francie a _________ Francie _________ Německa."

Pan Smutný: „To muselo být hezké."

Pan Veselý: „Ano, bylo to krásné. Taková cesta, to byl vždycky můj sen. Ale jak jsi se měl ty?"

Pan Smutný: „Hm, nic moc. V práci jsme dělali důležitý projekt a taky jsem si zaplatil letní kurz angličtiny. Navíc mě bolela záda a musel jsem denně _________ rehabilitace. A tak jsem „cestoval" jenom _________ práce, _________ práce _________ školy, _________ školy _________ doktorovi a _________ doktora maximálně večer _________ obchodu _________ nákup nebo _________ kina."

Pan Veselý: „Hm, to je škoda. A kam jdeš teď?"

Pan Smutný: „ _________ cestovní kanceláře. Příští týden jedu _________ Havaj."

Odkud? **Kam?**

1. z – do
The meaning is from inside one place (z) *to the inside of another* (do).
Jdu **z** obchodu. Jdu **do** obchodu.

2. z – na
The meaning is from one surface (z) *to another surface* (na).
However, there are some exceptions. Review the "na-words" on p. 87.
Jdu **z** nákupu. Jdu **na** nákup.

3. od – k
The meaning is from outside one place/person (od) *to outside another place/person* (k).
Jdu **od** doktora. Jdu **k** doktorovi.

Pamatujte si:
Jdu do supermarketu, do školy, do práce a do kina.
The prepositions z, do *and* od *are used with the genitive.*
The preposition na *is used with the accusative (page 87).*
The preposition k *is used with the dative (page 189). Compare the scheme on page 230.*
NEVER use the prepositions z, do *and* na *with PEOPLE.*

lesson
10

2. Podtrhněte „na-slova". Pak dělejte věty se slovesy *jít* a *jet*.

Například: nádraží – Jdu na nádraží.

město	**nádraží**	**restaurace**	**škola**	**náměstí**	**koncert**	**parkoviště**
obchod	**pošta**	**cukrárna**	**ambasáda**	**supermarket**	**policie**	**metro**
kavárna	**hokej**	**drogerie**	**les**	**kino**	**oběd**	**divadlo**
film	**galerie**	**diskotéka**	**park**	**výstava**	**nákup**	**knihovna**

3. Doplňte prepozice *do, na* a *k*.

1. Zítra pojedu ________ výlet ________ Brna.
2. Kdy pojedeš ________ Moravu ________ babičce?
3. Příští týden nejdou děti ________ školy. Jedou ________ hory.
4. Katka nemá čas, letí ________ autobus.
5. Bolí mě hlava a břicho. Musím jít ________ doktorovi.
6. Mám strašné vlasy. Musím jít ________ holiči!
7. V létě pojedeme ________ perfektní dovolenou ________ Itálie.
8. Kamila jela na rok ________ Ameriky jako au-pair.
9. Letadlo ________ Berlína letí v 19 hodin.
10. Nemám čas, letím ________ metro. Jedu ________ kina.
11. Mirka pojede ________ Slovensko, protože tam má rodinu.
12. Jdu ________ poštu ________ Václavské náměstí a pak ________ divadla a ________ večeři.
13. Nechceš jít zítra ________ koncert ________ klubu Radost X?
14. Promiň, ale musím jít ________ toaletu.
15. O víkendu poletím ________ návštěvu ________ Francie.
16. Jedu ________ letiště, protože letím ________ Budapešti.

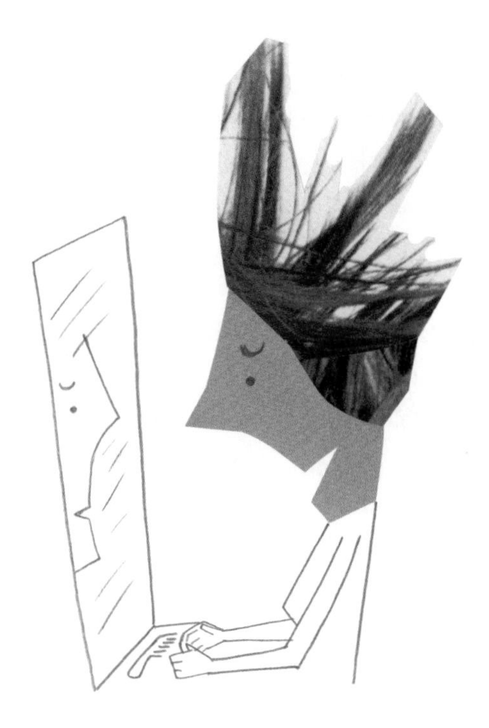

Musím jít k holiči!

Pamatujte si: Jdu do supermarket**u** (do les**a**), do škol**y**, do prác**e** a do kin**a**.

4. Dělejte dialogy podle modelu. Najděte víc možností.

Například: Nemám doma jídlo ani pití. – Musíš jít na nákup do supermarketu.

Mám problém...

Mám velký hlad, ale nemám čas vařit.
Maminka má narozeniny a já nemám dort.
Chci „živě" poslouchat krásnou hudbu.
Chci vidět dobrý film, ale nemám DVD ani video.
Potřebuju peníze.
Chci vidět zajímavé obrazy.
Chci si dát pivo s kamarády.
Bolí mě břicho a mám vysokou teplotu.
Jsem unavený a smutný. Potřebuju slunce a teplo.

Musíš jít / jet / letět...

na nádraží	**do supermarketu**	**na koncert**
na nákup	**na Floridu**	**do restaurace**
na oběd	**do cukrárny**	**na večeři**
do hospody	**do kina**	**na výstavu**
do nemocnice	**do práce**	**na polikliniku**
do banky	**na náměstí**	**k doktorovi**
na dovolenou	**do galerie**	**na letiště**

5. Doplňte prepozice *z* a *od*.

1. Odkud jsi? – Jsem ________ Itálie.
2. Když jsem šel ________ doktora, viděl jsem Markétu.
3. Vlak do Brna jede v 5. 58 ________ Hlavního nádraží.
4. Máš krásné vlasy. Jdeš ________ holiče?
5. Je tady moje kamarádka ________ Ukrajiny.
6. Tenhle dárek mám ________ kamaráda.
7. Včera večer jsem přijel ________ Francie.
8. Odkud jdeš? – Jdu ________ kamaráda.

Cestujeme.

42

6. Eva a Petr chtějí v létě cestovat. Poslouchejte text a podtrhněte místa, která slyšíte.

do Oxfordu	do Alžíru	do Honkongu	do Singapuru	do Londýna	do Egypta
do Afriky	do Číny	do Kalkaty	do Francie	do Anglie	do Indonézie
do Španělska	do Polska	do Maroka	do Portugalska	do Norska	do Ruska
na Mars	na Slovensko	na Moravu	na hory	na Uran	na Pluto

Pamatujte si: Jedu do Oxford**u** (do Londýn**a**), do Afrik**y**, do Franci**e** a do Španělsk**a**.

7. Kam pojedete na dovolenou? Používejte slovní zásobu na straně 72.

Kam pojedete na dovolenou? Co tam budete vidět?

8. Téma ke konverzaci:

Představte si, že jste vyhráli peníze a můžete jet na cestu kolem světa. Odkud kam pojedete? Co budete vidět? Jaká byla vaše nejdelší cesta? Odkud kam jste cestovali? Kam pojedete na dovolenou?

Pozorujte:
z Anglie, **z** Německa, **z** Ruska X **ze** Španělska, **ze** Švédska
k babičce, **k** doktorovi X **ke** kamarádovi

lesson 10

Bydlíme blízko moře u parku.

More prepositions with the genitive

9. Poslouchejte. Pozorujte, jak používáme prepozice.

Eva a Petr nakonec jeli na dovolenou do Španělska. Eva píše ze Španělska mamince: „Ahoj, mami! Našli jsme krásné ubytování – bydlíme v hotelu **blízko** moře **u** parku. Minulý rok jsme nebyli spokojení. Bydleli jsme daleko **od** moře **vedle** restaurace s diskotékou. Ale tenhle rok je to super."

Pamatujte si:
Nové prepozice + genitiv
bez – *without*
blízko – *near*
kolem / okolo – *around*
u – *near, at, at someone's place*
uprostřed – *in the middle*
vedle – *next to*

10. Na obrázku je město, kde Eva a Petr bydlí. Doplňte prepozice *u, blízko, kolem, vedle* a *uprostřed*.

Například: ________________ pošty je kavárna. – Vedle pošty je kavárna.

1. ________________ města je malý park.
2. ________________ parku je fontána.
3. ________________ fontány jsou stromy.
4. ________________ parku je banka.
5. ________________ banky je pošta.
6. ________________ cukrárny je škola.
7. ________________ školy stojí velké auto.
8. ________________ školy běhají děti.

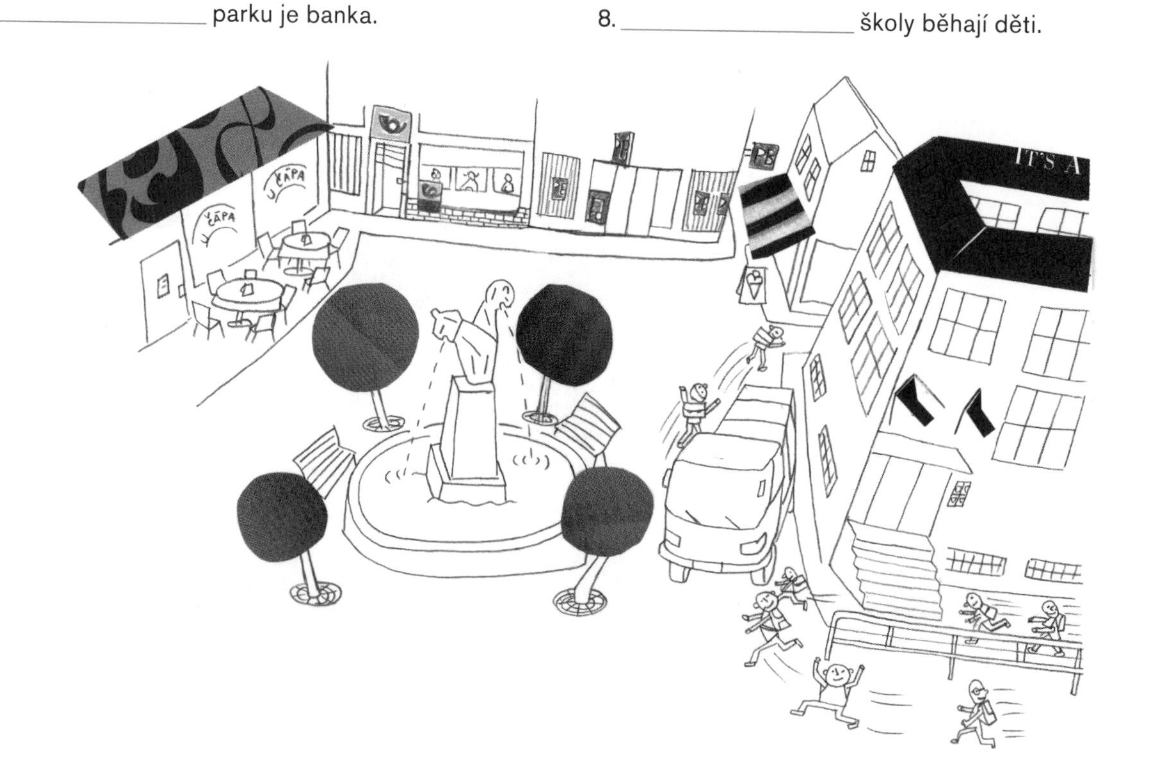

11. Pamatujete si dopis, který psala Alice v lekci 4? Tohle je její nový dopis z Prahy.

Ahoj, Ireno,
jak se máš? Já se mám dobře, ale měla jsem problémy s bytem. Můj starý byt byl moc drahý a taky byl vedle hospody. V létě tam byla každý večer diskotéka a já jsem nemohla spát, protože tam byl strašný hluk. Musela jsem nějaký čas bydlet u kamarádky ze školy. Teď mám nový byt a jsem spokojená. Bydlím blízko stanice autobusu vedle bazénu. Je to tady moc hezké, protože u bazénu je velký park. Vedle domu je obchod a blízko obchodu je krásný starý kostel. A hlavně tady není diskotéka.
Pamatuješ, jak jsem psala, že ve škole, kde studuju češtinu, je ten sympatický kluk, Tom Reed z Anglie? Tom je teď můj přítel. Jsem moc šťastná. Tom bydlí u babičky, která má hezký dům se zahradou. Často ho navštěvuju.
V létě chceme s Tomem cestovat. V červenci pojedeme na Moravu. Tom tam má starou tetu a její rodinu. Z Moravy pojedeme na Slovensko. Budeme tam bydlet v malém penzionu blízko města Popradu. Pak chceme jet na týden k moři do Itálie. Budeme bydlet u mé kolegyně z naší ekologické firmy. Je Italka a má krásný byt u moře. A v srpnu asi pojedeme do Afriky – do Egypta nebo do Maroka. Ale to ještě musíme plánovat, kupovat letenky a rezervovat ubytování.
Na podzim musíš přijet do Prahy. Rezervuju ti jednolůžkový pokoj v hotelu blízko mého domu. Moc se těším!
Měj se krásně. Alice

12. Dělejte otázky k textu. Používejte slova co, *kdo, kdy, kde, jak, jaký* a *proč.*

43

13. Poslouchejte dialog. Kam Tom telefonuje?

Tom: Dobrý den. Prosím vás, kolik stojí pokoj?
Recepční: Jednolůžkový nebo dvoulůžkový?
Tom: Dvoulůžkový.
Recepční: 240 korun za noc.
Tom: Fajn. Chtěl bych rezervovat dvoulůžkový pokoj od 15. 7. do 22. 7.
Recepční: Chcete taky stravování? Máme polopenzi a plnou penzi.
Tom: Chtěl bych polopenzi pro dva lidi na celý týden. Kolik stojí polopenze?
Recepční: 380 korun.
Tom: Dobře, děkuju. Na shledanou.
Recepční: Taky děkujeme. Na shledanou.

14. Téma ke konverzaci. Používejte slova na straně 112.

Co všechno musíte dělat, když plánujete nějakou cestu?
Do jaké země potřebujete vízum?
Znáte nějakou českou cestovní kancelář?
Dělejte dialog. Rezervujte si pokoj v hotelu.
Napište dopis o tom, kam chcete jet na dovolenou a jak se připravujete.

1. **balit / sbalit**	*to pack*
2. **cesta**	*journey, way, road*
3. **cestovní kancelář**	*travel agency*
4. **doprava**	*traffic, transport, transportation*
5. **doklad, dokument**	*paper, document*
6. **jedno- / dvoulůžkový pokoj**	*single / double room*
7. **jízdenka**	*travel ticket*
8. **letenka**	*fly ticket*
9. **pas**	*passport*
10. **polopenze, plná penze**	*half board, full board*
11. **poloha**	*location*
12. **rezervovat**	*to book*
13. **stravování**	*food options*
14. **služby**	*services*
15. **ubytování**	*accomodation*
16. **vízum**, *pl.* **víza**	*visa*
17. **zavazadlo**	*luggage*
18. **žádat / požádat** (o + A)	*to apply for st.*

Na cestu potřebuju:

peníze ______

______

______

______

Před cestou musím:

žádat o vízum

______

______

______

______

Před dovolenou chci vědět:

Kde budu bydlet?

______

______

______

______

______

Vaříme

In this lesson you will:

- practice *from – to* with time
- review all the prepositions you know
- try some Czech recipes
- learn how to say that something belongs to someone

Lekce 11

lesson
11

Skřivánek nebo sova?

Prepositions od – do *expressing time.*

1. Najděte ve slovníku slova *skřivánek* a *sova*. Co znamenají, když se používají o lidech?

44

2. Čtěte nebo poslouchejte text. Kdo je *skřivánek* a kdo je *sova*?

Alice vstává v 6 hodin ráno. **Od** 6 **do** 7 snídá, čte noviny a pije kávu. V 7. 30 jede do školy. **Od** 8 **do** 12 studuje. **Od** 12 **do** 1 obědvá v restauraci. **Od** 1 **do** 4 je v práci. Ve 4 hodiny jde domů, nakupuje, uklízí nebo vaří. **Od** 7 do **10** odpočívá – dívá se na televizi, poslouchá hudbu nebo čte. V 10. 30 jde spát. Alice je typický „________________________".

Petr vstává v 10 ráno. Nesnídá, ale **od** 10. 30 **do** 11 cvičí. V 11 hodin jí nějaké lehké jídlo, salát nebo sendvič. **Od** 11 **do** 12 čte noviny. **Od** 12 **do** 8 je ve škole, studuje a píše testy. V 8 hodin večeří. **Od** 8 **do** 12 pracuje na počítači, píše e-maily nebo hledá informace na internetu. Jde spát ve 2 hodiny v noci. Petr je typická „________________________" .

Pamatujte si: OD – DO jedné / dvou / tří / čtyř / pěti / šesti / sedmi / osmi / devíti / desíti = deseti...

45

3. Poslouchejte text a doplňte čas.

Kateřina Neumannová je známá česká lyžařka. Před sezónou trénuje každý den. Vstává v ________ hodin ráno a od ________ do ________ jde běhat. Od ________ do ________ snídá čaj nebo kávu a cornflaky s mlékem. Od ________ do ________ odpočívá a stará se o malou dceru. Od ________ do ________ trénuje. Ve ________ hodin obědvá polévku, bílé maso s rýží nebo špagety. Od ________ do ________ čte nebo někdy taky spí. Odpoledne od________ do ________ zase trénuje. V ________ hodin večeří, a pak od ________ do ________ odpočívá, hraje si s dcerou nebo se dívá na televizi. V ________ hodin večer jde spát.

Petr Hapka je populární český skladatel a zpěvák. Skládá písničky a hudbu k filmům. Teď připravuje nové cédéčko. Petr vstává ve ________ hodiny odpoledne, „snídá" polévku a od ________ do ________ čte noviny nebo si hraje a povídá s dětmi. Od ________ do ________ má pracovní schůzky a konzultace. V ________ hodin večer „obědvá", a pak jede do hudebního studia. Od ________ do ________ hodin ráno pracuje ve studiu a skládá hudbu. V ________ hodin „večeří". Jde spát v ________ hodin ráno.

4. Dělejte otázky podle modelu. Odpovídejte.

Například: Do kdy Kateřina spí? – Kateřina spí do šesti hodin. Od kdy do kdy snídá? – ...

5. Téma ke konverzaci:

Do kdy spíte? Od kdy jste v práci? Od kdy do kdy jste ve škole?
Jste „skřivánek" nebo „sova"?

6. Představte si, že máte od rána do večera volno. Co budete dělat? Napište váš program a používejte *od – do*.

Pozorujte: **Mítink je V 10 hodin. X Mítink je OD 10 DO 12.**

7. Podtrhněte prepozice, které „potřebují" genitiv. Použijte je ve větách.

na do o z/ze k/ke bez pro u vedle blízko za kolem v/ve uprostřed s/se

8. Doplňte dialogy. POZOR na správné formy.

1.

A. Co budeme dělat o víkendu? Máš nějaký plán?

B. No, v sobotu ráno musíme jít na ____________ (nákup) do ____________ (Delvita). Pak musím jít na ____________ (pošta), mám tam nějaký dopis z ____________ (Japonsko).

A. Aha. A taky musíme jít pro ____________ (dort) do ____________ (cukrárna).

B. Máš pravdu. A večer můžeme jít do ____________ (kino), a pak na ____________ (pizza) do ____________ (pizzerie).

2.

C. Ahoj. Co tady děláš?

D. Čekám na manžela. Půjdeme kupovat dárky pro ________________________ (dcera a syn).

C. A jak dlouho budete nakupovat? Já mám čas do ____________ (tři). Nechceš potom jít do ____________ (kavárna) na ____________ (káva)? Tady vedle ____________ (supermarket) je hezká malá kavárna.

D. Ne, nemůžu. Budeme nakupovat do ____________ (jedenáct), a pak chceme jít na ____________ (oběd). A od ____________ (dvanáct) už musím být v ____________ (práce).

C. To je škoda. Tak čau.

3.

E. Ahoj, co děláš zítra? Nechceš jít zítra odpoledne do ____________ (hospoda) na ____________ (pivo)?

F. Zítra odpoledne nemůžu. Musím jít k doktorovi, ve čtyři do ____________ (banka) a v šest na ____________ (tenis).

E. Aha. A co ve ____________ (středa)?

F. Fajn. Sejdeme se ve ____________ (středa) v ____________ (hospoda).

jít, jet, letět...

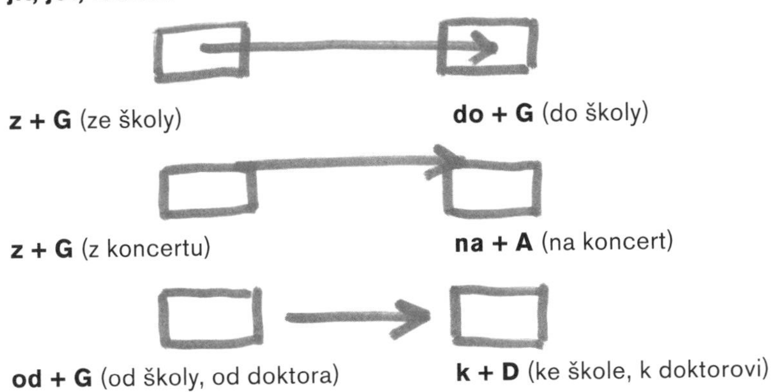

z + G (ze školy) **do + G** (do školy)

z + G (z koncertu) **na + A** (na koncert)

od + G (od školy, od doktora) **k + D** (ke škole, k doktorovi)

být, bydlet, žít, pracovat...

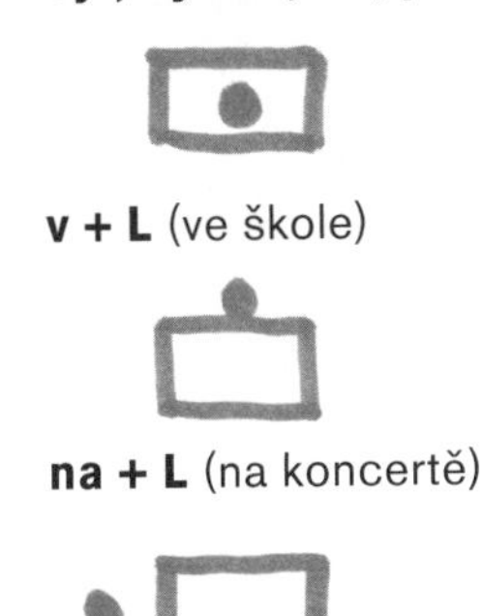

v + L (ve škole)

na + L (na koncertě)

u + G (u školy, u doktora)

9. Podtrhněte správnou formu.

Například: Jdu *do – v – na* školy.

1. Jedu *v – do – na* hotelu.
2. Jdu *na – do – za* nákup.
3. Pracuju *v – do – na* kanceláři.
4. Bydlím *v – do – z* Praze.
5. Spala jsem *u – na – v* kamarádky.
6. Byl jsem *v – u – do* Americe.
7. Příští rok poletím *do – v – u* Anglie.
8. Jsem *od – z – na* Austrálie.
9. Mám dárek *pro – do – na* kamaráda.
10. Jdu *do – k – na* doktorovi.
11. V pondělí budu mít *z – v – od* devíti mítink.
12. Kupoval jsem šampon *pro – za – na* 100 korun.
13. Půjdu *do – v – na* nádraží.
14. Byl jsem *u – do – z* doktora.
15. V neděli jsme jeli *do – na – v* návštěvu.
16. Můj kamarád je *za – od – z* Kalifornie.
17. Kupuješ dort *do – pro – na* maminku?
18. Musím pracovat *do – k – na* šesti hodin.
19. Půjdeš v sobotu večer *do – na – u* diskotéku?
20. Tancovali jsme *do – na – v* rána.
21. Tenhle domácí úkol mám *z – na – od* učitelky.
22. Viděla jsem auto *pro – na – za* 20 000 korun.
23. V sobotu jsem byl celý den *do – v – pro* práci.
24. Sejdeme se *z – od – v* deset hodin.

10. Dokončete text větami A, B a C z tabulky. Pozorujte, jak používáme prepozice.

Historky ze života

1. Jsem učitelka a pracuju v mateřské škole. Jednou přišel do třídy ředitel a dal mi šek na peníze. Děti to viděly a jeden malý kluk říkal: „______________________________"

2. Je mi 50 let a mám dva vnuky. Bydlíme v Praze a já často říkám, že Praha je krásné historické město. Můj mladší vnuk jednou říkal: „Babičko, ty jsi stará jako Praha?" – „To nic není," říkala moje kamarádka, když to slyšela. „______________________________"

3. Moje kamarádka má krásnou malou dceru, která má velké černé oči a kudrnaté černé vlasy jako její tatínek. Jednou kamarádka nakupovala v supermarketu. Když platila u pokladny, prodavačka říkala: „Máte moc krásnou holčičku, paní." Kamarádka byla ráda, ale prodavačka pokračovala: „______________________________"

A. „Můj vnuk chtěl vědět, jestli pamatuju dinosaury."
B. „A je opravdu vaše?"
C. „Paní učitelko, vy si tady pořád jenom hrajete s dětmi. Ale kdy pracujete?"

Kdo, co X koho, čeho

Interrogative pronouns kdo, co *in the genitive*

*Víš, bez **čeho** nemůžu žít?*

Nemůžu žít bez tebe.

11. Řekněte, bez čeho nemůžete žít.

mobil **televize** **víno** **kniha** **sport** **divadlo** **pivo** **auto** **láska** **zmrzlina** **počítač** **čokoláda** **internet** **fotbal** **káva** **příroda** **maso** **zelenina**

Pamatujte si:
For a complete overview of the declension of **kdo, co** *see page 227.*
Here are their forms in the genitive:
kdo – koho
co – čeho

12. Spojte písmena a čísla.

A. Bez čeho nemůžeš žít?
B. Vedle koho sedíš ve škole?
C. Od koho máš ty růže, Julie?
D. Blízko čeho bydlíš?
E. Do čeho dáme ty květiny?
F. Kolem čeho jdeš do školy?
G. U čeho bydlíš? U metra?

1. Ne. Bydlím u zastávky autobusu.
2. Od Romea. Říká, že mě miluje.
3. Kolem parku.
4. Vedle Markéty.
5. Blízko nádraží.
6. Bez televize. Jsem televizní maniak.
7. Do vázy.

13. Dělejte otázky se zájmeny *kdo, co*.

1. Kdo ______________________________?
2. Koho ______________________________?
3. Bez koho ______________________________?
4. Od koho ______________________________?
5. Co ______________________________?
6. Kolem čeho ______________________________?
7. Bez čeho ______________________________?
8. Blízko čeho ______________________________?

lesson 11

Čtvrt kila cukru, trochu šlehačky, něco sladkého

The partitive genitive

46

Alice je u Toma. Chce vařit oběd. Telefonuje Evě do školy.

„Ahoj, Evo! Tom chce na oběd něco **sladkého**. Chtěla bych dělat jahodové knedlíky, ale nevím jak."

„Jahodové knedlíky nejsou těžké. Potřebuješ trochu **mouky**, kousek **tvarohu**, pak trochu **másla**, dvě vajíčka, hodně **cukru**, trochu **šlehačky** a jahody..."

„Kousek, trochu, hodně... Ale kolik **mouky**? Kilo **mouky**, půl **kila mouky** nebo čtvrt **kila mouky**? A kolik **másla**, kolik **cukru**, kolik **tvarohu** a kolik **šlehačky**? Já potřebuju recept! To víš, já jsem Angličanka, a ne Češka. Vařím knedlíky poprvé v životě."

„Ale já si recept nepamatuju. To víš, já jsem učitelka, a ne kuchařka."

„No tak dobře. Budu dělat rybu a hranolky. Tom má smůlu! Dneska nic **sladkého** nebude."

1) partitivní genitiv *(parts, conteiners, weights and measures)*

dekagram, *coll.* **deko**	decagram
kilogram, *coll.* **kilo**	kilogram
metr	meter
litr	liter
čtvrt	quarter
půl	half
kousek	piece
hrnek	cup, mug
láhev	bottle
lžíce; lžička	tablespoon; teaspoon

14. Řekněte slovo v závorce v genitivu sg.

1. Dáte si litr (víno)?
2. Prosím kilo (maso).
3. Chcete metr (látka)?
4. Dáme si kousek (dort)?
5. Nepotřebujete trochu (káva)?
6. Když dělám guláš, potřebuju kilo (maso).
7. Když vařím pudink, potřebuju 2 hrnky (mléko).
8. Když dělám guláš, potřebuju půl kila (cibule).
9. Když dělám party, kupuju asi 3 litry (víno).
10. Když děláte krém, potřebujete asi 4 lžičky (cukr).

2) kvantita *("quantifiers")*

hodně, moc, spousta	much/many/plenty of
málo	little/few
trochu	a bit/a little
kolik	how much/many
tolik	so/that much/many
víc	more
míň	less

15. Řekněte slovo v závorce v genitivu sg.

1. Kolik (salám) chcete?
2. Mám doma trochu (džus).
3. Tady je moc málo (voda).
4. Chceš trochu (káva)?
5. Mám dovolenou a mám spoustu (čas).
6. Potřebuješ víc (jídlo)?
7. Mám dneska málo (práce).
8. Chcete víc nebo míň (polévka)?

Pozorujte:
co, něco, nic + *the genitive of adjectives* (Tom chce na oběd **něco sladkého**. Dneska **nic sladkého** nebude.)

16. Dokončete věty. Používejte slova *trochu, hodně, hrnek, lžíce, lžička* a podobně.

Vaříte rádi?

Když vařím guláš, potřebuju ______________________________

Když dělám pizzu, potřebuju ______________________________

Když vařím polévku, potřebuju ______________________________

Když peču koláč, potřebuju ______________________________

Když dělám špagety, potřebuju ______________________________

Pamatujte si: Potřebuju kousek salám**u** (kousek sýr**a**), kilo mouk**y**, kousek cibul**e**, litr mlék**a**.

17. Odpovídejte.

Návštěva

Představte si, že jste sami doma, odpočíváte a díváte se na televizi. Najednou zvoní telefon. Vaši kamarádi volají, že přijdou za půl hodiny na návštěvu. Zapomněli jste na to. Nemůžete jít do restaurace, protože nemáte peníze. Musíte něco uvařit. Máte doma:

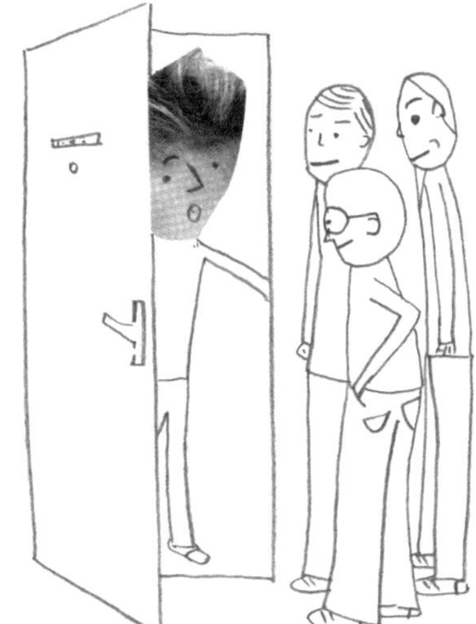

kousek salámu
kousek čokolády
půl kila mouky
sklenici marmelády
láhev bílého vína
jeden chleba
láhev mléka
čtyři vejce
trochu cukru

Co budete vařit?

18. Seřaďte recept.

Recept na jahodové knedlíky

______ Nahoru dáte cukr, tvaroh a rozpuštěné máslo.
______ Pak knedlíky asi 5 minut vaříte.
______ Do těsta dáte jahody a děláte knedlíky.
______ Na knedlíky můžete dát šlehačku.
______ Z mouky, tvarohu, másla a vajíček děláte těsto.
1. Potřebujete 250 g tvarohu, 40 g másla, 250 g mouky, 2 vajíčka, sůl a jahody.

19. Napište recept na jídlo, které máte rádi.

Pozorujte:
When cooking, buying and counting things you will hear and need to use the genitive plural (after numerals from five to infinity and all the quantifiers). Here is a model you can use for nouns with majority endings:
5 dolarů? – To je 150 korun a 5 piv.

lesson 11

Kdo jsou Alena, Filip, Mína a Rex? Kamarádi Evy?

The possessive meaning of the genitive

20. Poslouchejte text. Zatrhněte správné odpovědi v kvízu.

1. Tom byl o víkendu
a) ve škole
b) v restauraci
c) v práci

2. Alice byla
a) u Evy
b) u Jany
c) u sestry

3. V sobotu šly
a) na výlet a na oběd
b) na poštu a na návštěvu
c) na oběd a na návštěvu

4. V neděli jeli na výlet
a) na Karlštejn
b) na Konopiště
c) do Brna

5. Filip a Alena jsou
a) tatínek a maminka Evy
b) bratr a sestra Evy
c) kamarád a kamarádka Evy

6. Mína a Rex jsou
a) bratr a sestra Evy a Petra
b) tygr a krokodýl Evy a Petra
c) pes a kočka Evy a Petra

The possessive meaning can be expressed by
1. *the possessive adjectives:* **Mína je Petrova kočka.** Mína is Petr's cat. *See page 226.*
2. *the genitive:* **Mína je kočka Petra**. Mína is the cat of Petr. *See here.*

Pamatujte si: Mína je kočka Petr**a** (ne Tomáš**e**). Rex je pes Ev**y** (ne Alic**e**).

21. Řekněte, čí je to pes.

Čí je to pes?

A. Alík
B. Brita
C. Cvalda
D. Dora
E. Fifinka

1. Věra
2. Ivan
3. Zuzana
4. Martin
5. Roman

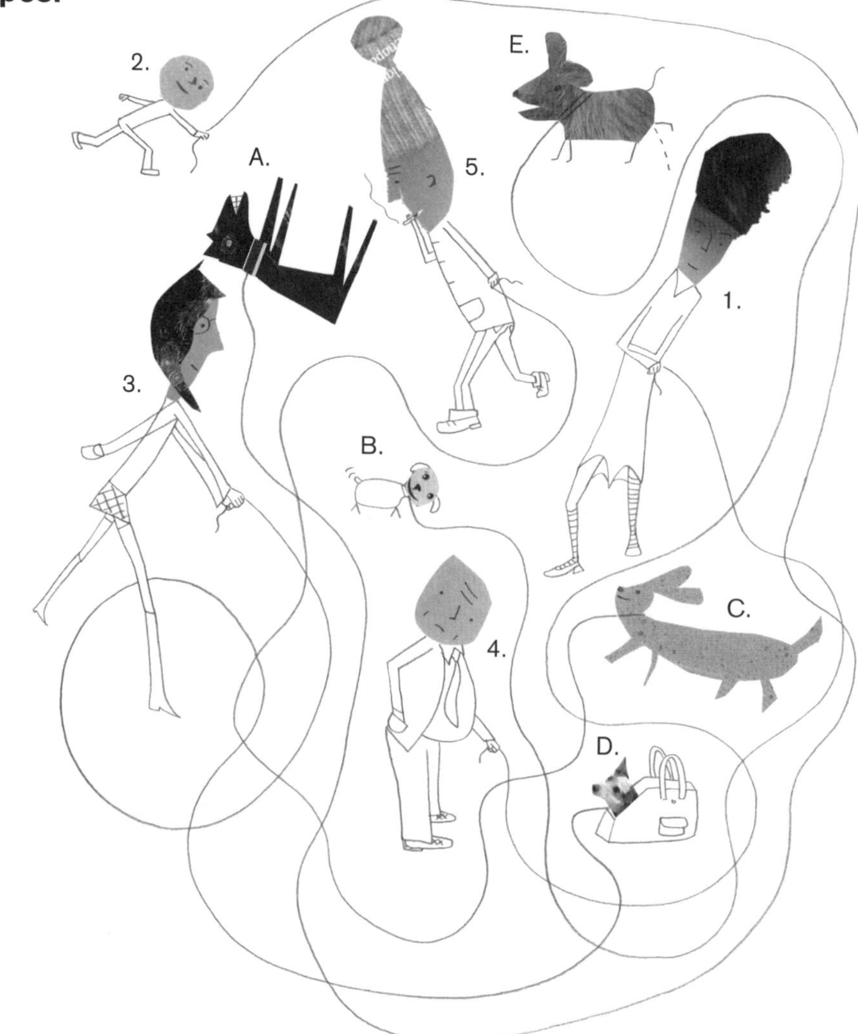

22. Znáte hlavní města?

Například: Praha je hlavní město **České republiky**.

1. Bratislava
2. Budapešť
3. Varšava
4. Moskva
5. Paříž
6. Madrid
7. Vídeň
8. Berlín
9. Řím

A. Španělsko
B. Itálie
C. Slovensko
D. Polsko
E. Francie
F. Rakousko
G. Maďarsko
H. Rusko
I. Německo

23. Znáte knihy a písničky?

Například: Hamlet je drama **Williama Shakespeara**.

1. Tom Sawyer
2. Let it be
3. Jana Eyrová
4. Robinson Crusoe
5. Tři sestry
6. Vlasy
7. Romeo a Julie
8. Pán prstenů

A. drama (Anton Čechov)
B. román (Daniel Defoe)
C. román (Charlota Brontëová)
D. muzikál (Miloš Forman)
E. tragedie (William Shakespeare)
F. román (Mark Twain)
G. román (J. R. R. Tolkien)
H. písnička (John Lennon, Paul McCartney)

Pamatujte si:
Poslouchám písničky John**a** Lennon**a** a Jimm**yho** Hendrix**e**. Znám obrazy Frid**y** Cahlo(**vé**).

24. Čí knihy, filmy, obrazy... máte rádi?

Poslouchám hudbu ______________________

Znám písničky ______________________

Čtu knihy ______________________

Mám rád filmy ______________________

Miluju obrazy ______________________

25. Znáte českou kulturu? Řekněte následující jména v nominativu sg.

Znáte obrazy Josefa Lady nebo Alfonse Muchy?
Znáte prózy Karla Čapka, Jaroslava Haška, Milana Kundery, Bohumila Hrabala nebo Ludvíka Vaculíka?
Znáte básně Jaroslava Seiferta, Františka Halase nebo Vladimíra Holana?
Znáte filmy Miloše Formana, Jiřího Menzla nebo Jana Svěráka?
Znáte divadelní hry a eseje Václava Havla?

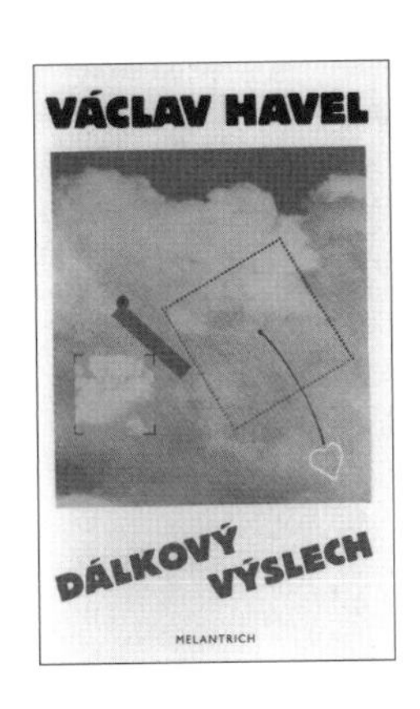

1. dusit/udusit	*to stew, to steam*
2. forma na pečení	*baking form*
3. grilovat	*to grill*
4. krájet/nakrájet	*to cut, to slice (with a knife)*
5. láhev	*bottle*
6. lít*/nalít*	*pour (a liquid)*
7. lžíce, lžička	*tablespoon, teaspoon*
8. hrnec	*pot, saucepan*
9. obalovat/obalit	*to wrap*
10. míchat/zamíchat	*to mix*
11. mixovat	*to mix using a mixer*
12. nůž	*knife*
13. pánev	*frying pan*
14. péct*/upéct	*to bake*
15. poklice	*lid*
16. přidávat/přidat	*to add*
17. rozpuštěný	*melted*
18. sáček	*bag*
19. smažit/usmažit	*to fry*
20. sporák	*cooker*
21. sypat/nasypat	*to pour (sugar, flour...)*
22. trouba	*oven*
23. vařit/uvařit	*to boil, to cook*
24. vidlička	*fork*

Jídlo můžeme:

dusit

V kuchyni je:

sporák

Domácí práce

In this lesson you will:

- survive spring cleaning
- find out that the majority of Czech verbs live in pairs
- practice the future tense of perfective verbs
- get ready to plan your pre-Christmas cleaning

Lekce 12

Co dělali / udělali Eva a Petr?

Verbal aspect: imperfective / perfective verbs

48

Byla sobota ráno. Eva a Petr dělali jarní úklid. Malovali kuchyň. Když **vymalovali** kuchyň, myli okna. Když **umyli** okna, luxovali. Když **vyluxovali**, prali prádlo. Když **vyprali**, žehlili prádlo. A když **vyžehlili** prádlo... Ne, **neuvařili** večeři ani **neumyli** nádobí. Domácí práce nejsou jejich hobby. Šli do restaurace na večeři a pak do kina. Opravdu si to zasloužili.

It was Saturday morning. Eva and Petr were doing their spring cleaning. They were painting the kitchen. When they finished painting the kitchen, they washed the windows. When they finished washing the windows, they vacuumed. When they finished vacuuming, they did laundry. When they finished doing the laundry, they ironed. And when they finished ironing... No, they didnt cook dinner and didn't wash the dishes. Housekeeping is not their hobby. They went to a restaurant for dinner and then to the theatre. They really deserved it.

What is aspect?
Almost all Czech verbs have both imperfective and perfective forms (e. g. dělat/udělat*). In previous lessons we only used the imperfective, but you could see both forms. An exception are modal verbs* (muset, moct, chtít) *and simple verbs denoting states (e. g.* být, ležet*) that are only imperfective.*

What does the aspect express?
People are different – and depending on their various points of view, they perceive various aspects of reality. For example, a house can be viewed and described as big or expensive, silent or empty.... Languages also "see" things in different ways and from different points of view. English views actions and activities in a very complex system of tenses. Slavonic languages don't need this complexity. They only use three tenses: future, past and present. However, it's very important for Slavonic languages whether the process is ***unlimited*** *and / or* ***repeated*** *(imperfective) or* ***limited*** *(perfective). This point of view is expressed by aspect. Aspect reflects the way a speaker views the particular act or action. For more about the formation of aspect pairs, see page 223. Basic aspectual pairs , e. g.* dělat/udělat, kupovat/koupit, psát/napsat *etc. must be memorized.*

Imperfective verbs express the activity as a **PROCESS***, as if they "filmed" it.*

Bude malovat obraz.

Maluje obraz.

Maloval obraz.

Perfective verbs express **A RESULT OF AN ACTIVITY***, as if they "photographed" it.*

Namaluje obraz.

Namaloval obraz.

Pozorujte:
Very often it's YOU who decides which aspect to use, i. e. how to view the activity you speak about. You can say: **Včera jsem kupoval knihu** *(if you want to say that you spent some time buying it) OR* **Včera jsem koupil knihu** *(if you want to describe it as a single act of buying and stress the result).*

1. Doplňte věty v minulém čase.

dělat / udělat

Matka ______________________ *oběd.*
Matka ______________________ *oběd.*

psát* / napsat*

Sekretářka ______________________ *dopis.*
Sekretářka ______________________ *dopis.*

kupovat / koupit

Kamarád ______________________ *dům.*
Kamarád ______________________ *dům.*

opravovat / opravit

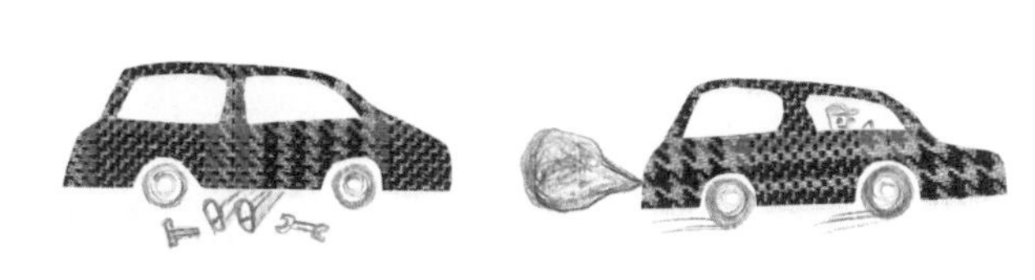

Mechanik ______________________ *auto.*
Mechanik ______________________ *auto.*

vařit / uvařit

Babička ______________________ *čaj.*
Babička ______________________ *čaj.*

číst* / přečíst*

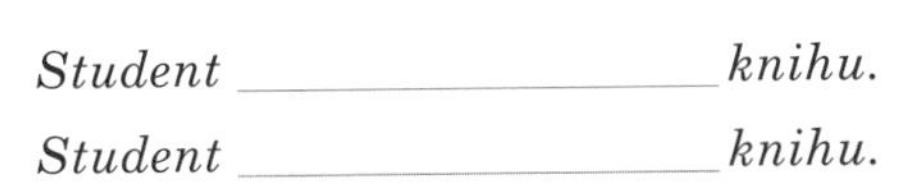

Student ______________________ *knihu.*
Student ______________________ *knihu.*

mýt* / umýt*

Manžel ______________________ *nádobí.*
Manžel ______________________ *nádobí.*

uklízet / uklidit

Sestra ______________________ *pokoj.*
Sestra ______________________ *pokoj.*

2. Najděte páry (imperfektivní sloveso / perfektivní sloveso). Napište je.

kupovat	vařit	pít*	telefonovat
opravovat	jíst*	psát*	ztrácet
uklízet	dávat	malovat	dělat
dostávat	prodávat	mýt*	číst*

uklidit	koupit	zatelefonovat	napsat*
prodat	umýt*	dostat*	dát*
uvařit	udělat	ztratit	namalovat
opravit	vypít*	sníst*	přečíst*

1. ______________ / ______________
2. ______________ / ______________
3. ______________ / ______________
4. ______________ / ______________
5. ______________ / ______________
6. ______________ / ______________
7. ______________ / ______________
8. ______________ / ______________
9. ______________ / ______________
10. ______________ / ______________
11. ______________ / ______________
12. ______________ / ______________
13. ______________ / ______________
14. ______________ / ______________
15. ______________ / ______________
16. ______________ / ______________

3. Řekněte, co ti lidé udělali. Používejte slova z následující tabulky. Pak řekněte, co jste včera udělali vy.

namalovat obraz	umýt* nádobí	napsat dopis	vypít* pivo	sníst* jídlo
uvařit čaj	dostat* dárek	uklidit byt	ztratit klíč	

1.

2.

3.

4.

5.

6.

7.

8.

9.

4. Doplňte sloveso v minulém čase. Těžká slovesa* najdete na straně 232.

číst*/přečíst*	Jana měla zajímavou knihu. Včera ______________ od rána do večera. Jana ______________ celou knihu. Kniha byla opravdu výborná.
jíst*/sníst*	Pavel ______________ večeři a šel spát. Pavel nikdy ______________ maso. Byl vegetarián.
malovat/namalovat	Malíř ______________ obraz. Malíř ______________ obraz a pak ho prodal.
mýt*/umýt*	Kamila ______________ nádobí a pak uklidila kuchyň. Kamila neslyšela telefon, protože ______________ nádobí a poslouchala rádio.
opravovat/opravit	David nemohl jít na fotbal, protože celý den ______________ auto. David ______________ kolo a pak mohl jet na výlet.
prát*/vyprat*	Jak často babička ______________ prádlo? Babička ______________ prádlo a šla na nákup.
psát*/napsat*	Sekretářka ______________ dopisy a šla na poštu. Sekretářka měla moc práce. ______________ dopisy a telefonovala.
platit/zaplatit	Richard každý měsíc ______________ 3 000 za byt. Dneska Richard ______________ nájem za celý měsíc.
telefonovat/zatelefonovat	Když byl Emil v Americe, často ______________ do České republiky. Emil šel k doktorovi, a proto ______________ do kanceláře, že nepřijde do práce.
učit se/naučit se	Včera ______________ student ______________ všechno, co potřeboval. Může psát test. Student ______________ celý den, ale ještě všechno neumí. Nemůže psát test.
vařit/uvařit	Manžel ______________ oběd a pak uklidil. Když manžel ______________, používal speciální exotické koření.
ztrácet/ztratit	Když byl Martin malý, často ______________ klíče od bytu. Co Martin hledá? – Dneska ráno ______________ klíč od auta.

5. Podtrhněte, kdo je hotový a může odpočívat.

Například: Ivan uklízel byt. Evžen uklidil byt. – **Evžen** je hotový a může odpočívat.

1. Adam opravil auto. Robert opravoval auto.
2. Ivana vařila oběd. Daniela uvařila oběd.
3. Barbora nakupovala. Michal nakoupil.
4. František napsal dopis. Denisa psala dopis.
5. Sofie četla e-maily. Radka přečetla e-maily.
6. Simona udělala čaj. Kristán dělal čaj.
7. Jáchym namaloval obraz. Klára malovala obraz.
8. Matěj myl nádobí. Andrea umyla nádobí.
9. Ladislav luxoval byt. Josef vyluxoval byt.
10. David se naučil novou lekci. Irena se učila novou lekci.

Co Eva a Petr budou dělat/udělají?

The future tense of perfective verbs

49

Je sobota ráno. Eva a Petr plánujou předvánoční úklid. „Nejdřív budeme malovat obývák," říká Eva. „Až **vymalujeme**, budeme mýt okna. Až **umyjeme** okna, budeme luxovat. Až **vyluxujeme**, budeme prát prádlo. Až **vypereme**, budeme uklízet byt. A až **uklidíme**... Ale já pořád na něco zapomínám. **Zapomněla** jsem, že mám kosmetiku. Musím letět! Všechno jsme **naplánovali**, tak to můžeš **udělat**."

It's Saturday morning. Eva and Petr are planning a pre-Christmas clean-up. "First we'll paint the livig room," says Eva. "When we finished painting it, we'll wash the windows. When we finish washing the windows, we'll vacuum. When we finish vacuuming, we'll do the laundry. When we finish doing the laundry, we'll clean the flat. And when we finish cleaning... But I keep forgeting something. I forgot that I have a facial appointment today. I have to fly! We've planned everything out, so now you can do it."

The complete system of the future tense in Czech consists of four parts:
1. *The verb* být: budu, budeš, bude... *(see page 84).*
2. *Imperfective verbs (except for the short verbs of motion):* budu + *the infinitive (see page 84).*
3. *Short verbs of motion:* půjdu, pojedu *(see page 84).*
4. ***Perfective verbs (see here).***

Pamatujte si:
As you know, perfective verbs view an activity as limited. If you are working on something in the present, you cannot see the result or view the process as limited. Logically enough, perfective verbs do not have present tense forms. The forms of these verbs that look like present forms (e. g. udělám, uděláš, udělá...*) express future meaning* (I will do/make, you will do/make, she will do/make...).

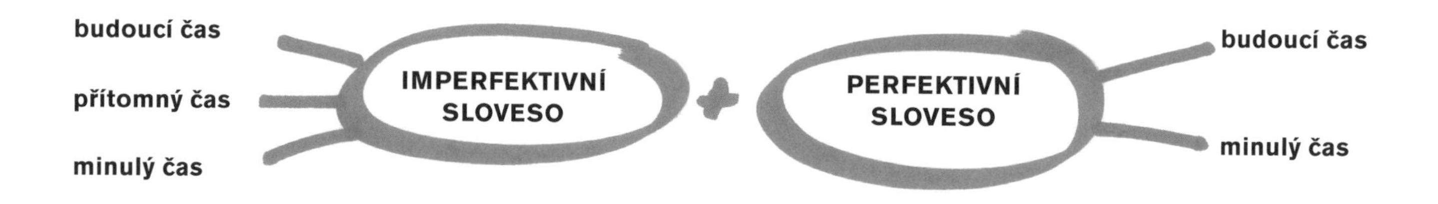

6. Plánujte, co uděláte zítra.

1. (Udělat) ______________________ snídani.
2. (Koupit) ______________________ chleba a mléko.
3. (Zaplatit) ______________________ účet za byt.
4. (Napsat*) ______________________ e-mail.
5. (Uvařit) ______________________ oběd.
6. (Opravit) ______________________ rádio.
7. (Umýt*) ______________________ nádobí.
8. (Dát* si) ______________________ kávu.
9. (Zatelefonovat) ______________________ na ambasádu.
10. (Uklidit) ______________________ celý byt.
11. (Vyprat*) ______________________ prádlo.
12. (Podívat se) ______________________ na dobrý film.
13. (Přečíst*) ______________________ knihu.
14. (Zavolat) ______________________ kamarádovi.
15. (Naučit se) ______________________ perfektivní slovesa.
16. (Sníst*) ______________________ večeři a půjdu spát.

7. Čtěte slova v tabulce. Rozumíte?

mýt*/umýt* nádobí | nakupovat/nakoupit jídlo a pití | číst*/přečíst* knihu | malovat/vymalovat byt | dělat/udělat dort | učit se/naučit se písničku | vařit/uvařit oběd | dávat si/dát* si zmrzlinu | mýt*/umýt* okno | malovat/namalovat obraz | jíst*/sníst* salát | luxovat/vyluxovat byt | opravovat/opravit lampu | telefonovat/zatelefonovat bratrovi

8. Je sobota ráno. Co chce Veronika udělat? Vyberte slovesa z tabulky.

Například: Veronika umyje nádobí.

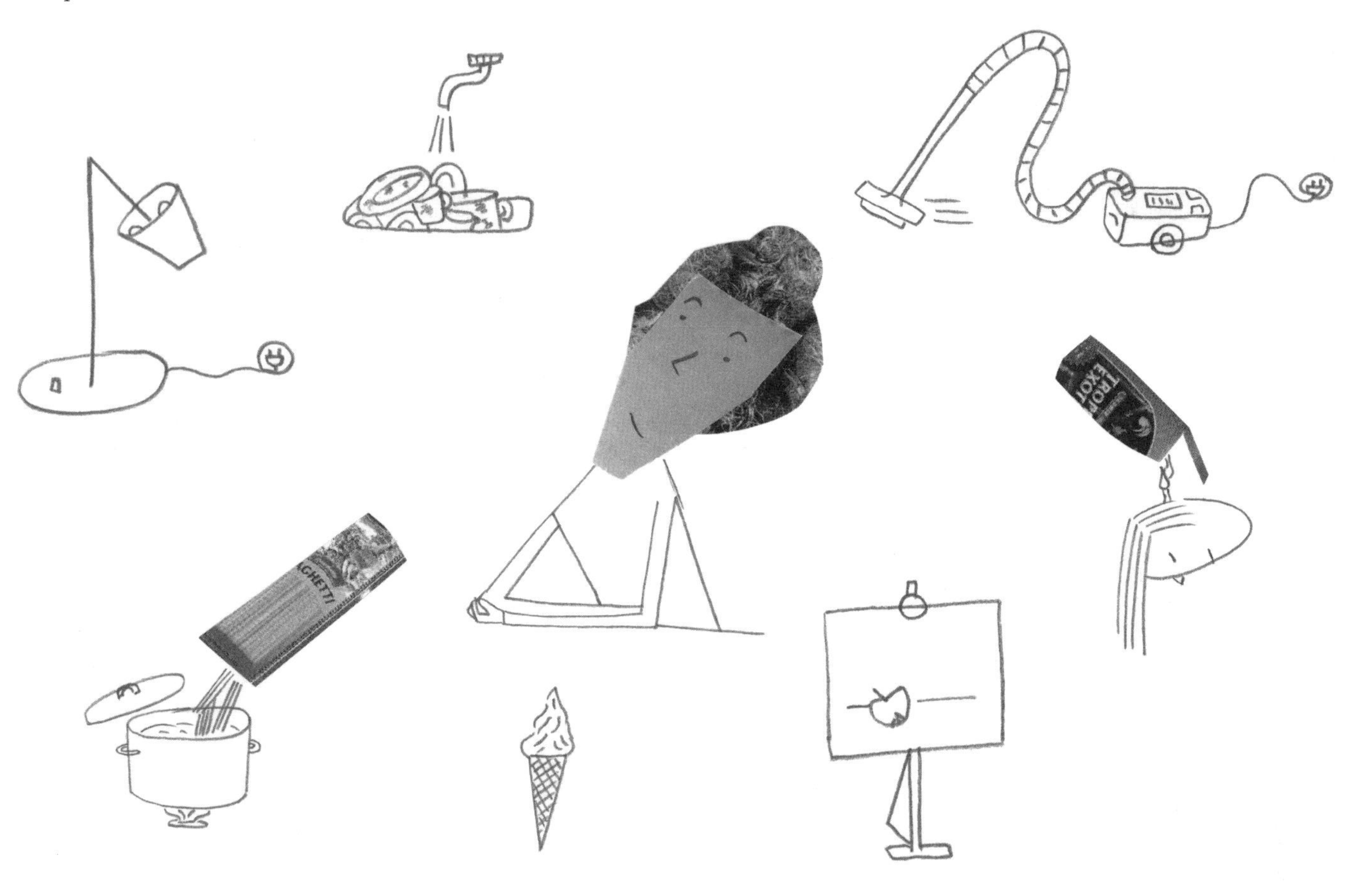

9. Je neděle večer. Co Veronika udělala/neudělala?

Například: Veronika umyla nádobí.

lesson
12

1. **číst*/přečíst*** *to read*
2. **dávat/dát*** *to give, to put something somewhere*
3. **dělat/udělat** *to do, to make*
4. **dívat se/podívat se** *to have a look*
5. **dostávat/dostat*** *to receive, to be given*
6. **jíst*/sníst*** *to eat*
7. **kupovat/koupit** *to buy*
8. **luxovat/vyluxovat** *to vaccum*
9. **malovat/namalovat (obraz)** *to paint (a picture)* (POZOR: **vymalovat** byt)
10. **mýt*/umýt*** *to wash* (POZOR: **prát*/vyprat*** oblečení)
11. **opravovat/opravit** *to mend, to fix, to repair, to correct*
12. **prát*/vyprat*** *to wash clothes*
13. **pít*/vypít*** *to drink*
14. **platit/zaplatit** *to pay*
15. **prodávat/prodat** *to sell*
16. **připravovat/připravit** *to prepare*
17. **psát*/napsat*** *to write*
18. **telefonovat/zatelefonovat** *to call*
19. **učit se/naučit se** *to learn*
20. **uklízet/uklidit** *to clean* (POZOR: **mýt/umýt** okno)
21. **vařit/uvařit** *to cook*
22. **volat/zavolat** *to call*
23. **ztrácet/ztratit** *to lose*
24. **žehlit/vyžehlit** *to iron*

1. *číst*/přečíst**

2. *dávat/dát**

3. *dělat/udělat*

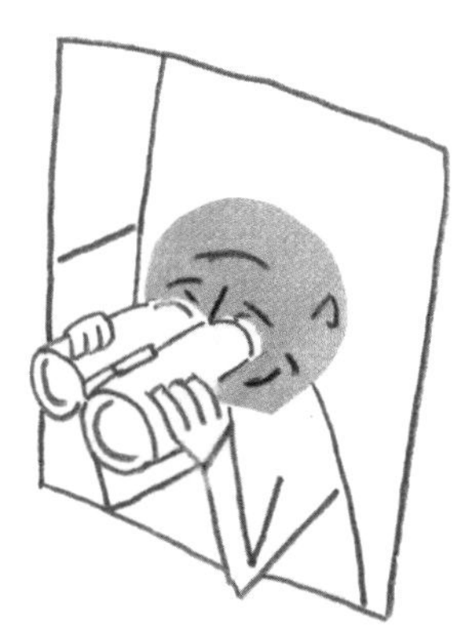

4. *dívat se/podívat se*

5. *dostávat/dostat**

6. *jíst*/sníst**

7. *kupovat/koupit*

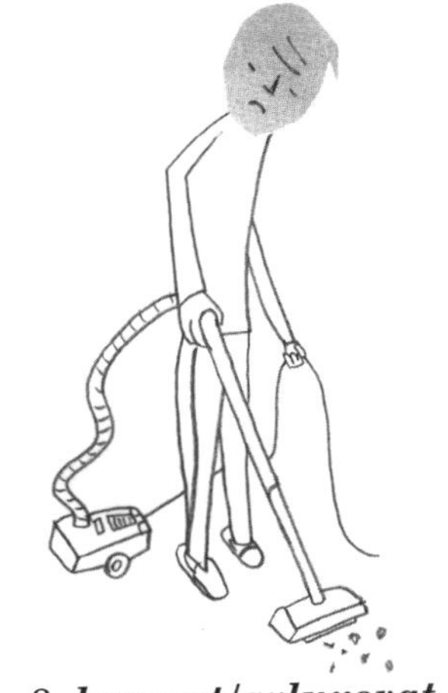

8. *luxovat/vyluxovat*

9. *malovat/namalovat (obraz)*

10. *mýt*/umýt**

11. *opravovat/opravit*

12. *prát*/vyprat**

13. pít/vypít**

14. platit/zaplatit

15. prodávat/prodat

16. připravovat/připravit

17. psát/napsat**

18. telefonovat/zatelefonovat

19. učit se/naučit se

20. uklízet/uklidit

21. vařit/uvařit

22. volat/zavolat

23. ztrácet/ztratit

24. žehlit/vyžehlit

Hledáme cestu

In this lesson you will:

- learn to give directions
- learn how to say *to come* and *to leave* in Czech
- play with prefixes
- get acquainted with *"long"* and *"short"* verbs of motion

Lekce 13

lesson
13

Jak se jde k nádraží?

Describing the way to somewhere

50

Petr a Eva jdou na návštěvu k Alici.
Hledají ulici, kde Alice bydlí.

Petr: „Prosím vás, kde je tady Hlavní ulice?"
Paní: „Hlavní ulice je blízko nádraží. Víte, kde je nádraží?"
Eva: „Ne, my to tady neznáme. **Jak se jde k nádraží**?"
Paní: „Jděte kolem pošty, a pak **zahněte doprava**.
Pak jděte k supermarketu a u supermarketu **zahněte doleva**.
Pak jděte **rovně** a uvidíte nádraží."
Petr: „Děkujeme. Na shledanou."
Paní: „Na shledanou."

Eva: „Ale... kde je pošta? Vidíš tady někde nějakou poštu?"
Petr: „Ne, nevidím. Prosím vás, pane, **jak se jde k poště**?"

1. Čtěte a pozorujte.

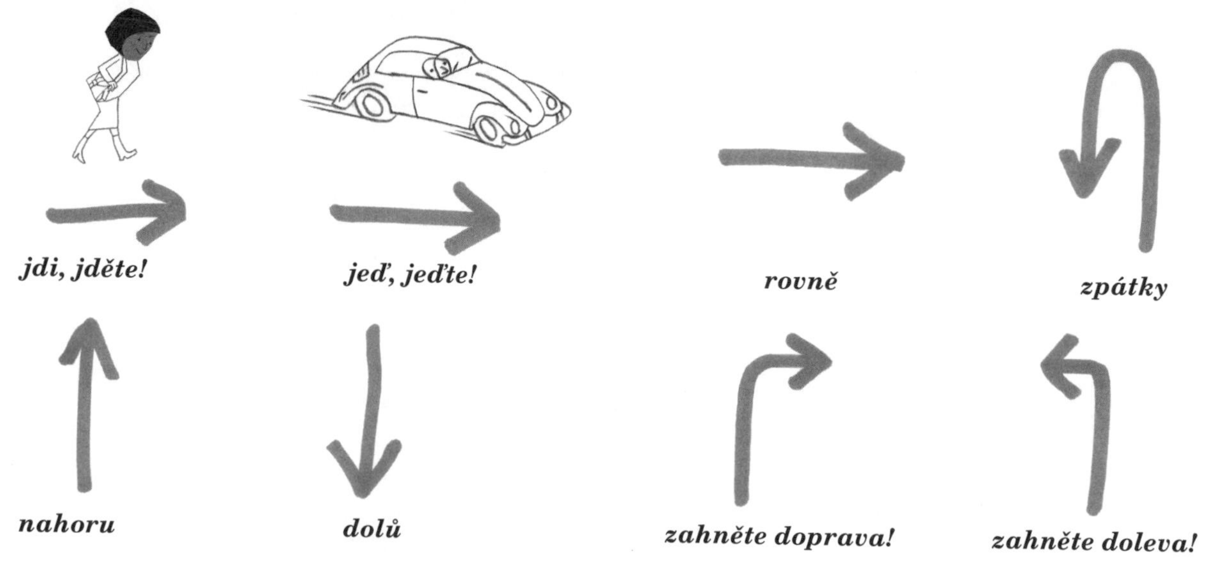

Pozorujte: KAM? X KDE?

domů	**doma**
doprava	**vpravo, napravo**
doleva	**vlevo, nalevo**
nahoru	**nahoře**
dolů	**dole**

Compare the general scheme on page 230.

51

2. Poslouchejte dialog. Doplňte slova do textu.

Alice telefonuje Evě a Petrovi.

Alice: „Tak co, ________________ jste? Už na vás čekám. Neztratili jste se?"
Eva: „Ne, neztratili. Už jsme u ________________, ale Hlavní ulici ještě nevidíme."
Alice: „Teď už jste kousek od mého domu. Jděte ________________ kolem supermarketu, pak kousek ________________ a u semaforu ________________ zase ________________."
Eva: „Fajn, už jsme u semaforu. Tvůj dům je ten malý nebo ten velký?"
Alice: „Ten ________________ Tak já jdu vařit kávu."

Pozorujte: **zahněte první, druhou, třetí ulicí** – *turn onto the first, second, third street*

3. Co hledá paní na obrázku?

Prosím vás, jak se jde ________________?
Jděte rovně na konec ulice.
U kina zahněte doprava, jděte kousek rovně,
a pak třetí ulicí doprava.
Potom jděte kolem parkoviště a kolem parku
a za parkem zahněte doprava.
Pak přejděte most.
________________ je ten velký dům vlevo.

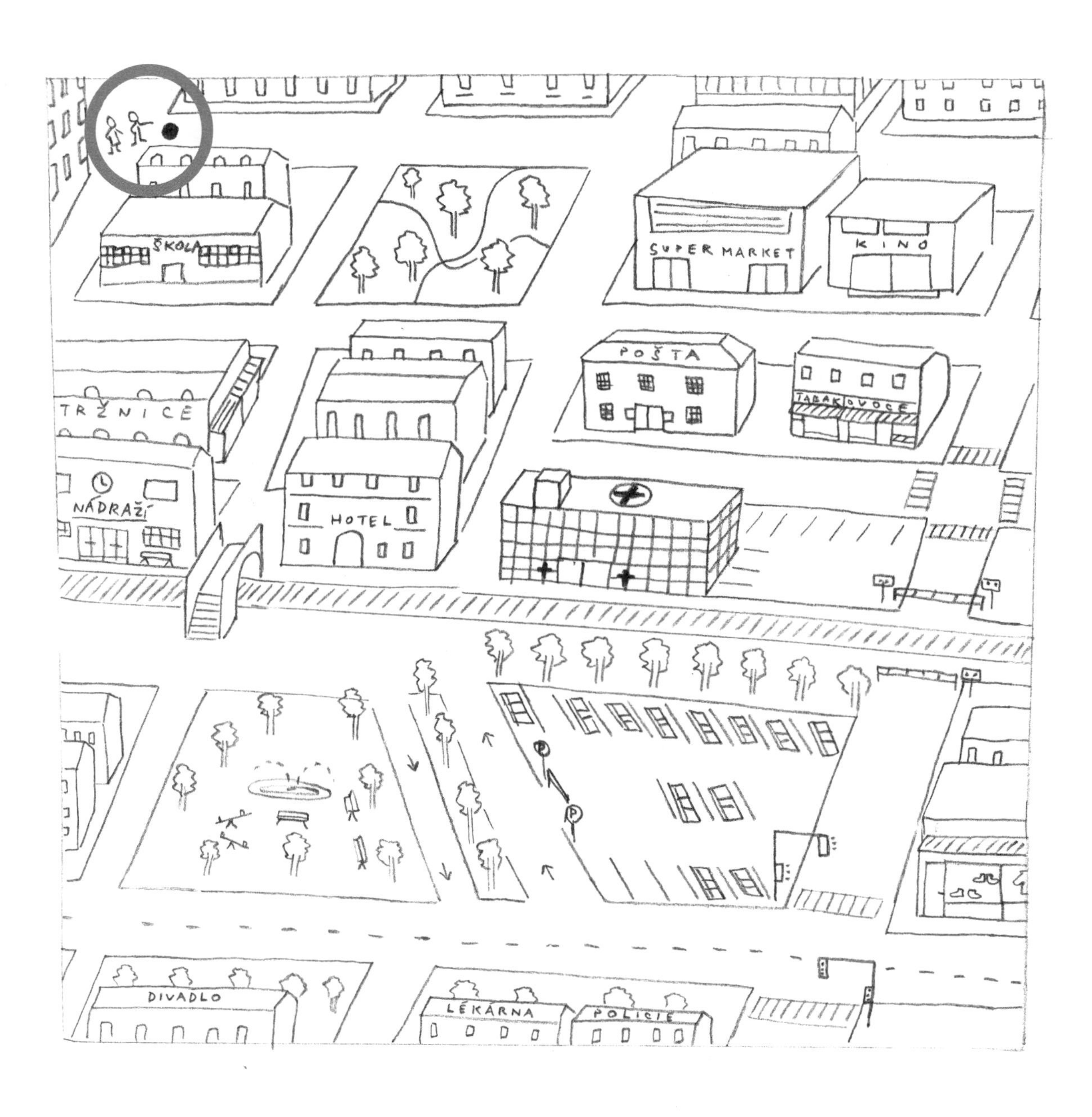

lesson 13

Kdy přijdeš a odejdeš?

The most common prefixes: při- *and* od-

přijít

odejít

přijet

odjet

52

Je ráno.
Petr jde do školy a Eva jde k holiči.
„Kdy **přijdeš**?" říká Petr.
„**Přijdu** asi v poledne", říká Eva. „A kdy **přijdeš** ty?"
Ale Petr už neslyší. **Odešel**.

Je večer.
Petr říká: „Co je s Alicí a Tomem? Proč zase někdy **nepřijdou** na návštěvu?"
Eva říká: „Ale Alice a Tom teď nejsou v České republice. **Odjeli** do Anglie a **přijedou** až za měsíc."

Pamatujte si:
přijít, přijet – to come
odejít, odjet – to leave
Note: Like the majority of Czech verbs, these verbs also have their imperfective / perfective forms:
přicházet / přijít, odcházet / odejít, přijíždět / přijet, odjíždět / odjet.

5. Téma ke konverzaci:

Kdy jste přijeli do České republiky?
Proč jste přijeli do České republiky?
Přijeli nebo přijedou vaši příbuzní nebo kamarádi?
Chcete z České republiky odjet? Proč?

6. Dělejte dialog nebo napište příběh podle následujících instrukcí. (Nové prefixy jsou na straně 137).

1. *Váš kamarád telefonuje, že chce přijet na návštěvu do České republiky. Kdy přijede / přiletí? Kdy a kde se sejdete? Co chce vidět?*
2. *Váš kamarád přijel. Jaká byla cesta? Jak dlouho trvala? Letěl nebo jel autem?*
3. *Váš kamarád je po cestě unavený. Přijde k vám na návštěvu, nebo půjde spát do hotelu?*
4. *Projdete s kamarádem vaše město nebo vesnici. Jaká místa máte rádi a proč?*
5. *Zajdete s kamarádem do restaurace. Co si dáte?*
6. *Kdy kamarád odjede / odletí? Jak pojede na nádraží / na letiště?*

7. Kamarád chce přijet do vaší země. Připravte plán jeho pobytu (kdy přijede, kde bude bydlet atd.)

Vchod a východ

The basic meanings of Czech prefixes

8. Používejte slovník. Co znamenají slova v tabulce? Kde je můžete vidět?

výstup NÁSTUP přestup
VCHOD východ podchod
schod *záchod* OBCHOD
příjezd *odjezd* nadjezd PODJEZD
PŘÍLET ODLET výlet

na letišti
na nádraží
v divadle na ulici
v metru
na silnici

9. Analyzujte slova ze cvičení číslo 8. Podtrhněte prefixy. Hledejte, co znamenají.

do-
1. to reach a limit
2. to finish doing st

na-
on, upon

nad-
above, up

ob-
round, around

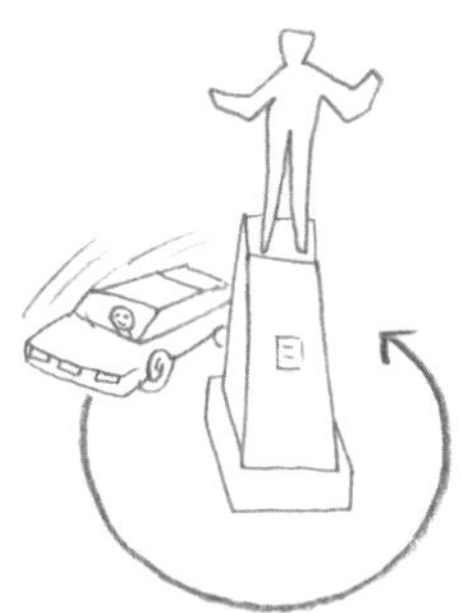

od-
motion away from

pod-
down, below

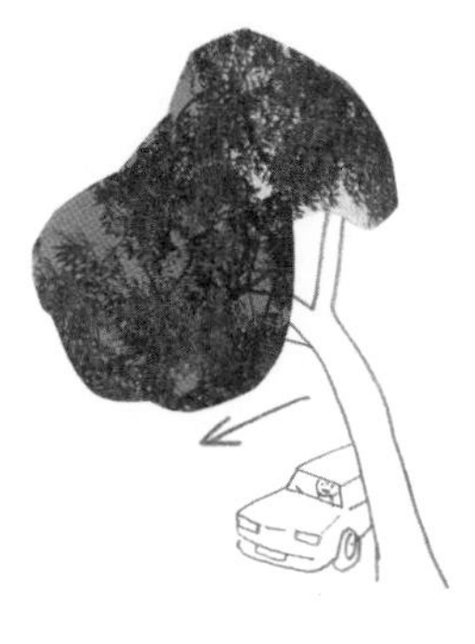

pro-
through

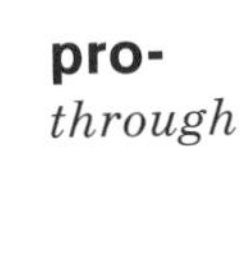

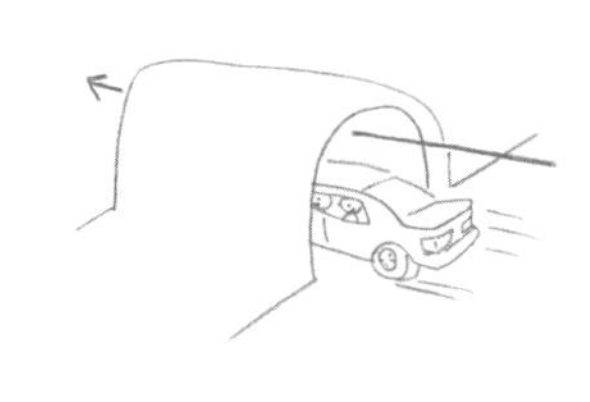

pře-
1. across, over
2. re-, again

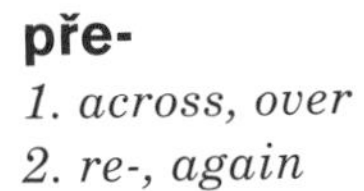

před-
in front

při-
1. motion to, into
2. to add st. to

roz-
1. the beginning of an activity
2. motion to various places

s-
1. down
2. convergent motion to the same place

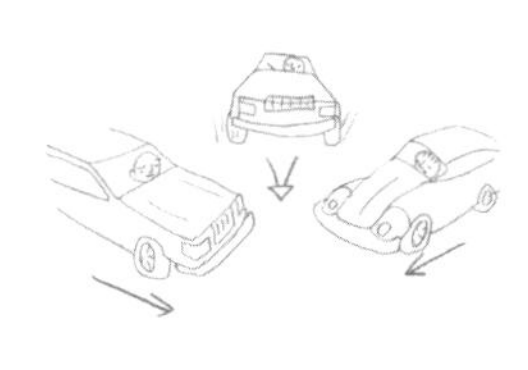

v-
in, into, inside

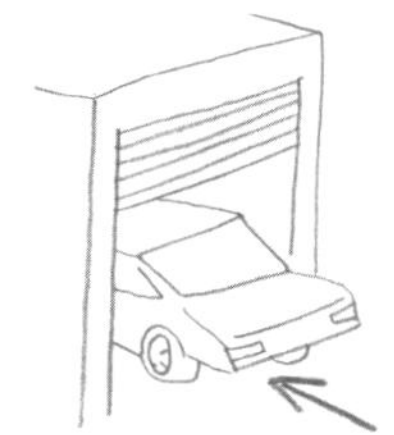

vy-
1. out, outside
2. up, upwards
3. the beginning of an activity

za-
1. in, into, inside
2. behind

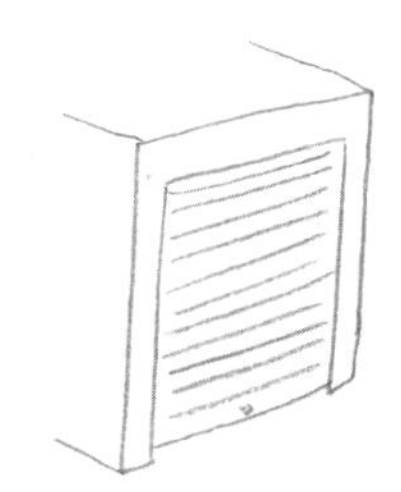

lesson **13**

Přejít, projít, vyjít, sejít...

The use of prefixes

53

10. Poslouchejte a pozorujte prefixy. Dopište konec pohádky.

Prosím vás, jak se jede na zámek? Strašný drak tam odnesl krásnou princeznu.

To je lehké. ***Pro****jedeš město...*

vy*jedeš z města,*

ob*jedeš les...*

vy*jedeš na kopec...*

s*jedeš dolů z kopce...*

pře*jedeš řeku...*

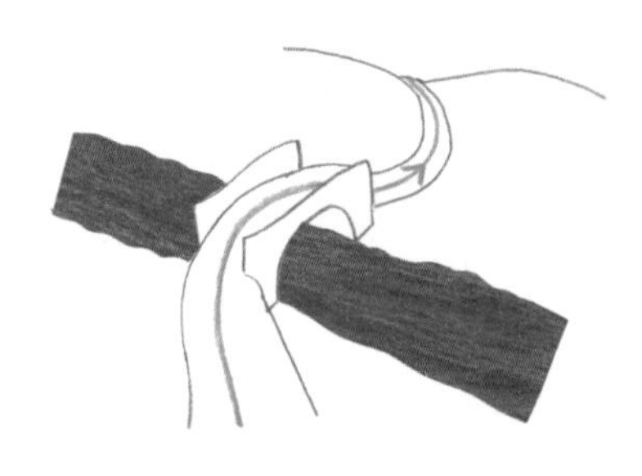

a uvidíš zámek, kde bydlí drak.

Co uviděl princ?

11. Napište krátkou pohádku. Používejte slova v tabulce.

král	**královna**	**princ**	**princezna**	**drak**	**zabít draka**
přijít do zámku	**projít les**		**přeplavat řeku**	**vyjít na vysokou horu**	

Pozorujte:

The stems **-cházet / -jít** *and* **-jíždět / -jet** *can be combined with very many prefixes. The prefixes add various meanings to the basic verb. Verbs with prefixes usaually carry a basic meaning + a several idiomatic meanings, e. g.* vycházet / vyjít – 1. to go out 2. to publish 3. vychází mi to – I am lucky. *The Czech verbs with prefixes can be compared to English words based on Latin* (abstract, contract, extract, subtract...) *or English phrasal verbs* (make up, make up for, make up with...). *Note that the* -e- *is sometimes added before* jít *to faciliate pronunciation (e. g.* odejít, sejít se*).*

12. Téma ke konverzaci:

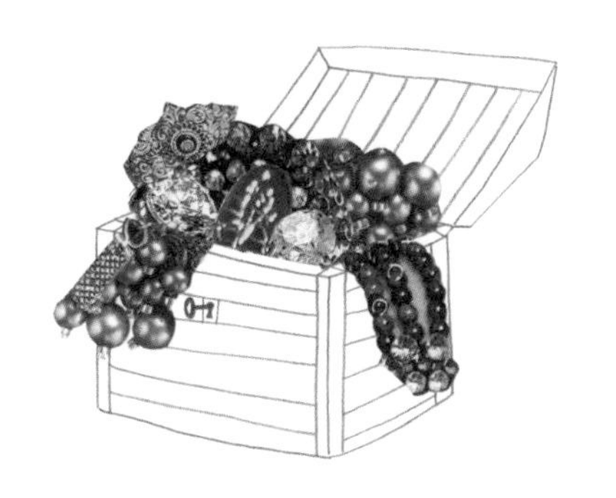

1. Hledali jste někdy poklad?
2. Znáte někoho, kdo našel poklad nebo něco zajímavého?
3. Musí být poklad vždycky jenom peníze?
4. Co znamenají slova: bažina, poušť, údolí, džungle, sopka?
5. Najděte na obrázku bažinu, poušť, údolí, džungli a sopku.

13. Poslouchejte. Namalujte na obrázku, jak půjdete hledat poklad.

Chcete hledat poklad?

Chcete hledat poklad? Jestli ano, tady je plán. Budete potřebovat nějakou loď, mapu, kompas a taky revolver, protože pojedete na nebezpečnou cestu. Musíte hledat jeden malý ostrov v Pacifiku. Až ho **na**jdete, několikrát ho **ob**jedete, protože tam můžou být piráti. Když tam nikdo není, můžete jít hledat poklad. Nejdřív **vy**jdete na vysokou horu a **se**jdete dolů. Horu nemůžete **obe**jít, protože kolem je bažina. Pak půjdete na východ. Tam je poušť, ve které žijou škorpioni. Jestli tuhle poušť **pře**jdete zdraví a živí, uvidíte starý hrad. Hrad můžete **ob**ejít. Pak **při**jdete na místo, kde je hluboké údolí. **Pře**jdete údolí přes starý most. Potom musíte **pro**jít džungli. Příroda je tady krásná jako v ráji, ale musíte dávat pozor – když **za**jdete moc daleko do džungle, můžete ztratit cestu. Když **vy**jdete z džungle, musíte **pře**plavat řeku. Ale pozor – jsou tam krokodýli. Když **pře**plavete řeku, uvidíte vysokou horu. Je to sopka, která má hluboký kráter. Podle staré legendy tam začíná peklo. Nikdy nevíte, kdy můžete čekat explozi. A v kráteru čeká váš poklad. Teď jenom **se**jdete dolů a poklad je váš... Tak šťastnou cestu!

Chodit – jít. Jezdit – jet. Létat – letět.

"Long" and "short" verbs of motion

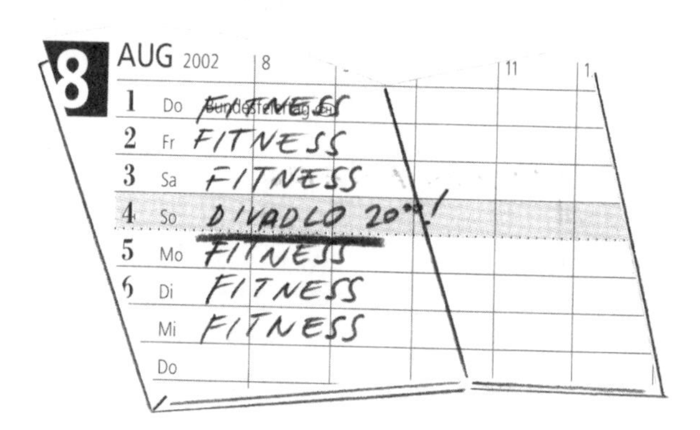

Petr **chodí** každý večer do fitness centra,
ale dneska večer **jde** do divadla.

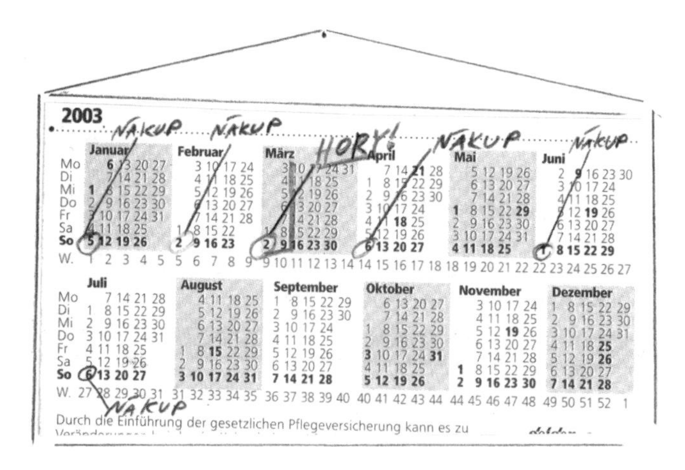

Eva **jezdí** každý víkend na nákup,
ale tenhle týden **jede** na hory.

1. "Short" (determined) verbs of motion: jít, jet, letět

Short verbs of motion express motion at a definite time to a definite place (motion in one direction).

Jdu na koncert. (= teď)
Zítra jdu na výstavu.
Cesta byla dlouhá. Jeli jsme dvě hodiny.
V létě jsme letěli do Itálie.

2. "Long" (indetermined) verbs of motion: chodit, jezdit, létat

Long verbs of motion express motion that is repeated (every day / week / year, often, usually, always).

Každý den chodím do školy a do práce.
Každý týden jezdíme na hory.
Často jezdím metrem.
Obvykle jezdím na výlety v létě.
V létě létám do Itálie.

14. Odpovídejte.

1. Kam chodíte často? Kam půjdete dneska večer?
2. Kam jezdíte často? Kam pojedete o víkendu?
3. Kam létáte často? Kam poletíte v létě?

You know from before that the majority of Czech verbs "live in pairs" and have both imperfective and perfective forms. Verbs of motion are exceptional. Both the "short" (= determined) forms and the "long" (= indetermined) forms are imperfective. You know the "short" verbs of motion jít, jet *and* letět *from before (lesson 8). Now you will learn their long counterparts* chodit, jezdit *and* létat, *which express motion in general or repeated motion (every day / week / year, often, usually, always).*

15. Čtěte nebo poslouchejte.

Extremista nebo realista?

Tomáš Vedral je mladý učitel. Má rád moderní hudbu a dobré jídlo. Často si kupuje cédéčka a knihy, má hezký byt a kvalitní počítač. Nemá ale jednu věc, kterou lidé obvykle mají. Nemá auto. Není to proto, že nemá peníze. Auto prostě nechce. Říká, že auto je stejně nebezpečné jako revolver. „Všichni jezdí autem, a proto je všude tak mizerný vzduch. Moje děti mají alergie a bronchitidy. Když budu jezdit autem, bude vzduch ještě horší", říká. „Vím, že takový názor mám skoro sám, ale auto kupovat nebudu." Tomáš raději chodí pěšky nebo jezdí autobusem nebo tramvají. Říká, že aspoň v Praze je doprava velmi dobrá a že může jet, kam chce. O víkendu chodí na procházky nebo jezdí na kole na výlety. Když chce jet jeho rodina někam daleko, jedou všichni vlakem. V centru ale na kole nejezdí, protože myslí, že je to dost nebezpečné. „V Praze nejsou žádné cyklistické stezky. Radnice má špatnou dopravní politiku – nedělá nic pro cyklisty. Řidiči mají dálnice, silnice, garáže a parkoviště, ale cyklisti? Cyklisti nemají nic. Když to vidím, mám vztek," říká. Jaký názor na to máte vy? Myslíte, že Tomáš je moc radikální, nebo že má pravdu?

16. Podtrhněte správné sloveso.

1. Dneska večer (chodíme – jdeme) na recepci.
2. Ivan (chodí – jde) teď ven.
3. Marie často (jde – chodí) na koncert.
4. Obvykle (jezdím – jedu) na dovolenou v srpnu.
5. Každý víkend (jezdíme – jedeme) na chatu.
6. Každý pátek (jezdím – jedu) domů.
7. Zítra (chodím – jdu) na koncert.
8. Hele, tady (chodí – jde) Michal.
9. Nerada (jezdím – jedu) autem.
10. Kdy obvykle (jezdíš – jedeš) na hory?

17. Změňte věty. Používejte výrazy *každý den / týden / rok..., často, obvykle, vždycky...*

Například: Dneska **jdu** na schůzku. – Každý týden **chodím** na schůzku.

1. Jdu na nákup.
2. V sobotu jdu na krásný dlouhý výlet.
3. Jedu autem do práce.
4. Jedeme do restaurace na večeři.
5. V pondělí jedete do Brna na konferenci.
6. Adam a Alice jdou v neděli dopoledne na návštěvu.
7. Příští víkend jedeme na hory.
8. Ve středu večer jdu na koncert.
9. Tenhle víkend jdu do divadla.
10. Zítra jedu na hokej.
11. Příští týden jedeme na konferenci.
12. Ve čtyři odpoledne jedu na letiště.
13. Jdu na policii.
14. Jdeme na úřad.
15. Jdete dneska večer na procházku do lesa?
16. Jdeš na ambasádu?
17. Jedeš zítra na služební cestu?
18. V sobotu jdu na velký nákup.
19. Pozítří jedu do Anglie.
20. Jdeš zítra na dobrou snídani?

lesson 13

1. bažina	*marsh*	**V České republice není / nejsou:**
2. džungle	*jungle*	džungle
3. jezero	*lake*	
4. kopec	*hill*	
5. les	*forest*	**V České republice je / jsou:**
6. moře	*sea*	lesy
7. oceán	*ocean*	
8. ostrov, poloostrov	*island, peninsula*	
9. peklo	*hell*	**V mé zemi není / nejsou:**
10. pláž	*beach*	
11. poušť	*desert*	
12. ráj	*paradise*	
13. rybník	*pond*	**V mé zemi je / jsou:**
14. skála	*rock*	
15. sopka, vulkán	*volcano*	
16. svět	*world*	
17. údolí	*valley*	
18. Země; země	*the Earth, country, ground*	

Životopis

In this lesson you will:

- say where things are
- learn how to form and use the locative sg.
- tell your lifestory
- speak *about* very many things

Lekce 14

lesson **14**

Pád: lokál

The locative

54

„Čau, Evo. Jak se máš? Co jsi dělala o **víkendu**?"
„Ahoj, Petře. Byla jsem v **Brně**. Sešla jsem se s kamarádkou Janou. Chodily jsme po **Brně** a povídaly jsme si o **škole**. Pak jsme obědvaly v **restauraci** a při **jídle** jsme se bavily o **životě**. Večer jsme v **divadle** viděly hru o **upírech**. Po **divadle** jsme tancovaly na **diskotéce**."
„Cože? Beze mě? To je vidět, že už ti na **mně** nezáleží."
„Petře! To je nesmysl. Jak můžeš takhle mluvit o **našem vztahu**? Šla jsem tam jenom proto, že Jana pořád sní o **jednom kytaristovi**, který tam hrál."
„Dobře, už se o **tom** nebudeme hádat. Co budeme dělat v **létě**? Máš volno v **červenci**? Chtěl bych cestovat po **Evropě**."

"Hi, Eva. How are you? What did you do this weekend?"
"Hi, Petr. I was in Brno. I met my friend Jana. We walked around Brno and talked about school. Then, we had lunch in a restaurant and during the meal we chatted about life. In the evening, we saw a play about vampires in a theatre. After the play we went dancing at the disco."
"What? Without me? It's obvious that you don't care about me anymore."
"Petr! That's nonsense. How can you say that about our relationship? I only went there because Jana always dreams about the guitar player who was playing there."
"Fine, we won't argue about it anymore. What are we going to do this summer? Are you free in July? I'd like to travel around Europe."

The locative is always used after a preposition. It is used:

1. to express location after the prepositions v, na *and* po *(answering the question "Where?")*

— *The preposition* **"v/ve"** *corresponds to English* "in". *It is very common with the locative case. It usually denotes "closed" units (countries, towns, villages) or being inside.*
Byla jsem v **Brně**. Pak jsme obědvaly v **restauraci**.

— *The preposition* **"na"** *corresponds to English* "on", *but it is widespread in many expressions where English uses "at". It is usually used with: 1. open spaces or surfaces* (bridge, street, island, table, floor...) *2. actions and activities* (concert, opera, exhibition, lunch, dinner, disco ...) *3. some public institutions* (embassy, post office...) *4. exceptions* (Morava, Slovensko). *See lesson 8, p. 87 and review the* "na-words".
Po divadle jsme tancovaly na **diskotéce**.

— *The preposition* **"po"** + *the locative gives a sense of walking or traveling "around" some place.*
Sešla jsem se s kamarádkou, chodily jsme po **Brně**. Chtěl bych cestovat po **Evropě**.

Compare the general scheme of Direction versus Location in the Grammatical Charts, p. 230.

2. after some verbs + the prepositions o *and* na *(to express the object):*

Povídaly jsme si o **škole**.
Při **jídle** jsme se bavily o **životě**.
Už ti na **mně** nezáleží.
Jak můžeš takhle mluvit o **našem vztahu**?
Jana pořád sní o **jednom kytaristovi**, který tam hrál.
Dobře, už se o **tom** nebudeme hádat.

3. after the following prepositions expressing time:

v	Co budeme dělat v **létě**? Máš volno v **červenci**?
po	Po **divadle** jsme tancovaly na diskotéce.
při	Při **jídle** jsme se bavily o životě.
o	Co jsi dělala o **víkendu**?

Lokál singulár – spisovná čeština.

The locative singular – Standard Czech
Simplified rules

You can use the simplified rules of the locative singular for the majority of words. The rule is not 100 % reliable, but it can help you a lot! It is called the "Last Consonant Rule". The point is that you should always start by finding the last consonant in a word that you want to use in the locative sg. After identifying it, you simply follow the rules in the following chart.

The main rule	*The ending*	*Other rules*
1. The word is a Mi or N and the last consonant is **h, ch, k, r** *or* **g**	**-u**	*Mi and N international words also take* **-u**
2. The last consonant is **ž, š, č, ř, ď, ť, ň, c** *or* **j**	**-i**	*F or N nouns ending in* **-e** *or a consonant also take* **-i**
3. After all other consonants	**-e / -ě**	*F nouns ending in* **-ha, -ga, -cha, -ka, -ra** *soften like this:* **-ha, -ga** **-ze** (Praha – v Praze) **-ka** **-ce** (Amerika – v Americe) **-cha** **-še** (střecha – na střeše) **-ra** **-ře** (hora – na hoře)
4. Ma nouns	**-ovi**	

Notes:

1. *For the endings in colloquial Czech, see page 223.*
2. *For adjectives, see page 222 and 223.*
3. *With Ma nouns, you can alter the endings to avoid "false rhymes", e. g:* Mluvili jsme o Václavu Havlovi. (*NOT* Mluvili jsme o Václavovi Havlovi.)
4. *Mi and N can usually have either the* -u *or the* -e/-ě *ending* (v obchodu – v obchodě).
5. *Exceptions:* Izrael – v Izraeli
6. *For more about softening, see page 228.*
7. *Latin N nouns drop the* -um *ending:* centrum – centru, muzeum – muzeu.
8. *Mobile* -e: pes – psovi, blázen – bláznovi, Karel – Karlovi, broskev – broskvi, mrkev – mrkvi. *For more about mobile* -e, *see page 228.*
9. *Stem changes:* kůň – koni, dům – domu, sůl – soli. *For more about this, see page 228.*
10. *Ma nouns ending in pronounced* -i/-í/-y *are declined like adjectives:* Jiří – Jiřím, Billy – Billym. *F nouns ending in pronounced* -i/-í/-y/-o *or in a consonant do not change:* Ivy, Ruth, Toshiko.

Zájmena v lokálu

Pronouns in the locative

Personal pronouns

	já	ty	on	ona	ono	my	vy	oni
After prepositions	**mně**	**tobě**	**něm**	**ní**	**něm**	**nás**	**vás**	**nich**

Demonstrative pronouns – singular

	Ma, Mi, N	F
ten, ta, to	**tom**	**té**
ti, ty, ty, ta	**těch**	

Possessive pronouns – singular

nominative sg.	locative Ma, Mi, N	locative F
můj, moje	**mém**	**mojí/mé**
tvůj, tvoje	**tvém**	**tvojí/tvé**
jeho	**jeho**	**jeho**
její	**jejím**	**její**
náš, naše	**našem**	**naší**
váš, vaše	**vašem**	**vaší**
jejich	**jejich**	**jejich**

Possessive pronouns – plural

nominative sg.	locative Ma, Mi, F, N
moji, moje	**mých**
tvoji, tvoje	**tvých**
její	**jejích**
jeho	**jeho**
naši, naše	**našich**
vaši, vaše	**vašich**
jejich	**jejich**

Notes:

1. *You will hear the forms* **mým, tvým, mý, tvý, mejch, tvejch** *in colloquial Czech.*
2. *Note the similarities between the declension of possessive and demonstrative pronouns (see here) and the declension of adjectives (see page 222).*

V moři – na moři – u moře

Prepositions expressing location

1. Pozorujte, jak používáme prepozice *v*, *na* a *u*.

*Ryby plavou **v** moři. Loď je **na** moři. Hotel je **na** pláži **u** moře.*

v

The preposition **v** *expresses a position inside a place.*
Ryba plave **v** moři.

na

The preposition **na** *expresses a position on something. It is also used in some exceptions.*
Review the "na-words" *on page 87.*
Loď je **na** moři.

u

The preposition **u** *expresses a position outside of somewhere.*
Hotel je **na** pláži **u** moře.

Pamatujte si: Byl jsem v supermarket**u**, ve škol**e**, v prác**i** a v kin**ě**.
The prepositions **v** *and* **na** *are used with the locative.The preposition* **u** *is used with the genitive (lesson 10).*

2. Dělejte věty podle modelu.

Například: Hraju karty **v hospodě**.

pracovat **zpívat** **čekat na kamaráda** **jíst oběd** **čekat na vlak** **psát dopis** **hrát hokej** **dívat se na televizi** **uklízet** **odpočívat** **nakupovat jídlo** **hrát hry** **poslouchat hudbu** **cvičit aerobic**

na ambasádě **v moři** **na pláži** **v hospodě** **ve fitness centru** **v obýváku** **v lese** **na počítači** **v galerii** **na letišti** **v parku** **v bufetu** **na trhu** **na nádraží** **na koncertě** **na policii** **na poště** **v bazénu**

3. Podtrhněte správnou prepozici.

1. Pracuju *v – na* poště.
2. Děti jsou *v – na* parku.
3. Nepracuju už *v – na* obchodě.
4. Včera jsem byla *v – na* koncertě.
5. O víkendu jsme byli *v – na* výletě.
6. Zítra budeme *v – na* výstavě.
7. Loni jsme byli *na – v* Bulharsku.
8. Chci studovat *ve – na* Francii.
9. Večer se sejdeme *v – na* diskotéce.
10. Bydlela jsem dlouho *v – na* Moravě.
11. Robert žil dvacet let *v – na* Slovensku.
12. Maminka kupovala *v – na* cukrárně dort.
13. Sejdeme se *v – na* divadle?
14. Budu na tebe čekat *v – na* nádraží.
15. Sešli jsme se s kamarádem *v – na* letišti.
16. Auto stálo *v – na* ulici.
17. Pacient byl *v – na* operaci *v – na* nemocnici.
18. Čekala jsem tři hodiny *v – na* policii.

4. Řekněte, kde byli Eva s Petrem na dovolené a co tam viděli.

5. Doplňte *kde*.

1. Tulipány budu obdivovat v ____________________
2. Flamenco budu tancovat ve ____________________
3. Sfingu budu fotografovat v ____________________
4. Boršč budu jíst v ____________________
5. Tequillu budu pít v ____________________
6. Tatry uvidím na ____________________
7. Acropolis navštívím v ____________________
8. Karneval uvidím v ____________________

Opakujte:

jít, jet, letět, běžet, spěchat, stěhovat se...		být, bydlet, žít, pracovat...
z (ze školy)	**do** (do školy)	**v** (ve škole)
z (z koncertu)	**na** (na koncert)	**na** (na koncertě)
od (od školy, od doktora)	**k** (ke škole, k doktorovi)	**u** (u školy, u doktora)

Životopis
Biography / CV

6. Co je typické pro každou etapu života? Doplňte slova z tabulky

Co dělá...

dítě	mladý člověk	dospělý člověk	starý člověk
________	________	________	________
________	________	________	________
________	________	________	________

promovat **narodit se** **učit se chodit** **být v důchodu** **mít* svatbu** **hledat práci** **maturovat** **umřít*** **mít* děti** **hledat partnera** **učit se mluvit** **vydělávat peníze** **dělat kariéru** **chodit do školy**

55

7. Čtěte. Dělejte otázky k textu *(kdo, kde, kdy, co, proč ...)*.

Božena Němcová – spisovatelka (1820? – 1862)

Boženu Němcovou určitě znáte. Odkud? Z bankovky 500 Kč, kde můžete vidět její portrét. Tato krásná žena měla těžký život. Literární historici neví, kdy se narodila ani kdo byla její matka. Asi to byla mladá aristokratka, která čekala dítě, ale neměla manžela. Nechtěla riskovat skandál, a proto dala dítě do cizí rodiny. Malá Božena žila blízko vesnice Ratibořice. Jako dítě moc ráda četla.
V roce 1837 si vzala finančního úředníka Josefa Němce. Měli čtyři děti, tři syny a dceru. Její manžel byl o 10 let starší a byl jiný než ona, a proto spolu nebyli šťastní. Rodina byla chudá a slavná spisovatelka často neměla peníze.
Když Němcová přišla do Prahy, začala sama psát. Psala povídky a romány.
V roce 1855 umřel její talentovaný syn Hynek. V tomto roce napsala Němcová slavný román Babička. Píše tam o idylickém životě na českém venkově.
Její román znají všichni Češi a znal ho taky Franz Kafka, který měl její prózu velmi rád. Němcová umřela v roce 1862.

Pamatujte si:
v roce 2000 (Můj syn se narodil v roce 2000.)
od roku 2000 – do roku 2002 (Od roku 2000 do roku 2002 jsem žil v Austrálii.)
z roku 2000 (Ten film je z roku 2000.)

8. Odpovídejte.

1. Kde jste se narodil/narodila? – ________
2. Kde jste studoval/studovala? – ________
3. V jaké zemi jste žil/žila? – ________
4. Kde žijete teď? – ________
5. Kde jste pracoval/pracovala? – ________
6. Kde pracujete teď? – ________

Mluvíme o kamarádovi.

Verbs + preposition o *+ locative*

9. Hádejte, o čem lidé na obrázku mluví.

1.

2.

3.

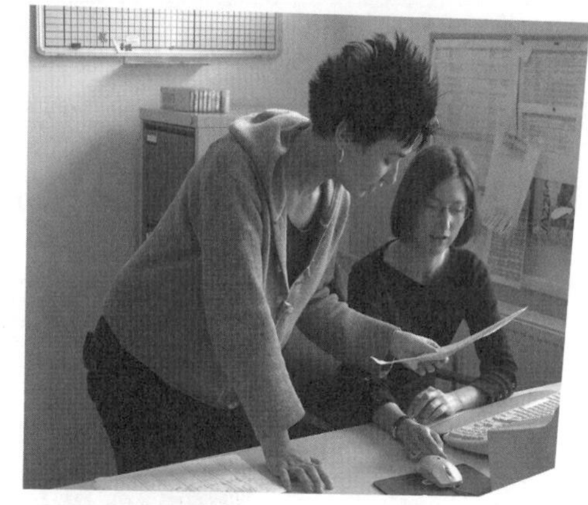

4.

Pamatujte si:

The construction **verb + o + locative** *is often used with verbs of speaking.*

bavit se (o) – *coll.* to talk, to chat (about)
mluvit (o) – to speak (about)
povídat si / popovídat si (o) – to talk, to chat (about)
hádat se / pohádat se (o) – to argue (about)
mít* sen, snít (o) – to have a dream, to dream (about)
číst*/ přečíst* (o) – to read (about)
psát*/ napsat* (o) – to write (about)
slyšet / uslyšet (o) – to hear (about)

10. Používejte lokál sg.

1. Bavili jsme se o novém (román).
2. Čtu knihu o (Amerika).
3. Mluvili jsme o (projekt).
4. Lidi často sní o lepším (svět).
5. Hádáte se často o (politika)?
6. Včera večer jsme mluvili o mém (kamarád).
7. Četl jsi o tom velkém (skandál)?
8. Bavíme se o nové (móda).
9. Hádali jsme se o nové (koncepce).
10. Sním o (princezna nebo modelka).
11. Mluvíme o nové (učitelka).
12. Co si myslíte o našem (šéf)?
13. Adéla říkala něco o (rozvod).
14. S rodiči nikdy nemluvím o (práce).
15. Slyšeli jste o (Jana a Tomáš)? To je skandál, že?
16. Četla jsem o tom starém (film), který jsem viděla.
17. Spisovatel píše originální román o (láska).
18. Seděli jsme v hospodě a mluvili o (hokej).
19. Mluvil jsem o té (kniha).
20. Mluvili jsme o (Praha).

Kdo, co X kom, čem

Interrogative and personal pronouns in the locative

11. O čem mluvíme / nemluvíme ve společnosti? Co je „tabu“ a co je naopak oblíbené konverzační téma?

o penězích (pl.) **o počasí** **o platu** **o práci** **o literatuře** **o politice** **o rodině** **o dovolené**

12. Doplňte zájmena kdo, co.

1. O ________ (kdo) mluvíte? O Ireně nebo o Monice?
2. O ________ (co) čteš? O Americe nebo o Africe?
3. O ________ (co) píšeš? O Praze nebo o Brně?
4. O ________ (kdo) píšou noviny?
5. O ________ (co) jste se bavili včera?

13. Spojte čísla a písmena.

1. O kom mluví učitelka?
2. O čem sní Věra?
3. O čem jste diskutovali na konferenci?
4. O čem byl ten nový film?
5. O kom je ta kniha?

A. O lásce.
B. O české literatuře.
C. O populárním režisérovi.
D. O Janu Husovi.
E. O Africe.

14. Dělejte otázky se zájmeny kdo, co.

1. Kdo ________________________________?
2. Koho ________________________________?
3. Pro koho ________________________________?
4. Od koho ________________________________?
5. Co ________________________________?
6. Blízko čeho ________________________________?
7. O čem ________________________________?
9. O kom ________________________________?

15. Doplňte osobní zájmena.

já	ty	on	ona	ono	my	vy	oni
mně	**tobě**	**něm**	**ní**	**něm**	**nás**	**vás**	**nich**

1. Mluvili jste o nové učitelce? – Ano, mluvili jsme o ________ (ona).
2. Četl jsi o tom skandálu? – Ano, četli jsme o ________ (on).
3. Mluvili jste o Martinovi a Petrovi? – Ne, nemluvili jsme o ________ (oni).
4. Mluvila Alena o mně a o tobě? – Ano, mluvila o ________ (my).
5. Bavíme se o ________ (vy).
6. Povídali jsme si o ________ (ty).
7. Co o ________ (já) říkali rodiče?
8. Četli jste o ________ (my) v novinách?
9. Dobrý den, pane Krátký. Znám vás a hodně jsem o ________ (vy) slyšel.
10. To je Monika. Včera jsme se o ________ (ona) bavili.

1. **brát* si / vzít* si** (+ A)	*to marry (men and women)*
2. **dělat kariéru**	*to climb the corporate ladder*
3. **důchod: být* v důchodu**	*retirement: to be retired*
4. **jít* do školy / na školu**	*to attend a school*
5. **končit / dokončit školu, kurz...**	*to finish school*
6. **maturovat** (z + G)	*to take exam for a high school certificate*
7. **mít* svatbu**	*to have a weddding*
8. **nastupovat / nastoupit do práce**	*to begin a job*
9. **odejít*/ odcházet** (z, od + G)	*to leave*
10. **promovat** (z + G)	*to graduate*
11. **rodit se / narodit se**	*to be born*
12. **stěhovat (se) / přestěhovat (se)**	*to move (= to change one's residence)*
13. **škola: základní / střední / vysoká**	*school: elementary/high/university*
14. **umírat / umřít*, zemřít***	*to die*
15. **vdávat se / vdát se** (za + A)	*to marry (used by a woman)*
16. **zakládat / založit**	*to found*
17. **práce**	*job*
18. **ženit se / oženit se** (s + I)	*to marry (used by a man)*

Lidský život:

narodit se

____

____

____

____

____

____

____

____

____

Co by bylo, kdyby...

In this lesson you will:

- make excuses
- dream about what would happen if...
- give advice
- speak about what people are and should be like

Lekce 15

lesson 15

Kondicionál a kondicionální věty.
The conditional and conditional clauses

56

Petr má filozofickou náladu. Říká:
„Nemám peníze. Eva mi říká, **abych** víc **pracoval**. **Kdybych** víc **pracoval**, **měl bych** peníze. Ale **kdybych měl** peníze, **utrácel bych** je. A **kdybych utrácel**, zase **bych neměl** peníze... Tak proč **bych pracoval** víc? **Pracoval bych** jenom proto, **abych** víc **utrácel** peníze. A tak raději půjdu spát."

Petr is in a philosophical mood. He says:
"I don't have any money. Eva tells me to work more. If I worked more, I would have money. But if I had money, I would spend it. And if I spent it, I wouldn't have any money again... So why should I work more? I would only work to spend more money. And so I'd rather go sleep."

The conditional is used to create:

1. the simple conditional
Tak proč **bych pracoval** víc?
Pracoval bych jenom proto, abych víc utrácel peníze.

2. conditional clauses ("kdyby-clauses")
Kdybych víc **pracoval**, **měl bych** peníze.
Ale **kdybych měl** peníze, **utrácel bych** je.
A **kdybych utrácel**, zase **bych neměl** peníze...

3. clauses expressing purpose and object ("aby-clauses")
Pracoval bych jenom proto, **abych** víc **utrácel** peníze.
Eva mi říká, **abych** víc **pracoval**.

How is the conditional formed?

You simply need the l-forms *(past participles) that you know from the past tense (see page 64). Then you combine these forms with conditional auxiliaries, which are conjugated.*

-l *form*		*1. the simple conditional*	*2. "kdyby-clauses"*	*3. "aby-clauses"*
byl = byl	+	**bych**	**kdybych**	**abych**
byla		**bys**	**kdybys**	**abys**
bylo		**by**	**kdyby**	**aby**
byli / y / y / a		**bychom / bysme***	**kdybychom / kdybysme***	**abychom / abysme***
		byste	**kdybyste**	**abyste**
		by	**kdyby**	**aby**

Notes:
1. ** The forms denoted by an asterisk are colloquial.*
2. *The forms* bych, bys, by, bychom / bysme, byste *and* by *are the members of the "Second Position Club" (see page 229). E. g.:* Byl **bych** doma. Já **bych** byl doma. Já s Adamem a Irenou **bychom** byli doma.
3. *Reflexive pronouns can undergo a small change (a contraction facilitating pronunciation) in the spoken language. This only happens in the second person singular, e. g.:* **učil by ses** (*NOT* učil bys se), **díval by ses** (*NOT* díval by jsi se)

Pozorujte:
English so-called "first conditional clauses" use the future tense in both parts. Compare:
Jestli nebude pršet, půjdeme na výlet. If it doesn't rain we'll go for a trip.

Pracoval bych, ALE...

The simple conditional

***Pracoval bych**, ale musím se dívat na hokej.*

***Studovala bych**, ale musím vidět tenhle film.*

byl = byl		**bych**	**bychom** / *coll.* **bysme**
byla	+	**bys**	**byste**
bylo		**by**	**by**
byli (-y/-y/-a)			

1. Hledejte gramatické osoby *(já, ty, on, ona, my, vy, oni)*.

Například: Pracoval bych, ale nemůžu. – **já**

1. zpívali bychom ________
2. spali by ________
3. psal by dopis ________
4. jedl bys ________
5. četla by knihy ________
6. dívali by se na televizi ________
7. koupili byste dům ________
8. byli by doma ________
9. odpočívali bychom ________
10. vstávali by ________
11. pracoval bys ________
12. měli by ________
13. viděla by ________
14. mohl by ________
15. mohli byste ________
16. měli byste ________
17. studovali bychom ________
18. chtěli byste ________

2. Dělejte věty v kondicionálu podle modelu.

Například: já – pracovat: **Pracoval bych**, ale musím se dívat na hokej.

1. já – víc studovat ________
2. ty – uklízet ________
3. on – jíst zdravě ________
4. ona – cvičit každý den ________
5. rádio – fungovat ________
6. my – víc odpočívat ________
7. vy – držet dietu ________
8. oni – nepít kávu ________
9. já – míň utrácet ________
10. my – učit se jiný jazyk ________

3. Vymlouvejte se. (Make excuses.)

Například: Lyžoval bych, ale nemám lyže.

lyžovat
tancovat
jezdit na kole
psát*domácí úkoly
jít*na výlet
mýt*se každý den ve studené vodě
uklidit celý byt
umýt*nádobí
jít*na nákup
vymalovat celý dům
cvičit aerobik
hrát*karty
opalovat se
studovat každý den
plavat*v moři

4. Čtěte a diskutujte. Používejte slovník.

Co byste dělali v téhle situaci?

1. Představte si, že někdo by říkal vtip, který už znáte. Co byste dělali?
2. Představte si, že by na večeři přišli vaši kamarádi, manželský pár. Hádali by se a křičeli. Co byste dělali?
3. Představte si, že byste pozvali na oběd kamarády. Udělali byste výborné jídlo, vaši specialitu, ale zapomněli byste, že jeden váš kamarád je vegetarián. Jenom vy byste věděli, že jste do jídla dali maso. Co byste dělali?
4. Představte si, že byste pozvali kamarády na oběd do restaurace. Po jídle byste zjistili, že nemáte peněženku. Co byste dělali?

5. Řekněte, co byste nikdy neudělali.

Například: Nikdy bych neukradl peníze.

6. Dělejte otázky a diskutujte.

Chtěl bys / chtěla bys...?

mít doma bazén
bydlet na samotě daleko od civilizace
jet na cestu kolem světa
potkat někoho z jiné planety
dělat něco jiného než teď
být opravdu velmi bohatý
mít doma nějaké exotické zvíře
bydlet na hradě
bydlet v mrakodrapu
studovat nějaký jiný jazyk
letět do vesmíru

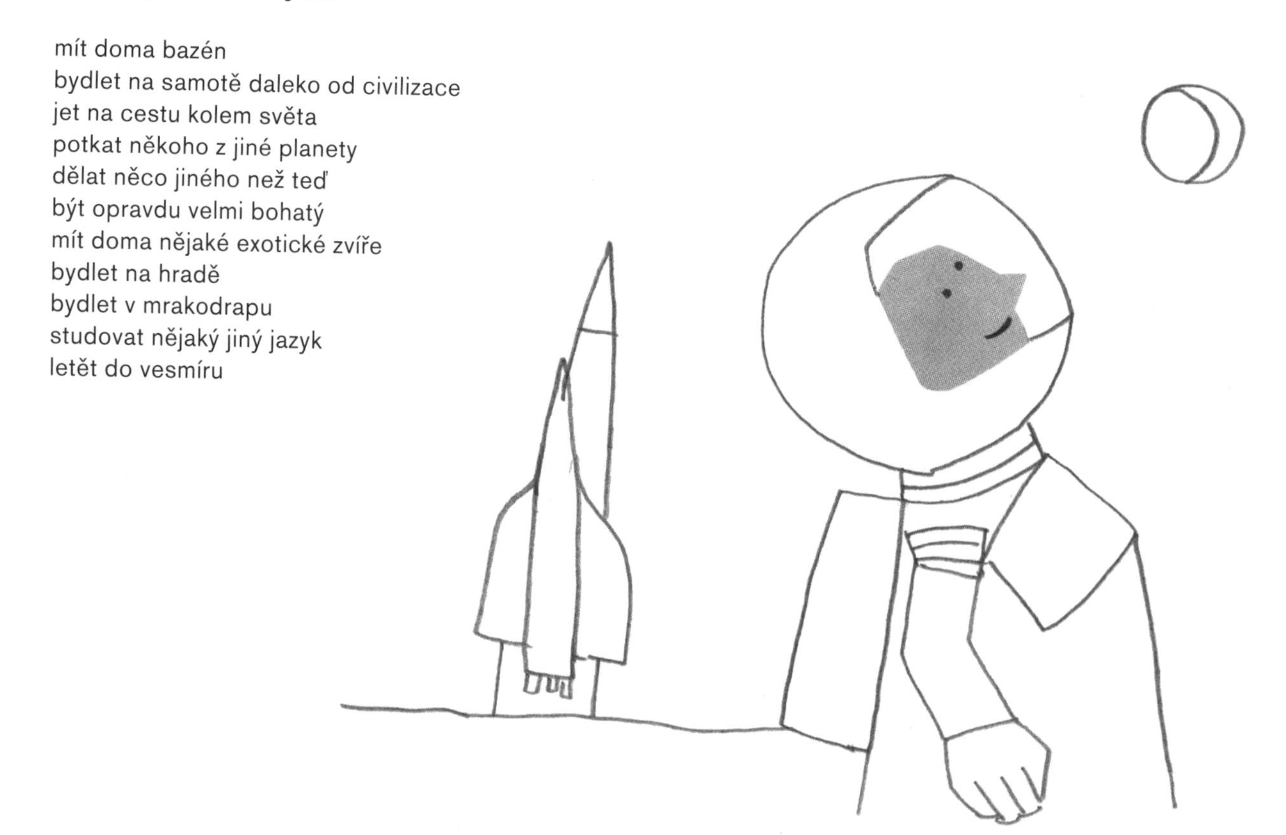

České „rituály“

7. Používejte slovník. Znáte slova v tabulce?

být zdvořilý	rušit/zrušit lekci	brát*/vzít* telefon	zvát/pozvat* na večeři
zvonit/zazvonit	vcházet/vejít* do obýváku	zouvat si/zout* si boty	vcházet/vejít do ordinace

8. Diskutujte.

Každý člověk by měl být zdvořilý. Ale být zdvořilý je někdy moc těžké. Každý národ má jiné tradice a jiné „rituály“. Například v Japonsku není zdvořilé smrkat, v Indii nemůžete jíst levou rukou a Češi si zouvají boty, když vcházejí do bytu. Jaké české „rituály“ jsou pro vás komické nebo divné? A jaké vaše „rituály“ nebo tradice cizinci neznají?

9. Čtěte. Co by Čech řekl/udělal jinak?

Co by Čech řekl/udělal jinak?

1. John Adams žije a pracuje v Praze. Jeho přítelkyně se jmenuje Dana. Je Češka. John jde dneska večer poprvé na návštěvu k její mamince. Koupil květiny a bonboniéru. Dana říká: „To je John. A to je moje maminka.“ „Dobrý den,“ říká John. „Jak se máš?“ „Dobře, děkuju,“ říká maminka.

John nebyl zdvořilý. Proč?

2. Daniel Smith má každé úterý v 10 hodin dopoledne lekci češtiny. Tohle úterý ale nemůže jít na lekci. V pondělí večer telefonuje české učitelce Lence domů a chce lekci zrušit. Telefon bere Lenčin manžel Filip. „Dobrý den,“ říká Daniel. „Je doma Lenka?“ „Ano, moment,“ říká Filip a jde pro Lenku.

Daniel udělal chybu. Jakou?

3. Hans Ditrich má v práci kolegu Pavla. Jsou už dlouho kamarádi. Pavel pozval Hanse na večeři. Hans přišel včas a zazvonil u Pavla. Pavel otevřel dveře a zval Hanse: „Pojď dál, Hansi.“ Hans vešel do obýváku.

Hans nezná jeden český rituál. Jaký?

4. Roberto Pialotti má nějaké problémy. Pořád ho bolí ucho. Jde k doktorovi. Vejde do ordinace a zdraví: „Dobrý den, doktore.“. Doktor říká: „Tak jaký máte problém, pane Pialloti?“ „Pořád mě bolí ucho, doktore,“ říká Roberto. „Tak se na to podíváme,“ říká doktor.

Roberto nebyl zdvořilý. Proč?

5. Linda Davidsonová jde do práce. Je nervózní, protože má za 10 minut schůzku s ředitelem. Před firmou potká kolegyni Kateřinu. „Ahoj, Kateřino.“ volá na ni. „Jak se máš?“ Kateřina je ráda, že Lindu vidí. „Ale, mám se špatně,“ říká. „Máme moc práce s tím novým projektem. Jsem v práci od rána do večera. Jo, a víš, co je nového? Hanka Burdová bude mít dítě. To je fajn, viď? A co ty, Lindo? Jak se máš ty?“ „Já nemám čas,“ říká Linda nervózně. Proč ta Kateřina tolik mluví, když vidí, že Linda spěchá?

Proč ta Kateřina tolik mluví, když vidí, že Linda nemá čas?

lesson 15

Kdybych pracoval, měl bych peníze na dovolenou.

Conditional clauses

 57

Petr říká:
„**Kdybych** víc **pracoval**, víc **bych utrácel**.
Kdybych utrácel, **neměl bych** peníze.
Ale **kdybych** víc **pracoval** a **neutrácel**,
měl bych peníze na krásnou dovolenou s Evou.
Jdu pracovat!“

kdybych kdybys kdyby	kdybychom / kdybysme kdybyste kdyby	+	byl = byl byla bylo byli (-y/-y/-a)

10. Spojte čísla a písmena.

1. Kdyby moje auto nefungovalo
2. Kdybych se nebála stopovat
3. Kdybych byl nemocný
4. Kdybych uměl dobře česky
5. Kdybych měla problémy ve škole
6. Kdybych neutrácel peníze
7. Kdybychom ztratili pasy v cizí zemi
8. Kdyby o víkendu pršelo

A. jel bych na krásnou dovolenou.
B. nemohli bychom jet na výlet.
C. musel bych brát léky a vitaminy.
D. musel bych ho dát do servisu.
E. studovala bych víc.
F. museli bychom jít na ambasádu.
G. studoval bych jiný jazyk.
H. cestovala bych stopem po světě.

11. Čtěte a odpovídejte.

Co byste dělali, kdybyste...

...měli celý rok volno? **...měli deset dětí?** **...našli peněženku?** **...ztratili pas?** **...ztratili práci, kterou máte?** **...mohli žít ještě jednou?** **...vyhráli deset milionů korun?**

12. Používejte slova na straně 40, 90 a 130.

13. Čtěte nová slova v tabulce. Rozumíte? Používejte slovník.

mít* smůlu
malá vesnice
jet opačným směrem
mít* strach
vystoupit z vlaku
rozbité auto
nastoupit do vlaku
zapomenout* mapu

14. Čtěte nebo poslouchejte.

Margot má smůlu – nebo štěstí?

Byl krásný den, neděle ráno. Američanka Margot byla poprvé v České republice. Jela vlakem na návštěvu do malé vesnice u Prahy, kde bydlel její kamarád Filip. Margot ho znala z USA, kde studoval.
Večer chtěla Margot jet domů. Šla na nádraží. Nastoupila do vlaku a vlak se rozjel. Nejel do Prahy, ale opačným směrem. Margot měla opravdu strach. Asi za půl hodiny přijel vlak na nějaké nádraží v malém městě a Margot vystoupila. Byl už večer. Nikde nebyla žádná mapa, nikde nebyl žádný hotel a nikdo tam nemluvil anglicky. Margot neuměla vůbec česky, a tak říkala: „Prague, Prague." Jedna paní jí řekla, že vlak do Prahy jede až ráno.
Pak uviděla blízko nádraží telefon. Šla tam a zatelefonovala do Prahy. Její kamarádka Laura řekla, že pro ni přijede autem. Margot čekala asi dvě hodiny, protože Laura zapomněla mapu a musela hledat cestu. Pak Laura přijela a jely do Prahy. Najednou mělo jejich auto problémy s motorem. Stálo na silnici a nefungovalo. Kolem byla tma, nikde nikdo... Laura měla naštěstí mobil, a tak zatelefonovala do Prahy. Její kamarádi Joe a Kurt řekli, že přijedou. Když přijeli, byly už skoro dvě hodiny v noci. Nechali rozbité auto na silnici a všichni jeli do Prahy.
Ráno Laura zavolala do servisu a mechanik ze servisu pro její auto zajel. Když přijel, Laura a Margot viděly, že okno je rozbité a autorádio je pryč. „To byla smůla!" řekla Laura. Ale Margot protestovala: „Ne, ne. Myslím, že to bylo štěstí." „Proč?" ptala se Laura. „Protože jsem potkala Kurta. Zítra máme rande," smála se Margot. „A to rádio ti zaplatím!"

15. Vyprávějte příběh ještě jednou, jako byste byli Laura/Joe/Kurt.

16. Dokončete věty.

Například: Kdyby Margot neznala Filipa, nejela by na návštěvu.

1. Kdyby Margot měla auto, ______
2. Kdyby Margot uměla česky, ______
3. Kdyby byl ve městě hotel, ______
4. Kdyby Laura neměla mobil, ______
5. Kdyby Margot s Laurou uměly opravit auto, ______
6. Kdyby Joe neměl auto, ______
7. Kdyby měl Kurt přítelkyni, ______

Mám problém. Co mám dělat? – Měl/měla bys...

The modal meaning of the verb mít

17. Váš kamarád/vaše kamarádka má problém. Řekněte, co má dělat.
Například: Bolí mě hlava a břicho. Co **mám** dělat? – **Měl/měla** bys jít k doktorovi.

1. Mám špatnou učitelku.
2. Mám rozbité auto.
3. Mám strašné vlasy.
4. Mám kolegyni, která v kanceláři pořád kouří.
5. Na Vánoce jsem moc jedl a teď mám o tři kila víc.
6. Ztratila jsem peníze a všechny dokumenty.
7. Jsem pořád smutný a mám špatnou náladu.
8. Chtěla bych mluvit dobře anglicky, ale nemám peníze na školu.

Pozorujte:
Nemám peníze. Co MÁM dělat? – MĚL BYS hledat lepší práci.
I don't have any money. What should I do? – You should look for a better job.
The verb mít *also has modal meaning.*

18. Řekněte, co by měli Marta, Radek a Hana dělat. Pak poslouchejte, co říkají jejich kamarádi.

1. *Marta říká:* Můj manžel umřel před pěti lety a já teď žiju u syna. Pracovala jsem jako sekretářka, ale celý život jsem cvičila jógu a četla knihy o indické filozofii. Chtěla bych jet do Indie a do Nepálu. Můj syn ale říká, že je to nesmysl, že je to moc nebezpečné a že jsem na to stará (je mi 65 let). Říká, že za peníze, které mám na cestu, může koupit pro celou rodinu nové auto. Myslí si, že jsem trochu sobecká. Co mám dělat?
Co říkají její kamarád Karel a její sousedka Jarka? Kdo má pravdu?

2. *Hana říká:* Žiju s dcerou. Aleně je 15 let. Vždycky byla hodná a pracovitá. Dobře se učila, chodila na balet, na tenis, na němčinu a na angličtinu. Pořád jsme byly spolu, o víkendu jsme chodily do divadla nebo na koncerty. Teď má ale ve škole nějaké nové kamarády a pořád chce být s nimi. Neučí se, nechce chodit na balet ani na tenis a někdy je sprostá. Když jí říkám, že je líná a nezodpovědná, je protivná. Co mám dělat?
Co říkají její sestra Božena a její kolegyně Adéla? Kdo má pravdu?

3. *Radek říká:* Chtěl bych hledat novou práci, ale na to potřebuju angličtinu. Už jsem začínal studovat asi pětkrát. Nejsem líný, učím se gramatiku a slovíčka každý den, ale pořád mám problémy. Rozumím docela dobře, ale mluvím pomalu a často dělám chyby. Myslím, že se anglicky nikdy nenaučím. Asi nemám talent na jazyky. Už opravdu nevím, co mám dělat...
Co říkají jeho kamarádka Iva a jeho kolega Miloš? Kdo má pravdu?

19. Najděte české ekvivalenty k „internacionálním slovům“. Používejte je ve větách.

vulgární, egoistický, ambiciózní, sympatický, optimistický, stupidní, pesimistický	smutný, sprostý, milý, příjemný, sobecký, veselý, hloupý, ctižádostivý

20. Jaký je ten člověk? Doplňte adjektivum z tabulky.

1. Člověk, který chce být vždycky nejlepší, je ____________
2. Člověk, který často říká „prosím“, „děkuju“ a „dobrý den“, je ____________
3. Člověk, který rád pracuje, je ____________
4. Člověk, který chce všechno vědět, je ____________
5. Člověk, který nerad pracuje, je ____________
6. Člověk, který často zapomíná, je ____________
7. Člověk, který hodně pomáhá jiným lidem, je ____________
8. Člověk, který chce všechno jenom pro sebe, je ____________
9. Člověk, který nemá rád kontakt s lidmi, je ____________
10. Člověk, který vždycky říká to, co si myslí, je ____________

sobecký
hodný
upřímný
líný
zvědavý
pracovitý
zdvořilý
nespolečenský
ctižádostivý
zapomnětlivý

21. Dělejte věty. Řekněte, co byste dělali, kdyby...

Například: Kdybych byl silný jako Tarzan, hrál bych ve filmu.

Co byste dělali, kdyby...

1. být nespolehlivý – chodit na schůzky pozdě
2. být ctižádostivý – chtít být prezident
3. být zlý – bít psa
4. být nezodpovědný – zapomenout na důležitý projekt
5. být líný – málo pracovat
6. být sobecký – chtít všechno sám
7. být upřímný – říkat vždycky to, co si myslím
8. být nezdvořilý – nikdy neprosit a neděkovat
9. být pracovitý – pracovat víc

22. Diskutujte o tom, jaký by měl být dobrý otec / dobrá matka... Používejte slova na straně 162.

Například: Dobrý otec by měl být zodpovědný.

dobrý otec / dobrá matka, dobrý šéf / dobrá šéfka, dobrý doktor / dobrá doktorka, dobrý student / dobrá studentka, dobrý partner / dobrá partnerka, dobrý politik / dobrá politička

1. ctižádostivý, ambiciózní	*ambitious*
2. hodný	*nice*
3. líný	*lazy*
4. nespolečenský	*standoffish*
5. pracovitý	*hard-working, diligent*
6. protivný	*nasty*
7. přísný	*strict*
8. sobecký, egoistický	*selfish, egotistic*
9. spolehlivý	*reliable*
10. sprostý, vulgární	*vulgar*
11. statečný	*brave*
12. tvrdohlavý, paličatý	*obstinate, stubborn*
13. upřímný	*sincere*
14. zapomnětlivý	*forgetful*
15. zlý	*evil*
16. zodpovědný	*responsible*
17. zvědavý	*curious*
18. zdvořilý	*polite*

Dobrý člověk je...

____

____

____

____

____

____

Špatný člověk je...

____

____

____

____

____

____

Počasí

In this lesson you will:

- compare things and people
- learn the difference between *dobrý* and *dobře*
- discuss the weather

Lekce 16

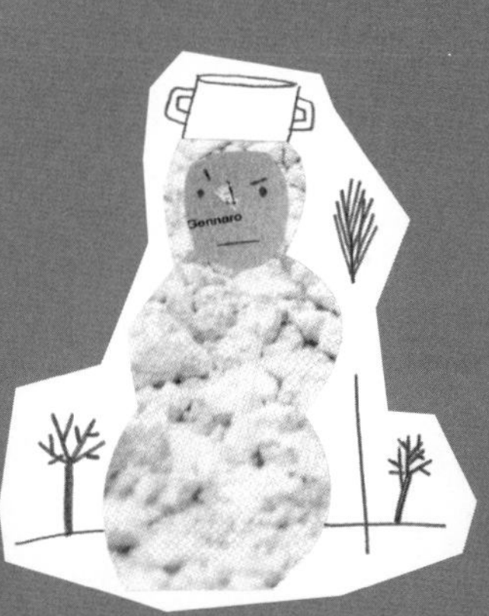

Kdo je nejkrásnější?

Gradation of adjectives

59

Eva a Petr jdou dneska večer na diskotéku.
Eva stojí před zrcadlem a vzdychá:

„Ach jo, proč nejsem trochu **štíhlejší**? A aspoň o pět centimetrů **vyšší** a o tři kila **lehčí**. Chtěla bych mít **hezčí** oči a **menší** nos... Chtěla bych být **krásnější**!"

Vtom přijde Petr a říká: „Vypadáš fantasticky, Evo. Jsi ta **nejkrásnější** holka na světě. Ale teď už musíme letět!"

1. irregular gradation of adjectives

dobrý - lepší - nejlepší	**velký - větší - největší**	**vysoký - vyšší - nejvyšší**
špatný - horší - nejhorší	**malý - menší - nejmenší**	**dlouhý -delší - nejdelší**

2. regular gradation of adjectives

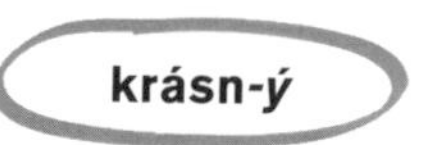

krásn-ý

krásn-ější *(-ejší/-ší/-čí)*

nej-krásn-ější *(-ejší/-ší/-čí)*

Note that sometimes consonant changes (softenings) are required (krátký – kratší, drahý – dražší, chytrý – chytřejší).
Compare page 228.

1. Čtěte a odpovídejte.

1. Je Paříž krásnější než Praha?
2. Je Chicago modernější než Praha?
3. Je Václav Havel slavnější než Václav Klaus?
4. Je Tom Hanks známější než Brad Pitt?
5. Je broskev sladší než rybíz?
6. Je moře hezčí než hory?
7. Jsou pyramidy starší než sfinga?
8. Je čeština lehčí než čínština?
9. Musí být manželka menší než manžel?
10. Je letadlo rychlejší než auto?
11. Je Bill Gates bohatší než britská královna?
12. Je tygr nebezpečnější než lev?

2. Porovnávejte.

Například: Léto je **lepší** než zima. Léto je **nejlepší**.

1. Tomáš je (velký) než Jana.
2. Eva má (dlouhý) vlasy než David.
3. Chleba je (dobrý) než rohlík.
4. Andrea má (krátký) vlasy než já.
5. Emil je (starý) než jeho žena.
6. Hana byla (chytrý) než Ilona.
7. Roman má (krátký) vlasy než Adam.
8. Naše situace je (špatný) než vaše.
9. Loni jsem byl (hubený) než teď.
10. Chtěl bych být (mladý).
11. Iva je (šťastný) než Ema.
12. Jsem (bohatý) než ty.
13. Nejsme (chudý) než oni.
14. Chci být (zdravý).
15. Nechceš (čistý) svetr?

Pozorujte:
Eva je krásná JAKO princezna. - Eva je krásnější NEŽ princezna. - Eva je nejkrásnější ZE VŠECH.

3. Hledejte správnou odpověď.

Kvíz

1. Nejdelší řeka na světě je...
a) Amazonka
b) Mississippi
c) Nil

2. Nejvyšší hora na světě je...
a) Mount Everest
b) Mount Blanc
c) Kilimandžáro

3. Největší kontinent je...?
a) Afrika
b) Asie
c) Amerika

4. Nejmenší země na světě je...
a) Vatikán
b) Lucembursko
c) Andorra

5. Nejstarší člověk na světě umřel
a) ve věku 114 let
b) ve věku 130 let
c) ve věku 108 let

6. Nejrychlejší zvíře je...
a) lev
b) pštros
c) gepard

7. Největší město na světě je...
a) Tokio
b) New York
c) Mexico City

8. Nejvyšší člověk na světě měřil...
a) 272 centimetrů
b) 372 centimetrů
c) 310 centimetrů

9. Nejmenší člověk na světě měřil...
a) 105 centimetrů
b) 57 centimetrů
c) 92 centimetrů

4. Diskutujte.

Ženy X muži

Ženy jsou slabší. **Muži mají horší intuici.** **Ženy jsou emocionálnější.**
Muži jsou systematičtější. **Ženy jsou komunativnější.** **Muži mají větší talent na sport.**
Ženy mají menší talent na matematiku a fyziku. **Ženy mají větší talent na jazyky.**

5. Dělejte komparativ a superlativ.

Například: spolehlivý – **spolehlivější** – **nejspolehlivější**

hodný ______________ ______________

hezký ______________ ______________

líný ______________ ______________

pracovitý ______________ ______________

tvrdohlavý ______________ ______________

vysoký ______________ ______________

malý ______________ ______________

starý ______________ ______________

mladý ______________ ______________

zvědavý ______________ ______________

ambiciózní ______________ ______________

veselý ______________ ______________

6. Napište krátký text o vaší rodině. Používejte komparativy a superlativy.

Například: Můj bratr je **starší** než já. **Nejstarší** z rodiny je dědeček.

60

7. Čtěte nebo poslouchejte. Najděte a podtrhněte formy komparativu.

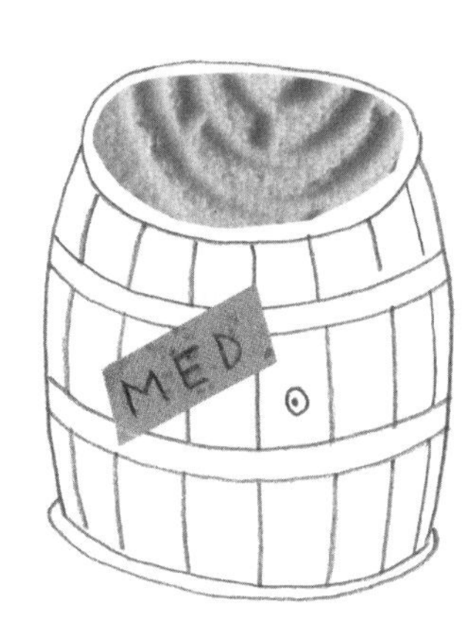

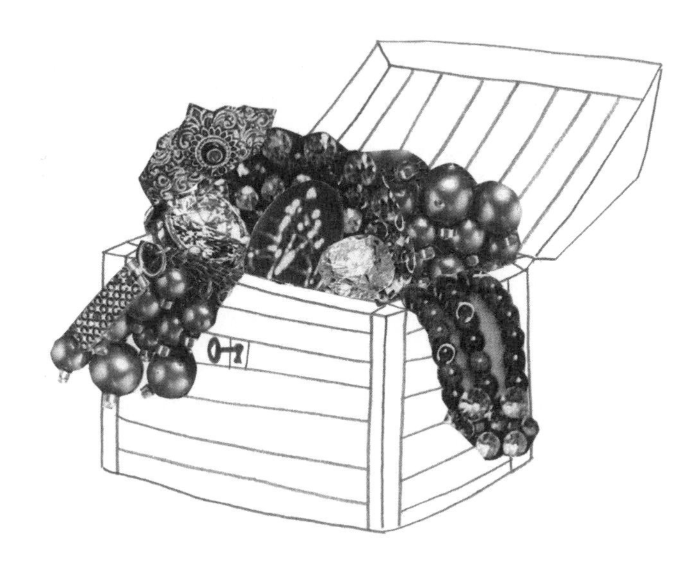

Pohádka o dvou bratrech

Byli jednou dva bratři, jeden bohatý a jeden chudý. Hádali se o les. Šli do zámku a chtěli, aby jejich pán řekl, kdo má pravdu. Pán řekl: „Mám pro vás otázku. Co je na světě nejbohatší, nejrychlejší a nejsladší? Kdo odpoví dobře, bude mít les." Bohatý bratr řekl: „Nejbohatší je moje velká pokladna, nejrychlejší můj lovecký pes a nejsladší můj sud medu." Chudý bratr ale řekl: „Myslím, pane, že můj bratr nemá pravdu. Nejbohatší je naše matka Země, ze které máme všechno jídlo a pití. Nejrychlejší je naše oko, které všechno vidí. A nejsladší je spánek, protože když člověk spí, zapomene na všechno smutné." Pán řekl: „Ten chudý má pravdu a les bude jeho."

8. Pracujte se slovníkem. Co znamenají slova v tabulce? Slova budete potřebovat v písničce *Náměšť*.

vzduch **mocný** **usměvavá tvář** **zbraň** **pevný** **právo** **víra** **šplouchat** **pustý** **poušť** **svoboda**

61

9. Poslouchejte písničku.

Jaroslav Hutka: Náměšť

Písnička českého zpěváka Jaroslava Hutky byla velmi populární během revoluce v roce 1989. Jmenuje se Náměšť podle festivalu, který měl být v roce 1973 ve městě Náměšti. Policie festival zakázala, a Hutka proto na protest pojmenoval písničku podle města.

1. Krásný je vzduch, krásnější je moře.
Co je nejkrásnější, co je nejkrásnější?
Usměvavé tváře.

2. Pevný je stůl, pevnější je hora.
Co je nejpevnější, co je nejpevnější?
Ta člověčí víra.

3. Pustá je poušť i nebeské dálky.
Co je nejpustější, co je nejpustější?
Žít život bez lásky.

4. Mocná je zbraň, mocnější je právo.
Co je nejmocnější, co je nejmocnější?
Pravdomluvné slovo.

5. Velká je zem, šplouchá na ní voda.
Co je však největší, co je však největší?
Ta lidská svoboda.

Dobrý X dobře

Adjectives versus adverbs

Jaký je oběd? – **Dobrý**.

Jak vaří maminka? – **Dobře**.

The word "adjective" comes from Latin ad-iactum, "thrown to the noun". Adjectives describe nouns. In Czech, adjectives answer the question **jaký?** (what kind, what sort of, what is it like?).

The word "adverb" comes from Latin ad-verbum, "to the verb". Adverbs describe verbs. In Czech, adverbs answer the question **jak?** (how?).
Note that Czech is more consistent than English here: **Jaký byl víkend?** How was the weekend? **Jaký byl let?** How was the flight?

9. Spojte adjektiva a adverbia.

dobrý	často
veselý	česky
anglický	německy
český	vesele
německý	levně
bohatý	nemocně
elegantní	elegantně
levný	bohatě
nemocný	daleko
častý	dobře
daleký	anglicky

10. Doplňte adjektivum nebo adverbium.

1. Mám rád ____________ čaj. Mluvíte ____________ ? (anglický, anglicky)
2. Mám velký ____________ slovník. Už mluvím ____________ (český, česky)
3. Škola je ____________ Miluju ____________ země. (daleký, daleko)
4. Spím ____________ To byla ____________ cesta. (dlouhý, dlouho)
5. To je ____________ člověk. Mám se ____________ (dobrý, dobře)
6. V Praze je ____________ Pro koho jsi kupoval ten ____________ koňak? (drahý, draze)
7. Slyšel jsem ____________ hudbu. Proč mluvíš tak ____________ ? (hlasitý, hlasitě/nahlas)
8. Spím ____________ To je ____________ člověk. (hodný, hodně)
9. Ve škole je ____________ Na kávu potřebuju ____________ vodu. (horký, horko)
10. Jsem ____________, ale zdravá. To dítě vypadá tak ____________ (chudý, chudě)
11. Máš ____________ kabát. Venku je ____________ (krásný, krásně)
12. To je ____________ víno, že. Nakupuju ____________ (levný, levně)
13. Jíte moc ____________ a nezdravě. To je ____________ člověk. (bohatý, bohatě)

lesson 16

Mám se dobře. Dneska je horko. Mluvíš dobře česky.

The forming of adverbs

Petr: „Ahoj, Tome. Jak se máš?"
Tom: „Díky, mám se **dobře**. A co ty? Kam jdeš?"
Petr: „Jdu plavat. Dneska je **horko**. A kam jdeš ty?"
Tom: „Jdu do školy na lekci."
Petr: „Ale proč? Už mluvíš **česky** docela **dobře**."

Adverbs are formed from adjectives in the three following ways. Sometimes consonant changes – softenings – are required (dobrý – dobře, mokrý – mokře). *For more about softening, see page 228.*

1.

-e / -ě (*most adjectives*)

dobrý – dobře
rychlý – rychle
veselý – vesele
agresivní – agresivně
bohatý – bohatě
levný – levně

2.

-o (*adjectives ending in* -ký, -hý, -chý)

These adjectives can also use the ending -e, e. g. horko – horce, daleko – dalece, sucho – suše). *The* -o forms *usually express literal meaning, while the* -e forms *express figurative meaning.*
Compare: V létě bylo velmi sucho. X Šéf suše řekl: Jděte domů.

blízký – blízko
dlouhý – dlouho
daleký – daleko
horký – horko

3.

-y (*adjectives ending in* –ský, -zký, -cký)

český – česky
anglický – anglicky
ruský – rusky
německý – německy
francouzský – francouzsky
polský – polsky

11. Dělejte otázky, které začínají slovem *jak*. Odpovídejte.

Například: **Jak** se máte? Dobře nebo špatně?

mluvit – tiše / hlasitě
jezdit – pomalu / rychle
mít se – dobře / špatně
nakupovat – levně / draze
oblékat se – moderně / staromódně
jíst – rychle / pomalu
vypadat – vesele / smutně
pracovat – lehce / těžce
bydlet – daleko / blízko
cítit se – dobře / špatně
spát – hodně / málo
učit se česky – dlouho / krátce

12. Dělejte adverbia z adjektiv v závorce. Doplňte je do vět.

1. Mluvíte ______________________ (anglický)?
2. Banka je ______________________ (blízký).
3. Chodím ______________________ (častý) do kina.
4. Učím se ______________________ (francouzský).
5. Knihovna je odtud bohužel ______________________ (daleký).
6. Kamarádka mluví nějak ______________________ (smutný).
7. Čekáš na mě tady ______________________ (dlouhý)?
8. V Praze je ______________________ (drahý).
9. V tom oblečení vypadáš opravdu ______________________ (elegantní).
10. Proč mluvíš tak ______________________ (hlasitý)?
11. V létě bylo moc ______________________ (horký).
12. Oblékám se ______________________ (čistý) a ______________________ (hezký).
13. Venku je ______________________ (krásný).
14. Už mluvíme docela dobře ______________________ (český).

13. Vyberte z tabulky komentář k obrázkům.

1. Vypadá smutně. **2. Mluví moc hlasitě.** **3. Obléká se staromódně.** **4. Nakupuje levně.** **5. Jde pozdě.** **6. Jí hodně.** **7. Spí dlouho.** **8. Jezdí rychle.** **9. Vypadá rozzlobeně.** **10. Telefonuje dlouho.**

lesson **16**

Jaké počasí je dneska?

What's the weather like today?

V zimě **je** často velká **zima**. Někdy je až minus 10 stupňů Celsia. **Neprší**, ale **sněží**. Venku **mrzne**. Často **je oblačno**, ale někdy **je jasno**.

V létě **je krásně** a **teplo**. Někdy **je vedro**, až plus 30 stupňů Celsia. Často **je slunečno** a **jasno**, ale někdy je bouřka – **prší**, **hřmí** a **blýská se**.

Pozorujte:

When speaking about the weather, Czechs usually use short subjectless sentences of two types:
1. být + *adverb, e. g.:* **Je hezky. Je krásně.**
Replace **je** *with* **bylo** *for the past tense and* **bude** *for the future, e. g.:* Včera **bylo** hezky. Zítra **bude** horko.
2. *verb* **(= sloveso),** *e. g.:* **Prší. Sněží.**
These verbs form their past and future tense regularly, e. g.: **Včera pršelo. Zítra bude pršet.**

1. být + ***adverb***

Je hezky.	It is nice.	**Je slunečno.**	It is sunny.
Je horko.	It is very hot.	**Je sucho.**	It is dry.
Je jasno.	It is bright.	**Je ošklivo.**	It is nasty.
Je krásně.	It is beautiful.	**Je teplo.**	It is hot.
Je mokro.	It is wet.	**Je vedro.**	It is scorching hot.
Je zataženo.	It is overcast.	**Je chladno. Je zima.**	It is chilly. It's cold.

2. ***verb***
pršet – to rain
sněžit – to snow
mrznout* – to freeze

Prší.

Sněží.

14. Téma ke konverzaci.

Jaké počasí je v České republice a jaké je u vás doma? Jaké počasí máte rádi a proč?
Jaké počasí je dneska? Jaké počasí bylo včera? Jaké počasí bude zítra?

Pamatujte si:

Je mi teplo. I am hot. **Je mi zima.** I am cold.
NEVER say Jsem teplý / teplá. *It's a pejorative expression for* I am a homosexual.

15. Řekněte, jaké bude počasí v západní, východní, severní a jižní Evropě.

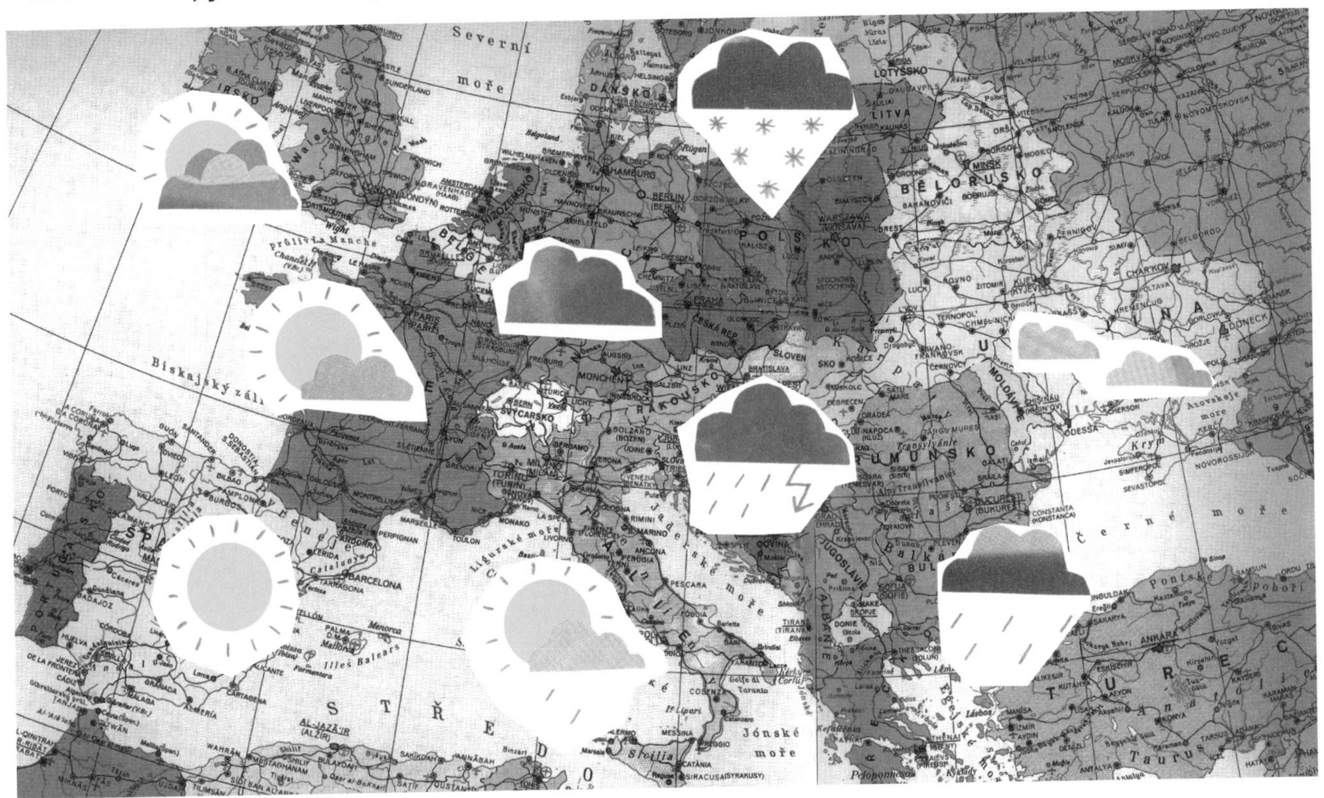

Pozorujte: **sever, jih, východ, západ X severní, jižní, východní, západní**

16. Spojte čísla a písmena.

Předpověď počasí

1. Za studenou frontou pronikne do naší republiky chladnější vzduch ze severu. Bude oblačno až zataženo, odpoledne a večer postupně od severu místy slabé sněžení. Nejvyšší teploty −3 až 0 stupňů.

2. Ze západní Evropy se k nám blíží teplá fronta. Postupně očekáváme od západu jasno, místy až polojasno. Bude slunečno a velmi teplo. Teploty vystoupí až na tropických 32 až 35 stupňů. Lokálně se budou tvořit bouřky z tepla.

3. Ze severu bude v noci pronikat velmi studený vzduch. Bude jasno a velmi chladno, −10 až −12 stupňů. Na horách očekáváme v noci místy až −20 až −25 stupňů. Na silnicích se bude tvořit náledí.

A. Bude mrznout a bude velká zima. Bude to klouzat.

B. Bude jasno a bude zima. Bude trochu sněžit.

C. Bude vedro. Někdy budou bouřky.

17. Spojte čísla a písmena.

Zajímavosti a extrémy

1. mokrý
2. vysoký
3. suchý
4. hluboký
5. velký
6. lidnatý
7. nízký

A. Nejsušší místo na světě je poušť Atacama v Chile, kde naprší jenom 0,08 milimetrů za rok.
B. Nejmokřejší místo je Mawsynram v Indii, kde každý rok naprší 11 847 milimetrů vody.
C. Nejhlubší jezero je Bajkal v Rusku. Je hluboké 1637 metrů.
D. Nejvyšší teplotu naměřili v Azizii v Libyji. Byla to teplota +58 stupňů Celsia.
E. Nejnižší teplotu naměřili ve Vostoku v Antarktidě. Byla to teplota −89,2 °C.
F. Největší země na světě je Rusko. Měří 17,1 milionů km2 (= kilometrů čtverečních).
G. Nejlidnatější země světa je Čína, která má 1 243 miliónů obyvatel. Druhá je Indie a třetí USA.

1. **blýskat se: Blýská se.**	*There is lightening.*	**Na jaře...**
2. **bouřka**	*storm*	
3. **foukat**	*to blow*	
4. **hřmít***	*to thunder*	
5. **jasný, jasno**	*bright* (*Note:* **jasně** – *sure*)	**V létě...**
6. **klouzat*: Klouže to.**	*It is slippery.*	
7. **mokrý, mokro**	*wet*	
8. **mrznout***	*to freeze*	
9. **pršet**	*to rain*	**Na podzim...**
10. **předpověď počasí**	*weather forecast*	
11. **přeháňka**	*shower*	
12. **slunečný, slunečno**	*sunny*	
13. **sněžit**	*to snow*	**V zimě...**
14. **suchý, sucho**	*dry*	
15. **vedro**	*scorching hot*	
16. **vítr**	*wind*	
17. **vzduch**	*air*	
18. **zatažený, zataženo**	*overcast*	

Komunikace

In this lesson you will:

- learn verbs of communication and interaction
- find out when and how to use the dative
- write letters and e-mails
- call people and send SMS messages

Lekce 17

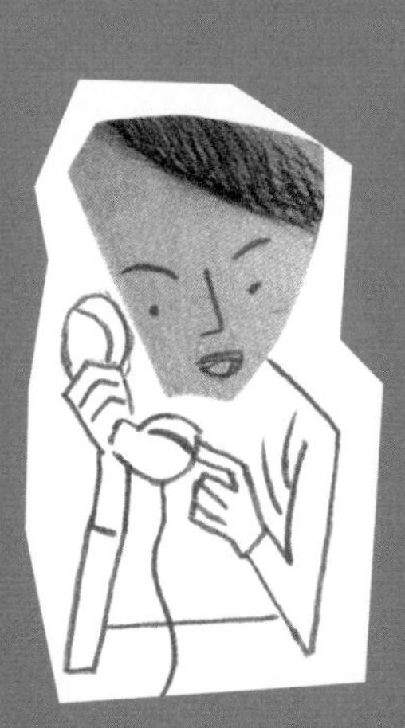

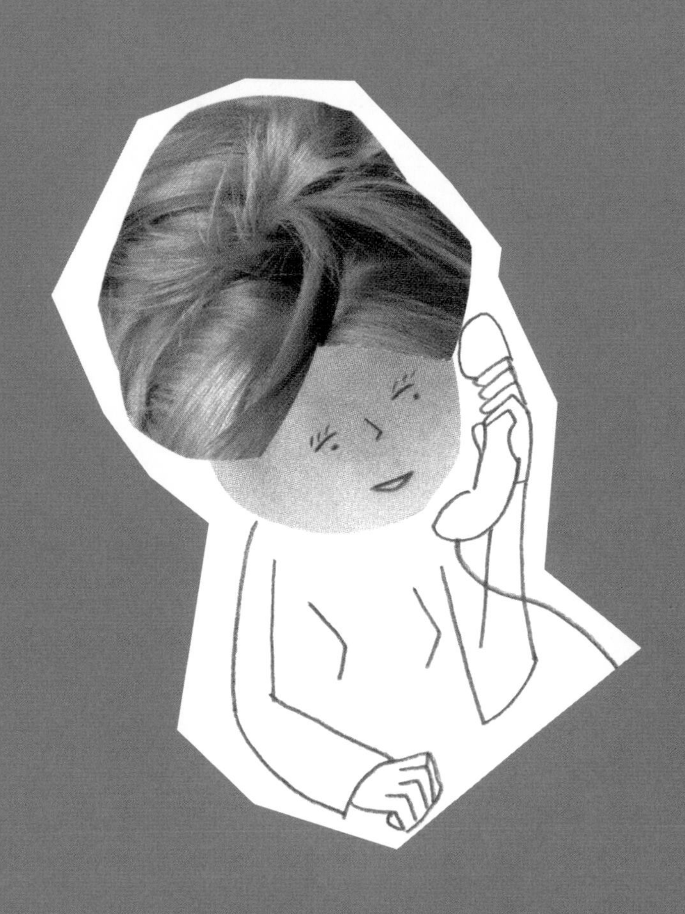

lesson **17**

Pád: dativ

The dative

62

Petrovi bude 25 let. Eva chce dát **Petrovi** k **narozeninám** nějaký dárek. Je v bance a chce si vybrat nějaké peníze. Telefonuje **mamince**: „Ahoj, mami," říká. „Potřebuju poradit. Nevím, co koupit **Petrovi** k **narozeninám**."
Ale maminka nemůže **Evě** pomoct. „Jsem v obchodě. Zavolám **ti** později", říká **Evě**.
Eva volá **kamarádce Alici**. Ale Alice taky nemá čas. „Promiň, jsem v restauraci. Zavolám ti později," říká **Evě**.
„Ach jo. Budu muset poslat esemesku **Petrovi** a zeptat se, co chce," říká **si** Eva. Ale **Petrovi** nemůže poslat esemesku. Je v knihovně a nemá mobil. Jeho starý mobil je rozbitý. To je nápad! Eva už ví, co koupí. „Koupím **Petrovi** nový mobil," vysvětluje potom **mamince** a **Alici**.

Petr will be 25. Eva wants to give Petr a gift for his birthday. She is at the bank and she wants to withdraw some money. She calls her mom: "Hi, mom", she says. "I need some advice. I don't know what to buy Petr for his birthday."
But her mom can't help Eva. "I am in a shop. I'll call you later," she says to Eva.
Eva calls her friend Alice. But Alice doesn't have time either. "Sorry, I am in a restaurant. I'll call you later,"she says to Eva.
"Oh well. I'll have to send an SMS to Petr and ask him what he wants," says Eva to herself. But she can't send an SMS to Petr. He is in the library and he doesn't have his cell phone. His cell phone is broken. That's an idea! Now Eva knows what to buy. " I'll buy Petr a new cell phone," she explains to her mom and Alice later.

The dative is used:

1. to express the (indirect) object after certain verbs
dávat / dát: Eva chce **Petrovi** dát k narozeninám nějaký dárek.
kupovat / koupit: Nevím, co koupit **Petrovi** k **narozeninám**.
pomáhat / pomoct: Ale maminka nemůže **Evě** pomoct.
posílat / poslat: Ale **Petrovi** nemůže poslat esemesku.
telefonovat / zatelefonovat: Telefonuje **mamince**.
volat / zavolat: „Zavolám **ti** později," říká **Evě**. Eva volá **kamarádce Alici**.
vysvětlovat / vysvětlit: „Koupím **Petrovi** nový mobil." vysvětluje potom **mamince** a **Alici**.

Pozorujte:
Note that the dative is mostly used with verbs expressing communication and interaction.
Usually living beings are involved. For example, you wouldn't say: "I want to give/send a present to a table", *but you would say:* "**I** want to give/send a present to **my friend**.".

2. in dative object-centered expressions
být + dative + age – to be a certain age
Petrovi bude 25 let.

3. after certain prepositions:
díky – thanks to
k / ke – to
kvůli – because of
naproti – opposite
proti – against, opposite
vzhledem k – regarding
směrem k – in the direction of

Dativ singulár – spisovná čeština.

The dative singular – standard Czech

case	function – example – prepositions	adjectives	nouns with majority endings	M nouns ending in -ž, -š, -č, -ř, -c, -j, -tel + nouns with minority endings
1. nominative Kdo? Co?	*The dictionary form.* *It expresses the subject* *E. g.* To je student. Káva je dobrá.	dobrý kvalitní dobrý kvalitní dobrá kvalitní dobré kvalitní	student banán káva auto	muž, soudce, kolega čaj židle, kancelář, místnost nádraží, moře, kuře
2. genitive Koho? Čeho?	*It expresses possessive or partitive meaning.* *E. g.* Kniha studenta. Trochu kávy. bez, během, blízko, do, kolem, kromě, místo, od, podle, podél, u, uprostřed, vedle, z, za	dobrého kvalitního dobrého kvalitního dobré kvalitní dobrého kvalitního	studenta banánu / lesa kávy auta	muže, soudce, kolegy čaje židle, kanceláře, místnosti nádraží, moře, kuřete
3. dative **Komu? Čemu?**	*It expresses indirect object.* *E. g.* Dám dárek studentovi. Volám kamarádce. **díky, k, kvůli, naproti, proti**	**dobrému kvalitnímu** **dobrému kvalitnímu** **dobré kvalitní** **dobrému kvalitnímu**	**studentu /-ovi** **banánu** **kávě** **autu**	**muži /-ovi, soudci, kolegovi** **čaji** **židli, kanceláři, místnosti** **nádraží, moři, kuřeti**
4. accusative Koho? Co?	*It expresses the direct object.* *E. g.* Mám kamaráda. Piju kávu. mezi, na, nad, o, pod, po, pro, před, přes, skrz, za	dobrého kvalitního dobrý kvalitní dobrou kvalitní dobré kvalitní	studenta banán kávu auto	muže, soudce, kolegu čaj židli, kancelář, místnost nádraží, moře, kuře
5. vocative	*It is used for addressing people or animals.*	dobrý kvalitní dobrá kvalitní	Ivane! Jano!	Marku! Aleši! Honzo! Jiří! Lucie! Carmen! Paní!
6. locative Kom? Čem?	*It expresses location.* *It always has a preposition.* *E. g.* Jsem v Anglii. Studuju na univerzitě. na, o, po, při, v	dobrém kvalitním dobrém kvalitním dobré kvalitní dobrém kvalitním	studentu/-ovi banánu/-ě kávě autu/-ě	muži/-ovi, soudci, kolegovi čaji židli, kanceláři, místnosti nádraží, moři, kuřeti
7. instrumental Kým? Čím?	*It expresses the means by or through which an action is carried out.* *E. g.* Jedu autem. Píšu perem. mezi, nad, pod, před, s, za	dobrým kvalitním dobrým kvalitním dobrou kvalitní dobrým kvalitním	studentem banánem kávou autem	mužem, soudcem, kolegou čajem židlí, kanceláří, místností nádražím, mořem, kuřetem

1. *For the endings in colloquial Czech, see page 223. For the dative plural, see the chart on page 222 and 223.*
2. *F nouns ending in* -ha, -cha, -ka, -ra, -ga *soften like this:* -ze, -še, -ce, -ře, -ze: Praha – Praze, Amerika – Americe.
   For more about this softening, see page 228.
3. *Unlike the locative sg., with Mi and N nouns you can only use the ending* -u.
4. *Latin N nouns drop the* -um *ending:* centrum – centru, muzeum – muzeu.
5. *Mobile* -e-: pes – psovi, blázen – bláznovi, Karel – Karlovi, broskev – broskvi, mrkev – mrkvi.
   For more about mobile -e-, *see page 228.*
6. *Stem changes:* kůň – koni, dům – domu, sůl – soli. *For more about this, see page 228.*
7. *Ma nouns ending in the pronounced* -i/-í/-y *are declined like adjectives:* Jiří – Jiřímu, Billy – Billymu.
   F nouns ending in the pronounced -i/-í/-y/-o *or in a consonant do not change:* Gudrun, Ruth, Toshiko.

Zájmena v dativu

Pronouns in the dative

Personal pronouns

	já	ty	on	ona	ono	my	vy	oni
Short forms	**mi**	**ti**	**mu**	**jí**	**mu**	**nám**	**vám**	**jim**
Long forms	**mně**	**tobě**	**jemu**	**jí**	**jemu**	**nám**	**vám**	**jim**
After prepositions	**mně**	**tobě**	**němu**	**ní**	**němu**	**nám**	**vám**	**nim**

Notes:
1. *Short forms of personal pronouns are members of the „Second Position Club". See page 229.*
2. *Long forms are used if you want to stress the pronoun, e. g.:* Dám ti to. Dám mu to. X Dám to **tobě**, ne **jemu**.

Demonstrative pronouns – singular and plural

	Ma, Mi, N	F
ten, ta, to	**tomu**	**té**
ti, ty, ty, ta	**těm**	

Possessive pronouns – singular

tne nominative sg.	the dative sg.	
	Ma, Mi, N	F
můj, moje	**mému**	**mojí/mé**
tvůj, tvoje	**tvému**	**tvojí/tvé**
jeho	**jeho**	**jeho**
její	**jejímu**	**její**
náš, naše	**našemu**	**naší**
váš, vaše	**vašemu**	**vaší**
jejich	**jejich**	**jejich**

Possessive pronouns – plural

the nominative pl.	the dative pl.
	Ma, Mi, F, N
moji, moje	**mým**
tvoji, tvoje	**tvým**
jeho	**jeho**
její	**jejím**
naši, naše	**našim**
vaši, vaše	**vašim**
jejich	**jejich**

Notes:
1. *You will hear the forms* **mýmu, tvýmu, mý, tvý, mejm, tvejm** *in colloquial Czech.*
2. *Note the similarities between the declension of possessive pronouns (see here) and the declension of adjectives (see page 222).*

Co koupíme Aleně, Filipovi a Evě?

Verbs + the dative

63

Brzy budou Vánoce. Rodiče Evy, pan Hanuš a paní Hanušová, mluví o tom, jaké vánoční dárky koupí **Aleně**, **Evě** a **Filipovi**.

Paní Hanušová: „Je prosinec a my ještě nemáme žádné dárky. Můžeš **mi** poradit, co koupíme **Filipovi**?"
Pan Hanuš: „**Filipovi**? To není problém. Filip říkal **Petrovi**, že by chtěl nový počítač. To víš, mladý kluk. Ale co koupíme **Aleně** a **Evě**?"
Paní Hanušová: „Tak to vím zase já. Alena říkala **Evě**, že by chtěla nové video. A Eva říkala **Aleně**, že by potřebovala nové lyže."
Pan Hanuš: „Hm, ale budeme mít na to všechno peníze?"
Paní Hanušová: „Aha, máš pravdu. Já jsem zapomněla, že jsem peníze na Vánoce půjčila **babičce**!"

Pozorujte:
The dative is mostly used with verbs expressing communication and interaction. Usually living beings are involved (you don't give presents, buy things, help or call a table, a chair, a car etc.).

dávat / dát – to give
gratulovat / pogratulovat – to congratulate
kupovat / koupit – to buy
pomáhat / pomoct* – to help
posílat / poslat* – to send
psát* / napsat* – to write
půjčovat si / půjčit si – to borrow, to rent
půjčovat / půjčit – to lend
radit / poradit – to advise
rozumět / porozumět – to understand
omlouvat se / omluvit se – to apologize
říkat / říct* – to say
smát se* / zasmát se* – to laugh
vracet / vrátit – to return, to give back
vysvětlovat / vysvětlit – to explain
volat / zavolat – to call

Pamatujte si: Koupím dárek kamarád**ovi**, kamarád**ce** a setřenic**i**.

1. Diskutujte o tom, jaký dárek koupíte lidem na obrázku.

Co jim koupíte?

1. Eva

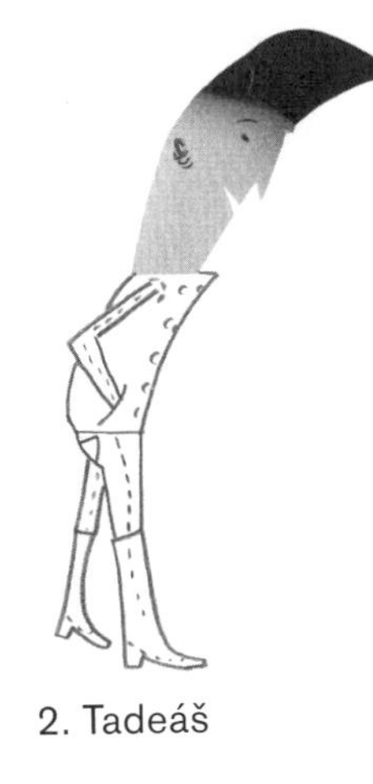

2. Tadeáš

3. Božena

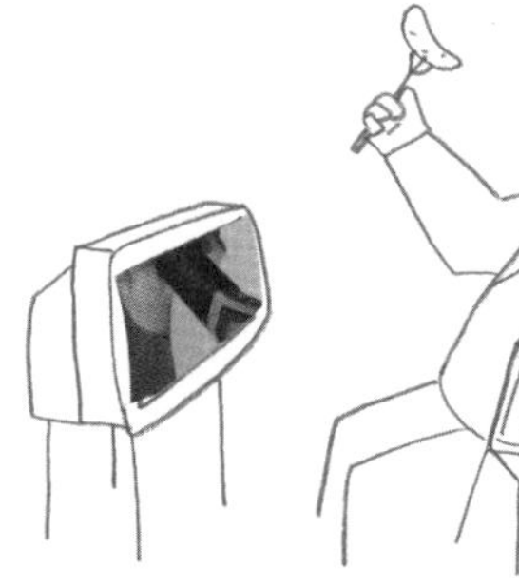

4. Jarda

2. Téma ke konverzaci:

1. Brzo budou Vánoce a vy plánujete dárky pro rodinu a kamarády. Co komu koupíte?
2. Jste turista a v České republice nakupujete dárky a suvenýry pro vaši rodinu a kamarády. Co komu koupíte?

3. Podívejte se na fotografie. Hádejte, kdo komu pomáhá a jak.

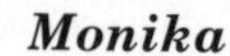

Monika

Michal

Ronald

Jitka

Dana

Ivana

Rek

Ondřej

64

4. Čtěte nebo poslouchejte. Řekněte, kdo komu pomáhá a jak.

Kdo komu pomáhá?

1. „Někteří rodiče si myslí, že děti můžou dělat všechno, co chtějí," říká Monika Sadská. „Já ale myslím, že to není pravda. Učím Michala, že musí doma pomáhat." I když je Michal kluk, dělá všechno. Pomáhá mamince vařit, tatínkovi mýt auto a babičce nakupovat. „Jednou bude dobrý manžel," směje se Monika, „a jeho manželka mi bude děkovat."

2. Jitka Zvánovcová má dvě vlastní děti, ale taky jedno adoptované. Svého adpotovaného syna nikdy neviděla. Pomáhá mu přes projekt Adopce srdce. Tento charitativní projekt pomáhá dětem v Indii, v Africe a Litvě. Ronald žije v Indii. Jitka mu posílá peníze na školu už 7 let. Teď je Ronaldovi 18 let, studuje střední školu a chce být účetní. Jitka říká: „Jsem moc ráda, že mám tři děti, jak jsem vždycky chtěla."

3. Ivana Vondrová pracuje jako asistentka. Už dva roky každý týden pomáhá nevidomé Daně – a nebere za to peníze. O této práci říká: „Já pomáhám Daně, ale Dana taky pomáhá mě. Když jsme spolu, objevuju její svět: studium jazyků, cestování, literaturu, překládání... Dana je člověk jako každý jiný. Její svět je stejně bohatý. Je to radost pro obě strany."

4. Ondřej Kusák rád jezdí na chatu. Před pěti lety našel v lese psa. Byl špinavý, smutný a měl hlad. Ondřej ho vzal domů. Od té doby jsou pořád spolu. Ondřej říká: „Na podzim jsem byl na chatě. Byla noc a já jsem tvrdě spal. Najednou začal Rek štěkat a chtěl jít na terasu. Vstal jsem, otevřel jsem dveře a na terase jsem uviděl nějakého člověka. Byl to zloděj. Rek vystartoval a chytil ho za nohu. Zavolal jsem policii. Policisti zloděje chytili a řekli mi, že to byl velmi agresivní a nebezpečný člověk, kterého hledali v celé republice. Měl jsem štěstí. Kdybych neměl Reka, kdo ví, co by zloděj udělal..."

5. Téma ke konverzaci.

Kdo vám nejvíc pomáhá a jak? Komu pomáháte vy?
Znáte někoho, kdo bezplatně pomáhá lidem?
Znáte nějaké charitativní organizace? Komu a jak pomáhají?

Píšeme dopisy a e-maily.

Writing letters and e-mails

lesson **17**

6. Čtěte. Rozumíte? Používejte slovník.

Ahoj Davide! *Posílám pusu.* ***Hezký den!*** Čau Jano!
Měj se fajn! *S pozdravem Jana Bílá* Vážení přátelé!
Milá paní Horálková, Mějte se hezky. *Vážená paní Nováková,*
Těšíme se na vaši odpověď. **Vážený pane!** ***Tvůj Martin / Tvoje Ivana***

7. Jaké fráze používáme, když začínáme / končíme dopis? Napište je do tabulky.

Dopis začínáme:	Dopis končíme:
Ahoj Davide!	Posílám pusu.
______	______
______	______
______	______
______	______

8. Asistent napsal dopis, ale neznal dobře rozdíl mezi formálním a neformálním stylem. Opravte jeho text.

Ahoj vážený pane Mareši,

prosím tě, jestli byste mi mohl poslat nový katalog vaší firmy. Chtěl bych koupit učebnice angličtiny a anglicko-český slovník pro naši školu. Potřeboval bych vědět, kolik učebnice stojí a jestli mají CD nebo kazety. Dává tvoje firma na učebnice nějakou slevu?

Těším se na vaši odpověď.

Měj se hezky,

Robert Roedling

9. Téma ke psaní:

1. Chcete si objednat nový katalog/knihu/oblečení. Napište objednávku firmě.
2. Napište dopis partnerovi/partnerce, kamarádovi/kamarádce.

lesson
17

Telefony, mobily, esemesky.
Telephones, cell phones, SMS

65

10. Čtěte. Doplňte z tabulky poslední větu.

A. Taxi PPP. Máte tam taxík, pane. **B. Dobře. Budeme tam asi za pět minut.** **C. Bohužel nemám čas čekat. Zavolám ještě jednou za deset minut.** **D. Ne, děkuju. Zavolám ještě jednou zítra asi v deset.** **E. To nic.**

1. Crrrr...
„Prosím?"
„Prosím vás, to jsou Svobodovi?"
„Ne, to je omyl. Tady je číslo 232 75 83."
„Aha. Já jsem volal číslo 232 75 82. Tak promiňte."
„________________________________"

2. Crrrr...
„Stejskalová. Prosím?"
„Dobrý den. Tady James Roberts. Je tam paní Volná?"
„Ne, bohužel tady není. Chcete nechat vzkaz?"
„________________________________"

3. Crrrr...
„Firma Konopásek. Prosím?"
„Tady Horák. Chtěl bych linku 212."
„Ano, přepojím... Je tam obsazeno. Moment, prosím."
„________________________________"

4. Andrej volá číslo 155.
„Haló! Tady je pohotovost."
„Jsem cizinec. Mluvím trochu česky.
Bolí mě břicho a hlava. Potřebuju pomoc."
„Jak se jmenujete? Potřebujeme vaši adresu."
„Andrej Volkov, Ke Karlovu 246, Praha 1."
„Máte telefon?"
„243 56 71."
„________________________________"

5. Abdul volá číslo 1080.
„Haló! To je taxi?"
„Ano, dobrý den, tady taxislužba PPP."
„Dobrý den. Prosím vás, potřebuju taxík."
„V kolik?"
„Ve 12. 30."
„Prosím. A vaše jméno, adresa a telefon?"
„Abdul Masmuli, Nad Strahovem 18, Praha 6. Telefon je 682 33 44."
„Kam pojedete?"
„Na letiště, tam budu čekat na letadlo a pak pojedu zpátky."
„Dobře, děkuju. Zavolám ještě jednou."
Crrrr....
„Tady Abdul Masmuli."
„________________________________"

Pamatujte si:
When you make a phone call, be sure to say your name right away. Czechs consider it impolite if you don't.

11. Čtěte nebo poslouchejte. Používejte slovník.

Historky ze života

1. Známá česká spisovatelka a moderátorka Halina Pawlovská říká, že na pracovní schůzky chodí často pozdě. Jednou měla dělat nový program v televizi, ale zase šla pozdě. Produkční z televize jí nervózně volal, kde je. „Ano, ano! Za chvíli jsem tam. Už jsem na cestě! Už jsem v taxíku!" volala Halina do telefonu. „Ale paní Pawlovská, já volám na pevnou linku!" řekl produkční. „Vy jste ještě doma!"

2. Moje kamarádka šla jednou v restauraci na toaletu. Když byla v kabince, uslyšela z vedlejší kabinky nějaký přátelský hlas: „Dobrý den!"
„Dobrý den," odpověděla překvapeně kamarádka.
„Jak se máte?" pokračoval hlas.
„Docela dobře, děkuju," řekla kamarádka.
„A jak to tam u vás vypadá? Není tam moc zima?" konverzoval hlas.
„Ne," řekla kamarádka. „Je tady teplo."
Najednou vedle někdo rozčileně zavolal:
„Prosím vás, paní, nerušte! Já telefonuju z mobilu!"

12. Řekněte, komu ti lidé píšou „esemesku".

Komu píšou esemesku?

šéf	přítelkyně	manželka	obchodní partner	kamarád

1. Pavel píše ______________________________ :
Ahoj, prijdu dneska domu pozdeji, mame schuzi. Tesim se na veceri.

2. Hana píše ______________________________ :
Bohuzel vam nemuzeme poslat novy material, protoze jste jeste nezaplatili stary.

3. Karel píše ______________________________ :
Cau, nechces jit dneska vecer do kina? Jsem doma a v televizi nic neni.

4. David píše ______________________________ :
Milacku, promin, co jsem ti vcera rekl. Moc te miluju.

5. Jana píše ______________________________ :
Omlouvam se, ale nemuzu dneska rano prijit na schuzi. Jdu k doktorovi.

13. Odpovídejte.

Komu e-mailujete, telefonujete, posíláte dopisy, pohlednice a balíky?
Kdy jste naposled psali nějaký dopis (ne e-mail)?
Víte, jaké číslo mají v České republice policie, hasiči a ambulance?
Víte, jaké je vaše PSČ tady v České republice?
Jak často hledáte nějaké informace na Internetu?
Kde nikdy nepoužíváte mobil?
Umíte být jeden den bez telefonu a mobilu?
Představte si, že můžete zavolat jenom jedinému člověku na světě. Komu zavoláte?

1. **balík** — *packet, package*
2. **být na internetu** — *to be on the Internet, to browse/surf the Internet*
3. **dopis** — *letter*
4. **nechávat/nechat vzkaz** — *to leave a message*
5. **Je obsazeno.** — *The line is busy.*
6. **linka** — *line*
7. **pevná linka** — *fixed/land line*
8. **pohled, pohlednice** — *postcard*
9. **posílat/poslat** — *to send*
10. **PSČ** *read* **pé es čé** — *postal code/zip code*
11. **přepojovat/přepojit** — *to transfer*
12. **složenka** — *payment bill*
13. **telefonní seznam** — *telephone directory*
14. **textová zpráva** — *SMS (coll.* **textovka, esemeska***)*
15. **vyřizovat/vyřídit** — *to give, pass (message)*
16. **záznamník** — *answering machine*
17. **Zlaté stránky** — *Yellow Pages*
18. **zvonit/zazvonit** — *to ring*

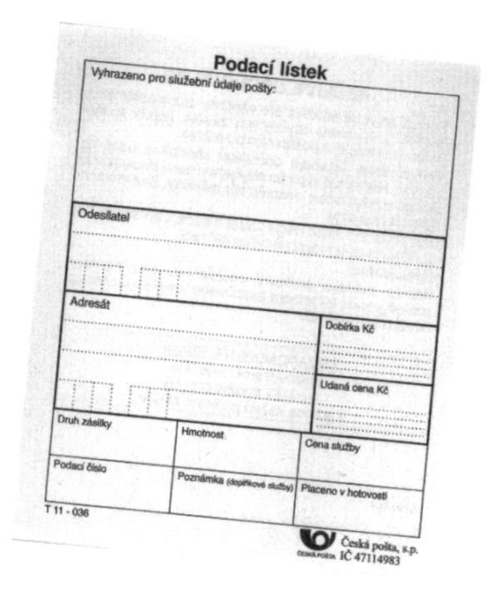

Podací lístek
Vyhrazeno pro služební údaje pošty:
Odesílatel
Adresát
Dobírka Kč
Udaná cena Kč
Druh zásilky
Hmotnost
Cena služby
Podací číslo
Poznámka (doplňkové služby)
Placeno v hotovosti
T 11 - 036
Česká pošta, s.p.
IČ 47114983

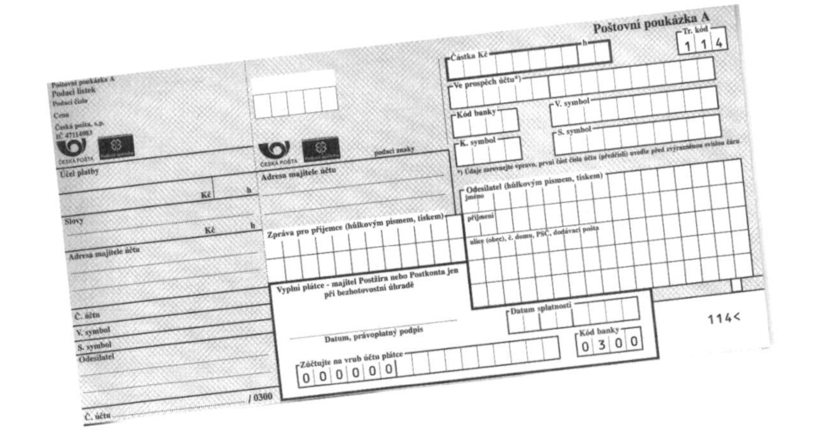

Poštovní poukázka A
Podací lístek
Podací číslo
Cena
Česká pošta, s.p.
IČ 47114983
ČESKÁ POŠTA
Účel platby
Kč h
Slovy
Kč h
Adresa majitele účtu
Č. účtu
V. symbol
S. symbol
Odesílatel
/ 0300
Č. účtu

ČESKÁ POŠTA
podací znaky
Adresa majitele účtu
Zpráva pro příjemce (hůlkovým písmem, tiskem)
Vyplní plátce - majitel Postžira nebo Postkonta jen při bezhotovostní úhradě
Datum, právoplatný podpis
Zúčtujte na vrub účtu plátce 0 0 0 0 0 0

Poštovní poukázka A
Tr. kód 1 1 4
Částka Kč h
Ve prospěch účtu*)
Kód banky
V. symbol
K. symbol
S. symbol
*) Údaje zarovnejte vpravo, první část čísla účtu (předčíslí) uveďte před zvýrazněnou svislou čáru
Odesilatel (hůlkovým písmem, tiskem)
jméno
příjmení
ulice (obec), č. domu, PSČ, dodávací pošta
Datum splatnosti
Kód banky 0 3 0 0
114<

Oblečení

In this lesson you will:

- discuss fashion and clothes
- learn *to love* in several different ways
- use common constructions with the dative
- practice prepositions with the dative

Lekce 18

Oblečení

Clothes

1. Které firmy prodávají oblečení a jaké?

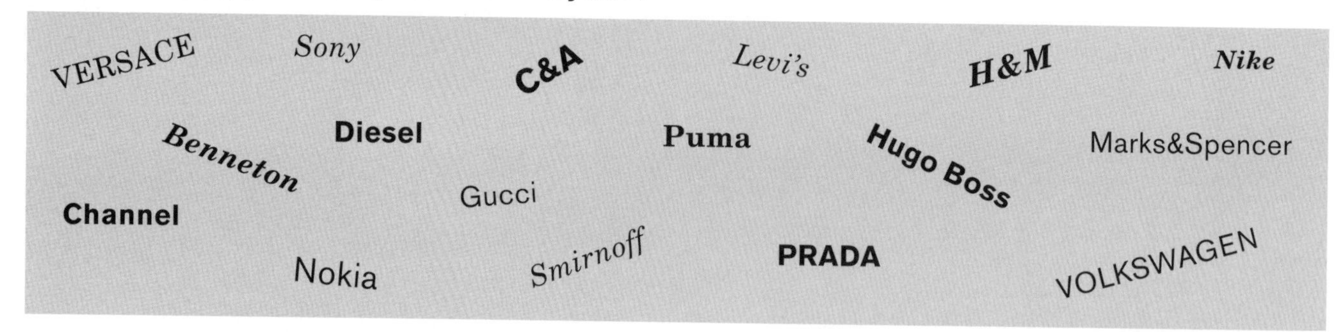

66

2. Řekněte, jak se oblékají Ivo a Michal. Pak poslouchejte text, ve kterém mluví tři lidi. Co říká Ivo a co říká Michal?

Michal

Ivo

3. Téma ke konverzaci. Používejte slova na straně 190.

Co znamená „značka" a „značkové oblečení"?
Je pro vás oblečení důležité? Proč ano/ne?
Myslíte, že je pravda, že „šaty dělají člověka"?
Máte raději značkové obchody, obchodní domy nebo second-handy?
Jak často si kupujete nové šaty a boty?
Jaké oblečení nosíte nejčastěji a proč?
Jaké oblečení máte teď na sobě?
Jaké oblečení nesnášíte?
Proč se někteří lidé oblékají extravantně (jako třeba punkeři)?
Jaké oblečení nosíte, když jdete na svatbu/do divadla/na tenis/na hory/k vodě/na diskotéku? Co nosíte doma?
Myslíte, že oblečení, boty a podobné věci jsou dobré dárky na Vánoce nebo na narozeniny?
Znáte pohádku Hanse Christiana Andersena „Císařovy nové šaty"? O čem je?

Pozorujte:
oblékat / obléct* – to dress
oblékat dítě – oblékat SE – oblékat SI svetr, tričko, kalhoty...
For more about the reflexive particles se *and* si, *see page 234.*

Kdo, co X komu, čemu

Interrogative and personal pronouns in the dative

4. Doplňte správné formy kdo, co.

1. ___________ (kdo) kupujete dárky?
2. ___________ (kdo) kupujete oblečení?
3. ___________ (kdo) telefonujete?
4. ___________ (co) se smějete?
5. ___________ (co) nerozumíte?
6. ___________ (kdo) pomáháte?
7. ___________ (kdo) dáváte květiny?
8. ___________ (kdo věříte)?

5. Komu často telefonujete? Proč? Pak dělejte páry.

Například: Komu telefonuje manžel? – Manželce.

kamarád	**maminka**	**kamarádka**	**tatínek**	**šéf**	**doktor**	**kolega**	**šéfka**	**bratr**
kolegyně	**sestra**	**sekretářka**	**babička**		**dědeček**	**doktorka**	**manželka**	**asistent**

6. Spojte čísla a písmena.

1. Komu dáš ten parfém?
2. Komu musíš vrátit peníze?
3. Komu kupujete dárek?
4. Čemu se směješ?
5. Čemu nerozumíš?
6. Komu půjčuješ peníze?
7. Komu voláš?
8. Komu vysvětluje učitel gramatiku?

A. Studentovi.
B. Manželce. Má ten parfém moc ráda.
C. Kamarádovi, protože potřebuje peníze na auto.
D. Tatínkovi. Půjčil jsem si 2 000 korun.
E. Matematice a chemii.
F. Kamarádce. Má narozeniny.
G. Teď volám šéfovi, a pak zavolám manželovi.
H. Tomu komikovi v televizi.

Osobní zájmena

	já	ty	on	ona	ono	my	vy	oni
Short forms	**mi**	**ti**	**mu**	**jí**	**mu**	**nám**	**vám**	**jim**
Long forms	**mně**	**tobě**	**jemu**	**jí**	**jemu**	**nám**	**vám**	**jim**
After preposition	**mně**	**tobě**	**němu**	**ní**	**němu**	**nám**	**vám**	**nim**

7. Doplňte krátké formy osobních zájmen.

1. To je moje sestra. Telefonuju ___________ (ona) často.
2. Mám ráda mého bratra. Věřím ___________ (on).
3. Co to říkáš? Nerozumím ___________ (ty).
4. Neslyším vás. Nerozumím ___________ (vy).
5. Zavolám ___________ (ty) zítra.
6. Budeme ___________ (vy) telefonovat často.
7. Kamarádka nerozumí matematice. Pomáhám ___________ (ona).
8. Studenti nerozumí gramatice. Učitel ___________ (oni) gramatiku vysvětluje.
9. Pomůžeš ___________ (já), prosím?
10. Napíšete ___________ (my) brzy?

Pamatujte si:
Short personal pronouns (mi, ti, mu, jí ...) *are members of the* „Second Position Club" *(see page 229).*

Chutnat x líbit se x mít rád x milovat

To like / love in Czech

67

Tom Reed žije v České republice už dva roky. Studuje češtinu a docela dobře mluví česky. Nedávno přijel na návštěvu jeho německý kamarád Hans.

Hans: „Tak co, jak **se ti** tady **líbí**?"
Tom: „**Líbí se mi** Praha, **chutná mi** pivo, **mám rád** české kamarády a hlavně **miluju** Alici, která tady chce žít."
Hans: „A jak **se ti líbí** čeština?"
Tom: „No, mluvím česky už docela dobře, ale českou gramatiku opravdu **nemiluju**."

Pozorujte:

1. chutnat
If you like the taste of something, say: „Chutná mi ..." (= I like it, because it is delicious).
E. g.: Chutná mi pivo. Chutná mi... *is followed by the nominative. See page 187.*

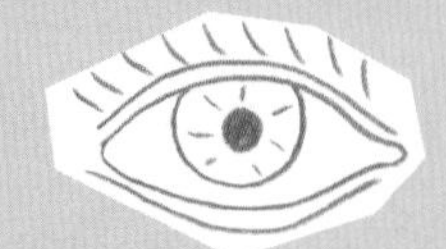

2. líbit se
If something appeals to your senses – other than taste – say: „Líbí se mi...".
This expression is based on a single impression or refers to a single occasion.
Líbí se mi *is followed by the nominative. See page 187.*
E. g.: Líbí se ti tady? Líbí se mi Praha.

3. mít rád
If you love or like someone or something long term, say: „Mám rád ...".
This expression is followed by the accusative. See page 59.
E. g.: Mám rád kamarády.
If you like or love doing something, say rád dělám, rád cestuju, rád spím... *etc. without the verb* mít. *E. g.:* Rád mluvím česky. *See page 38.*

4. milovat
If you are in love and it is really serious, say „Miluju...".
This verb is followed by the accusative.
See page 77. E. g.: Miluju Janu. Miluju tě. Miluju kávu.

8. Dělejte věty o slovech v tabulce. Používejte *chutná mi, líbí se mi, mám rád a miluju.*

opera **káva** **černá barva** **Micheal Jackson** **české jídlo** **Madonna**
sci-fi **léto** **knedlíky** **Praha** **Česká republika** **čeština** **zima**
telenovely **Sting** **akční filmy** **George Bush** **jaro** **TV seriály**
kokakola **Vánoce** **čokoláda** **scrabble** **historické romány** **zmrzlina**
fotbal **avokado** **minisukně** **oranžová barva** **staré filmy** **podzim**

Co se ti líbí? – Líbí se mi...

Dative object-centered constructions

Eva: „Co **se ti líbí** v Praze, Tome? A **co ti vadí**?"
Tom: „**Líbí se mi** tady paláce, domy a kostely. **Vadí mi** špinavé ulice a špatný vzduch."

Pozorujte:
Dative object-centered contructions express your age, your feelings and emotions, likes and dislikes. The person is the object (in the dative) of those emotions and feelings, as if he/she was exposed to it (compare accusative object-centered constructions on page 98). NOTE: short personal pronouns (mi, ti...) *are members of the „Second Position Club" (see page 229).*

být ... roků/let – to be... years old **(Je mi 20 let.)**
být zima/teplo – to be cold/hot **(Je mi zima.)**
být dobře/špatně – to be well/bad **(Je mi špatně.)**
hodit se – to be O. K. (time) **(Hodí se mi to.)**
chutnat – to like, to enjoy st. **(Chutná mi maso.)**
jít – to be good/bad at, to be doing in **(Nejde mi chemie.)**
líbit se – to like **(Líbí se mi tady.)**
slušet – to suit **(Sluší mi černá barva.)**
vadit – to hamper, to resent, to mind **(Vadí mi kouř.)**
zdát se – to seem; to have a dream **(Zdá se mi, že...)**

9. Čtěte, co říká Alice. Pak mluvte o sobě a dělejte věty podle modelu.

Například: **Není mi** 20 let, **je mi** 35 let.

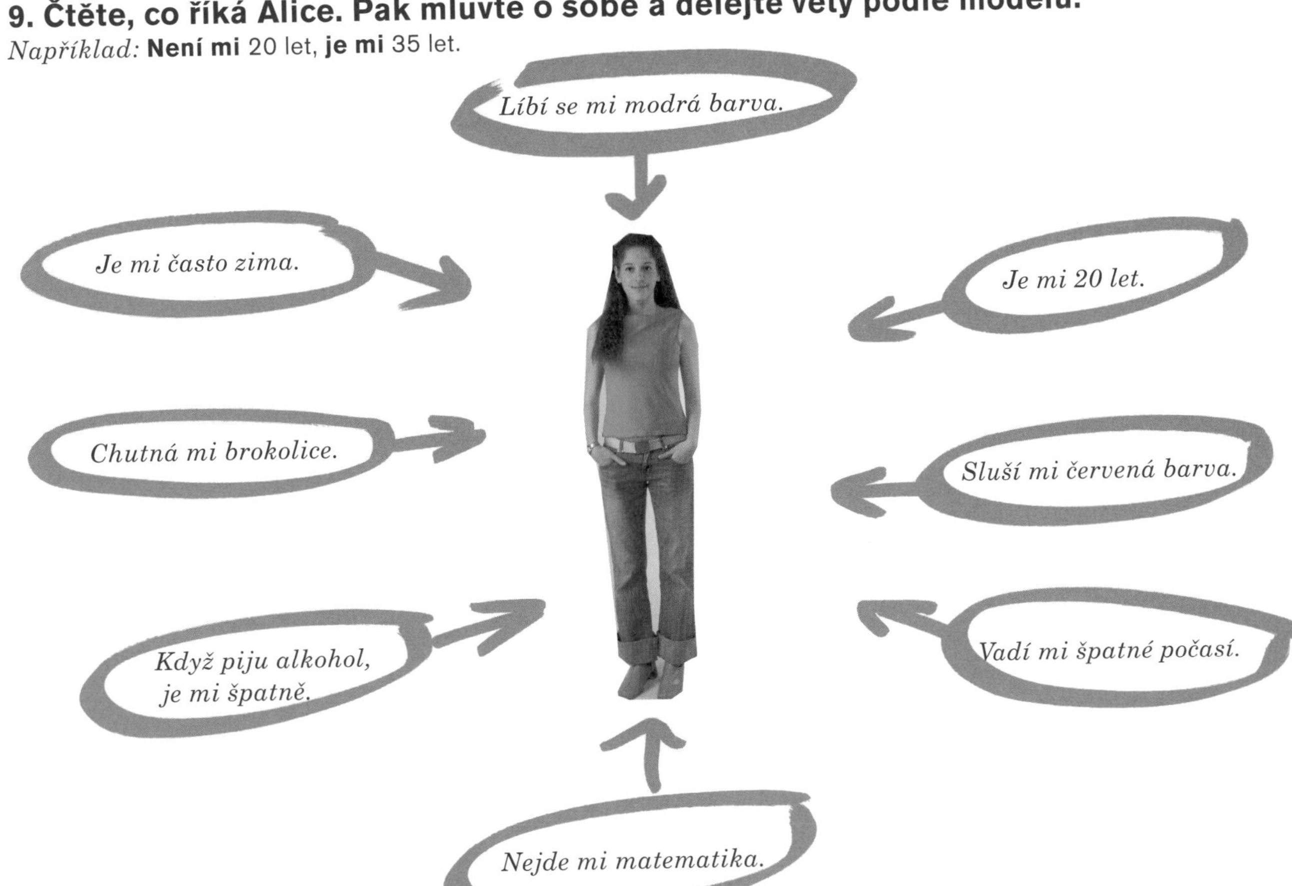

68

10. Čtěte nebo poslouchejte. Najděte a podtrhněte konstrukce s dativem.

1.

Alice telefonuje kamarádce:
Alice: „Ahoj, Lori. Ty jsi byla nemocná, viď? Už je ti dobře?"
Lori: „Ano, už je mi dobře. Co potřebuješ?"
Alice: „Nechceš jít se mnou do centra nakupovat? Musím si koupit šaty a taky potřebuju nějaké dárky. Moje česká učitelka Eva bude mít svatbu a její přítel Petr má narozeniny. Je mu 23 let."
Lori: „Fajn, nakupuju moc ráda. Kde a kdy se sejdeme?"
Alice: „Hodí se ti to ve tři u pošty?"
Lori: „Ano, hodí. "

Alice s kamarádkou jsou v centru. Už koupily dárky pro Evu a Petra. Teď si Alice kupuje šaty.
Alice: „Co myslíš, sluší mi ty šaty?"
Lori: „Hmmm... Ta barva se mi nelíbí. Myslím, že černá ti nesluší. Dělá tě starší. Nechceš si zkusit ty modré šaty?"
Alice: „Tak jo. ... A jak mi sluší ty modré? "
Lori: „Moc ti sluší. Tak je koupíme a půjdeme na čaj. Je mi zima."

2.

Petr telefonuje Tomovi:
Petr: „Tome, můžeš mi pomoct? Nejde mi anglická gramatika. Příští týden dělám zkoušku a zdá se mi, že nic neumím. "
Tom: „Samozřejmě, že ti pomůžu. Půjdeme na pivo a podíváme se na to. Hodí se ti to zítra odpoledne v pět?"
Petr: „Jo, hodí. Zvu tě. "

11. Spojte čísla a písmena.

1. Líbí se ti ty svetry?
2. Sluší mi ta barva?
3. Je ti špatně?
4. Kolik je ti?
5. Chutná ti to?
6. Nezdálo se ti to?
7. Jde ti to?
8. Hodí se ti to?

A. Ne. Můžeme se sejít zítra?
B. Ne. Opravdu jsem to viděl.
C. Je mi dvacet pět let.
D. Ne. Už to dělám dvě hodiny.
E. Myslím, že ne. Ta barva tě dělá starší.
F. Ne. Půjdeme do jiného obchodu.
G. Ne, proč? Je mi dobře.
H. Moc ne. Není to dobré.

12. Přeložte následující věty do vašeho jazyka.

1. Kolik je ti?/Kolik je ti let? – Je mi 20.
2. Kolik je Ireně – Je jí 32.
3. Kolik je Martinovi? – Je mu 49.
4. Je mi zima.
5. Je mi teplo.
6. Co je ti? – Nic. Je mi dobře.
7. Co je ti? – Je mi špatně.
8. Sejdeme se zítra. Hodí se ti to? – Ano to se mi hodí.
9. Chutná ti večeře, kterou jsem udělal?
10. Chutná vám české jídlo? – Ano, chutná.
11. Chybí mi rodiče.
12. Jak ti jde chemie? – Dobře.
13. Líbí se ti tady? – Ne, nelíbí.
14. Líbí se vám ta kniha? – Ano, líbí.
15. Nesluší mi žlutá, ale sluší mi zelená.
16. Aleně sluší ten svetr.
17. Vadí ti špatné počasí? – Ano, vadí.
18. Vadí mi, když lidi kouří v restauraci.
19. Zdá se mi, že šéf má špatnou náladu.
20. Zuzaně se zdá, že prší.

13. Dělejte otázky.

Například: být – teplo: **Je ti teplo?**

být - zima | **líbit se - akční filmy** | **jít - matematika**
vadit - špatné počasí | **chutnat - zelenina** | **slušet - černá barva**
vadit - arogantní lidi | **líbit se - modrá barva** | **být - špatně**

Jdeš na party k Petrovi a Evě?

Prepositions + the dative

69

Alice zase telefonuje Lori:

Alice: „Čau, Lori. Jdeš v pátek večer na tu party **k** Petrovi?"
Lori: „Ne. U Petra je party? Já nic nevím. Petr něco slaví?"
Alice: „Slaví dvě věci. Má narozeniny a taky udělal těžkou zkoušku z angličtiny. Myslím, že ji udělal **díky** Tomovi. Tom mu moc pomohl."
Lori: „Aha. Kde ta party bude?"
Alice: „Chtěli ji dělat venku na zahradě, ale **kvůli** špatnému počasí bude uvnitř."
Lori: „A kde Petr bydlí?"
Alice: „**Proti** stanici metra. Eva ti zavolá a řekne ti adresu."
Lori: „Dobře. Tak se uvidíme v pátek."

Pamatujte si:
Prepozice + dativ:
díky – thanks to (usually positive)
k/ke – 1. (to people and outside places) to, towards, up to
2. (with meals) for
kvůli – because of, by reason of (usually negative)
proti – against, opposite

14. Doplňte věty. Používejte prepozice *díky, k/ke, kvůli* a *proti.*

1. ________ našemu doktorovi jsem zdravý.
2. Jdu ________ doktorovi.
3. ________ špatnému počasí nemůžeme jet na výlet.
4. V červenci jedeme ________ moři .
5. Demonstranti protestujou ________ politice vlády.
6. Alena jde ________ holiči.
7. Jedeš na návštěvu ________ kamarádovi?
8. ________ kamarádce jsem dodělala školu.
9. Co máme dneska ________ obědu (= na oběd)?
10. Nemůžeme nikam jet ________ psovi. Nemáme ho kam dát.

15. Váš kamarád je nemocný. Řekněte mu, ať jde k specialistovi.

Například: Bolí mě koleno. – Musíš jít k ortopedovi.

Špatně vidím. Když čtu, bolí mě oči a hlava.
Je mi špatně, mám teplotu a bolí mě v krku.
Bolí mě zub.
Jsem pořád nervózní a smutný.
Jsem pořád unavený a mám často infekce a virózy.
Když jsem běžel na vlak, spadl jsem a bolí mě ruka.
Když kvetou květiny a stromy, pořád kašlu a kýchám.

alergolog **zubař**
oční doktor (*coll.* **očař**)
psychiatr **psycholog**
obvodní doktor (*coll.* **obvoďák**)
imunolog **chirurg**

16. Dokončete věty.

1. Zítra jdu k ________________________________
2. Jsem proti ________________________________
3. Bydlím naproti ________________________________
4. Kvůli ________________________________
5. Díky ________________________________

lesson **18**

1. **blůza, halenka**	***blouse***
2. **bota, boty**	***shoe, shoes***
3. **bunda**	***jacket*** *(with a zipper)*
4. **džíny** *(pl. only)*	***jeans***
5. **kabát**	***coat***
6. **kalhoty** *(pl. only)*	***trousers, pants***
7. **kalhotky / slipy** *(pl. only)*	***women's / men's underpants***
8. **kostým**	***woman's suit***
9. **košile**	***shirt***
10. **kožich**	***fur coat***
11. **kravata, vázanka**	***tie***
12. **mikina**	***sweatshirt***
13. **oblečení**	***clothing***
14. **oblek**	***man's suit***
15. **plavky** *(pl. only)*	***swimsuit, swimming trunks***
16. **ponožka, ponožky**	***sock, socks***
17. **rukavice**	***glove***
18. **sako**	***jacket***
19. **sukně**	***skirt***
20. **svetr**	***sweater***
21. **šála**	***scarf***
22. **šaty** *(pl. only)*	***dress*** *(for a woman)*, ***clothing***
23. **šortky** *(pl.only)*	***shorts***
24. **triko, tričko**	***T-shirt***

V zimě nosím

V létě nosím

Rád / ráda nosím

Nerad / nerada nosím

1. blůza, halenka

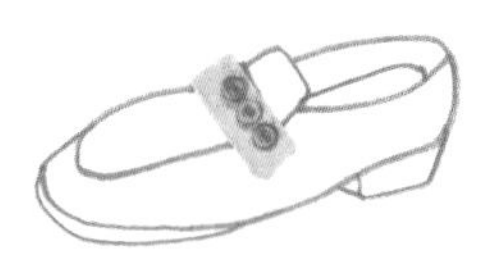

2. bota, boty

3. bunda

4. džíny

5. kabát

6. kalhoty

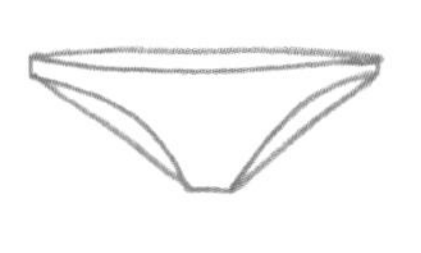

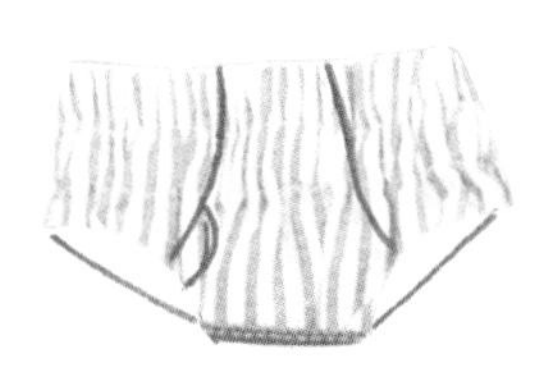

7. kalhotky/slipy

8. kostým

9. košile

10. kožich

11. kravata, vázanka

12. mikina

13. oblečení

14. oblek

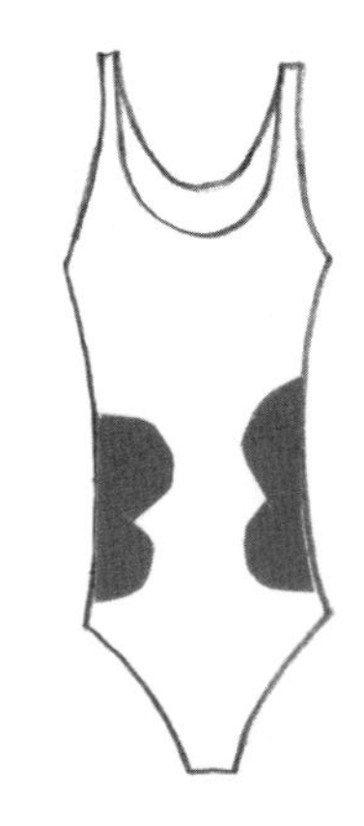

15. plavky

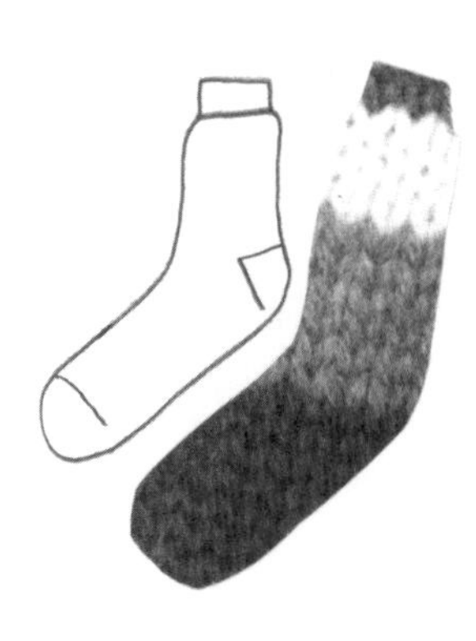

16. ponožka, ponožky

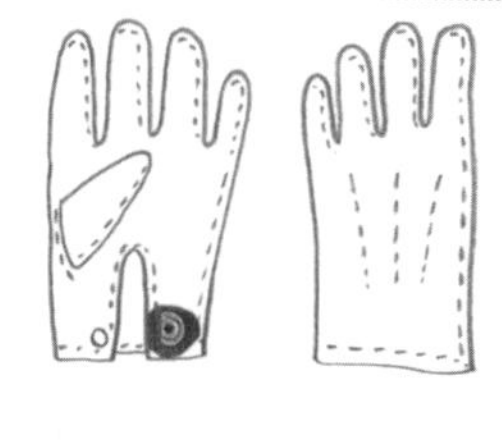

17. rukavice

18. sako

19. sukně

20. svetr

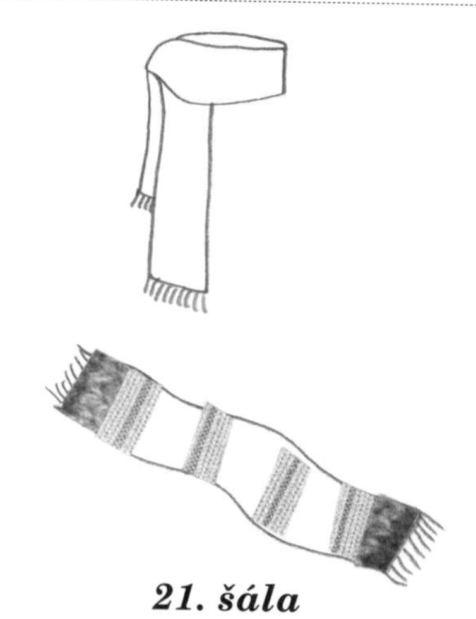

21. šála

22. šaty

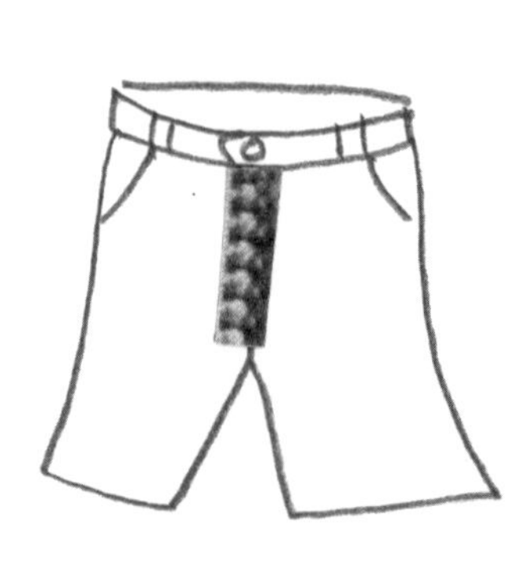

23. šortky

24. triko, tričko

Vztahy

In this lesson you will:

- use instruments in the instrumental case
- practice the preposition *with*
- speak about dating and other relationships

Lekce 19

lesson 19

Pád: instrumentál

The instrumental

70

Eva chodila s **Petrem** už dlouho. **Začátkem** měsíce měli svatbu. Teď chtějí jet na svatební cestu **lodí** do Afriky. Eva je **tím plánem** nadšená. Když jí to Petr řekl, skákala **radostí**. Její maminka má strach, že cesta je moc nebezpečná. Ale Eva a Petr se těší, jak budou plout **oceánem**, prodírat se **džunglí** a procházet **pouští**. Určitě se taky cestou seznámí se **spoustou** zajímavých lidí. A tak Evina maminka nakonec kývla **hlavou** a s **cestou** souhlasila. A co bude potom, až se Eva a Petr z Afriky vrátí? Eva bude dál **učitelkou** češtiny pro cizince a Petr se určitě stane **počítačovým expertem** – nebo **počítačovým maniakem**, jak říká Eva. Tvrdí, že Petr už ani neumí psát **perem**. Ale oba budou pracovat, a tak určitě neumřou **hladem**.

Eva was dating Petr for a long time. At the beginning of this month they got married. Now, for their honeymoon, they want to go on a cruise to Africa. Eva is very enthusiastic about the plan. When Petr told her about it she jumped for joy. Her mom is worried that the trip is too dangerous. But Eva and Petr are looking forward to sailing the ocean, trekking the jungle and journeying through the desert. They are sure that they will meet plenty of interesting people during their trip. And so, Eva's mom finally nodded in agreement with the trip. And what will happen after Eva and Petr return from Africa? Eva will continue teaching Czech for foreigners and Petr will definitely become a computer expert – or a computer maniac, as Eva says. She claims that Petr can't write with a pen anymore. But they will both work and they certainly won't die of hunger.

The instrumental is used:

1.

a) to express instruments and means of transport

Pak chtějí jet na svatební cestu **lodí** do Afriky. Eva tvrdí, že Petr už ani neumí psát **perem**.

b) to express places traveled through

Ale Eva a Petr se těší, jak budou plout **oceánem**, prodírat se **džunglí** a procházet **pouští**.

c) to express body movement, reasons and time

A tak Evina maminka nakonec kývla **hlavou**.
Když jí to Petr řekl, skákala **radostí**. Ale oba budou pracovat, a tak určitě neumřou **hladem**.
Na jaře skončí školu a **začátkem** července budou mít svatbu.

2. after some adjectives and verbs, e. g.:

být nadšený – *to be enthusiastic*
Eva je **tím plánem** nadšená.
být + *profession (The nominative can be used here as well.)*
stávat se / stát se – *to become*
Eva bude dál **učitelkou** češtiny pro cizince a Petr se určitě stane **počítačovým expertem**.

3. after adjectives and verbs that take the preposition s / se, e. g.:

chodit s
Eva s **Petrem** chodí už dlouho.
seznamovat se / seznámit se
Určitě se taky cestou seznámí se **spoustou** zajímavých lidí.

4. after the following prepositions:

s / se – *with*
mezi – *between, among*
pod – *under*
před – *in front of*
nad – *above*
za – *behind*
Except for s / se*, these prepositions can also be used with the accusative case.* *See page 205.*

5. with passive verbs to denote the person or thing performing an activity

Kniha byla napsána **slavným autorem**. This book was written by a famous author.

Instrumentál singulár – spisovná čeština.

The instrumental singular – standard Czech

case	function – example – prepositions	adjectives	nouns with majority endings	M nouns ending in -ž, -š, -č, -ř, -c, -j, -tel + nouns with minority endings
1. nominative Kdo? Co?	*The dictionary form.* *It expresses the subject* *E. g.* To je student. Káva je dobrá.	dobrý kvalitní dobrý kvalitní dobrá kvalitní dobré kvalitní	student banán káva auto	muž, soudce, kolega čaj židle, kancelář, místnost nádraží, moře, kuře
2. genitive Koho? Čeho?	*It expresses possessive or partitive meaning.* *E. g.* Kniha studenta Trochu kávy bez, během, blízko, do, kolem, kromě, místo, od, podle, podél, u, uprostřed, vedle, z, za	dobrého kvalitního dobrého kvalitního dobré kvalitní dobrého kvalitního	studenta banánu / lesa kávy auta	muže, soudce, kolegy čaje židle, kanceláře, místnosti nádraží, moře, kuřete
3. dative Komu? Čemu?	*It expresses indirect object.* *E. g.* Dám dárek studentovi. Volám kamarádce. díky, k, kvůli, naproti, proti	dobrému kvalitnímu dobrému kvalitnímu dobré kvalitní dobrému kvalitnímu	studentu/-ovi banánu kávě autu	muži/-ovi, soudci, kolegovi čaji židli, kanceláři, místnosti nádraží, moři, kuřeti
4. accusative Koho? Co?	*It expresses the direct object.* *E. g.* Mám kamaráda. Piju kávu. mezi, na, nad, o, pod, po, pro, před, přes, skrz, za	dobrého kvalitního dobrý kvalitní dobrou kvalitní dobré kvalitní	studenta banán kávu auto	muže, soudce, kolegu čaj židli, kancelář, místnost nádraží, moře, kuře
5. vocative	*It is used for addressing people or animals.*	dobrý kvalitní dobrá kvalitní	Ivane! Jano!	Marku! Aleši! Honzo! Jiří! Lucie! Carmen! Paní!
6. locative Kom? Čem?	*It expresses location.* *It always has a preposition.* *E. g.* Jsem v Anglii. Studuju na univerzitě. na, o, po, při, v	dobrém kvalitním dobrém kvalitním dobré kvalitní dobrém kvalitním	studentu/-ovi banánu/-ě kávě autu/-ě	muži/-ovi, soudci, kolegovi čaji židli, kanceláři, místnosti nádraží, moři, kuřeti
7. instrumental **Kým? Čím?**	*It expresses the means by or through which an action is carried out.* *E. g.* Jedu autem. Píšu perem. **dobrým kvalitním** **mezi, nad, pod, před, s, za**	**dobrým kvalitním** **dobrým kvalitním** **dobrou kvalitní** **dobrým kvalitním**	**studentem** **banánem** **kávou** **autem**	**mužem, soudcem, kolegou** **čajem** **židlí, kanceláří, místností** **nádražím, mořem, kuřetem**

1. *For the endings in colloquial Czech, see page 223. For the instrumental plural, see the chart on page 222.*
2. *Latin N nouns drop the -um ending:* centrum – centrem, muzeum – muzeem.
3. *Mobile -e-:* pes – psem, blázen – bláznem, Karel – Karlem, broskev – broskví, mrkev – mrkví.
   For more about mobile -e-, see page 228.
4. *Stem changes:* kůň – koněm, dům – domem, sůl – solí. *For more about this, see page 228.*
5. *Ma nouns ending in the pronounced -i/-í/-y are declined like adjectives:* Jiří – Jiřím, Billy – Billym.
   F nouns ending in the pronounced -i/-í/-y/-o or in a a consonant do not change: Gudrun, Ruth, Toshiko.

Zájmena v instrumentálu

Pronouns in the instrumental

Personal pronouns

	já	ty	on	ona	ono	my	vy	oni
Short forms	**mnou**	**tebou**	**jím**	**jí**	**jím**	**námi**	**vámi**	**jimi**
Long forms	**mnou**	**tebou**	**jím**	**jí**	**jím**	**námi**	**vámi**	**jimi**
After prepositions	**mnou**	**tebou**	**ním**	**ní**	**ním**	**námi**	**vámi**	**nimi**

Notes:

1. *Short forms of personal pronouns are members of the „Second Position Club". See page 229.*
2. *Short and long forms are absolutelly identical in the instrumental.*

Demonstrative pronouns – singular and plural

	Ma, Mi, N	F
ten, ta, to	**tím**	**tou**
ti, ty, ty, ta	**těmi**	

Possessive pronouns – singular

tne nominative sg.	the instrumental sg.	
	Ma, Mi, N	F
můj, moje	**mým**	**mojí / mou**
tvůj, tvoje	**tvým**	**tvojí / tvou**
jeho	**jeho**	**jeho**
její	**jejím**	**její**
náš, naše	**naším**	**naší**
váš, vaše	**vaším**	**vaší**
jejich	**jejich**	**jejich**

Possessive pronouns – plural

the nominative pl.	the instrumental pl.
	Ma, Mi, F, N
moji, moje	**mými**
tvoji, tvoje	**tvými**
jeho	**jeho**
její	**jejími**
naši, naše	**našimi**
vaši, vaše	**vašimi**
jejich	**jejich**

Notes:

1. *You will hear the forms* **těma, mýma / mejma, tvýma / tvejma, našima / našema, vašima / vašema** *in colloquial Czech.*
2. *Note the similarities between the declension of possessive pronouns (see here) and the declension of adjectives (see page 195).*

Nástroje a dopravní prostředky

The instrumental sg.

Pamatujete si? Jedu vlak**em**, aut**em** a tramvaj**í**.

1. Doplňte správné tvary.

1. Do práce jezdím ______________ (autobus).
2. Na dovolenou poletím ______________ (letadlo).
3. Můj syn ještě nikdy nejel ______________ (metro).
4. Ráno jsem jel do školy ______________ (tramvaj).
5. V létě jsme jeli na výlet ______________ (loď).
6. Pojedeme ______________ (vlak)?
7. V noci jsem jel domů ______________ (taxík).
8. Chtěl bys někdy letět ______________ (balon)?

2. Řekněte, na co používáme následující věci.

Například: Když píšu, používám tužku. Píšu tužkou.

tužka **ruka** **inkoust** **mýdlo** **šampon** **tužka** **lžička** **lžíce** **voda** **vidlička** **pero** **nůž**

Pozorujte:
mýt dítě - mýt SE - mýt SI vlasy, ruce, nohy...
For more about the reflexive particles se *and* si *, see page 234.*

3. Opravte věty v tabulce.

Jím zmrzlinu tužkou. **Míchám kávu botou.** **Píšu dopis nohou.**
Krájím maso rukou. **Myju si ruce parfémem.**
Hraju tenis nohou. **Myju si vlasy pivem.** **Na měsíc letím balonem.**
Na moři jezdím vlakem. **Ve městě jezdím lodí.**

4. Dokončete věty. Používejte slova z tabulky v instrumentálu sg.

1. Míchám kávu *lžička / nůž / tužka*.
2. Nikdy nemíchám kávu *lžička / nůž / tužka*.
3. Do práce vždycky jezdím *auto / autobus / tramvaj*.
4. Do práce nikdy nejezdím *vlak / tramvaj / auto / metro*.
5. Často létám *balon / raketa / letadlo*.
6. Nikdy nelétám *balon / raketa / letadlo*.
7. V restauraci jím vždycky *vidlička / nůž / ruka*.
8. V restauraci nikdy nejím *ruka / noha / lžička / vidlička*.
9. Myju si vlasy *šampon / mýdlo / pivo / mléko / citron*.
10. Nikdy si nemyju vlasy *šampon / mýdlo / pivo / mléko*.
11. Píšu dopisy *pero / tužka / na počítači*.
12. Nikdy nepíšu *pero / tužka / na počítači*.
13. Ráno se myju *voda / mýdlo / šampon / mléko*.
14. Nikdy se nemyju *voda / mýdlo / šampon / mléko*.

Čaj s mlékem. Káva se šlehačkou.

Prepositions + the instrumental

5. Dělejte otázky a odpovídejte. Vymýšlejte neobvyklé, zajímavé nebo exotické kombinace.

Například: Chutná ti čaj s mlékem?

Chutná ti/vám to?

káva - šlehačka **špagety - sýr - kečup** **čaj - sůl - máslo**
avokádo - česnek **čokoláda - chilli paprika** **řízek - knedlík**
rýže - sýr **majonéza - med** **káva - kardamon** **maso - ananas**
chleba - máslo - kečup **guláš - chleba** **palačinka - špenát**

Pamatujte si: Piju čaj s cukr**em** a mlék**em** a kávu se šlehačk**ou**.

6. Řekněte, co je nejlepší.

Například: Nejlepší je smažený sýr s tatarskou omáčkou a bramborem.

čaj	mléko	cukr	citron	med
párek	kečup	hořčice	křen	majonéza
káva	šlehačka	zmrzlina	cukr	koňak
sendvič/chlebíček	tuňák	sýr	šunka	okurka
palačinky	zmrzlina	ovoce	čokoláda	karamel

Pamatujte si: prepozice + instrumentál
s/se – with
mezi – between, among
pod – under
před – 1. place in front of 2. time before, ago
nad – above
za – 1. place behind 2. with people to someone 3. time in
The prepositions mezi, pod, před, nad *and* za *will be practiced on pages 204 and 205.*

7. Opravte věty.

1. Dám si čaj se sýrem.
2. Miluju maso se šlehačkou, karamelem a ovocem.
3. Chtěla bych pizzu s ledem.
4. Dám si palačinku se šunkou.
5. Mám chuť na zmrzlinu s kečupem.
6. Mám rád brambory s cukrem.
7. Objednal jsem chlebíčky s citrónem a cukrem.
8. Určitě si musíš dát smažený sýr s knedlíkem.
9. Dám si whisky se špenátem.
10. Chceš pivo s medem?
11. Prosím vás, máte kávu s knedlíkem?
12. Nejlepší je kakao s džusem.
13. Mám moc ráda ryby s čokoládou.
14. Včera jsme měli na oběd kraby s marmeládou.

Vztahy

Verbs + the preposition s/se *+ the instrumental*

8. Čtěte titulky v tabulce. Pro jaké časopisy jsou typické?

Bude mít svatbu.
Chodí spolu nebo ne?
Kde se seznámili?
Rozejdou se?
ROZVEDLI SE.
Miluje ho (nebo miluje ji)?
Pohádali se v baru.

9. Poslouchejte, o čem mluví Alice s Evou. Diskutujte.

71

1. Myslíte, že hádat se je normální? Mají ideální vztahy jenom lidi, kteří se nehádají?
2. Máte nějakou metodu na to, jak se hádat, nebo jak hádku skončit?
3. Myslíte, že svatba je pro vztah důležitá? Proč ano/ne?

Pozorujte:

seznamovat se / seznámit se s – to meet
chodit s – to date
mít* svatbu s – to marry
brát* si / vzít* si + accusative – to marry
hádat se / pohádat se s – to argue (BUT: **hádat** – to guess)
rozcházet se / rozejít* se s – to break up (with)
rozvádět se / rozvést* se s – to divorce
žít* s – to live with
For more about the reflexive particles se *and* si, *see page 234.*

10. Hádejte, kdo s kým asi chodí.

Kdo s kým asi chodí?

Jakub Hanák
Jakub je inženýr. Je mu 27 let. Miluje sport, hlavně vodu a lyže. V létě plave a surfuje a v zimě hodně lyžuje. Jezdí na hory do Francie a do Rakouska. Dvakrát za týden chodí hrát fotbal. Kultura ho moc nebaví, ale docela rád cestuje. Jednou by chtěl jet do Antarktidy a žít tam rok nebo dva.

Leoš Bém
Leoš studuje na filozofické fakultě Karlovy Univerzity. Je mu 22 let. Moc rád čte – je typický knihomol. Má rád klasickou i moderní literaturu. Občas hraje volejbal nebo jde do hospody, ale nemá moc kamarádů. Chtěl by dělat doktorát a pracovat na fakultě jako asistent.

Filip Pešat
Filipovi je 21 let. Studuje matematiku, ale moc mu to nejde. Plánuje, že odejde ze školy a založí vlastní počítačovou firmu. Myslí si, že může docela dobře žít i bez univerzity. Chtěl by pracovat jako počítačový technik, prodávat a opravovat počítače. Umí taky programovat a samozřejmě rád hraje počítačové hry.

Markéta Syrovátková
Markéta je studentka medicíny. Je jí 20 let. Studuje dobře a medicína ji moc baví. Když má čas a neučí se na zkoušky, chodí do filmového klubu nebo s kamarády do čajovny. Chodí do kostela, protože je věřící. Až skončí školu, chtěla by pomáhat lidem v Africe.

Karolína Černá
Karolíně je 21 let a je kosmetička. Pracuje v kosmetickém salónu a hodně vydělává. Chtěla by si udělat masérský kurz a dělat lidem masáže. Hodně sportuje, trénuje karate a hraje volejbal. Plánuje, že na rok nebo na dva pojede do Ameriky pracovat jako au-pair. Ráda poznává nové lidi a země.

Adéla Benešová
Adéla pracuje v cestovní kanceláři jako sekretářka. Je jí 24 let. Je veselá, energická a hodně sebevědomá. Má ráda módu a hezké oblečení. Cvičí aerobik a chodí běhat, protože chce mít dobrou postavu. Ráda chodí do kina na romantické filmy a komedie a s kamarády hraje biliár nebo bowling.

11. Téma ke konverzaci:

1. Kdy, kde a jak jste se seznámili s vaším nejlepším kamarádem/kamarádkou?
2. Kdy, kde a jak jste se seznámili s vaším partnerem/partnerkou?
3. Víte, jak se seznámili vaši rodiče?
4. Kde a jak se lidi nejčastěji seznamujou?

72

12. Poslouchejte text. Pište informace z textu do tabulky.

S kým, kde, kdy a jak se seznámili?

	s kým	kde	kdy	jak
Jitka	______	______	______	______
Linda	______	______	______	______
Radka	______	______	______	______
Pavel	______	______	______	______

13. Spojte čísla a písmena.

1. Včera jsem na diskotéce potkala fantastického kluka.
2. Víš, že čekám dítě?
3. V září budu mít svatbu.
4. Pohádal jsem se s manželkou.
5. Pavel a Linda se rozvádějí.
6. Ještě neznám tvého kolegu. Seznámíš nás?
7. Zamiloval jsem se.
8. Víš, že Marie chodí s Milanem?
9. Rozešla jsem se s Janem.

A. To je skvělé. A kdy se narodí?
B. Já jsem myslela, že chodí s Leošem.
C. A jak vypadal?
D. Fakt? Myslel jsem, že jsou idální pár.
E. Do koho?
F. Gratuluju.
G. To je škoda. Vy jste se pohádali?
H. Ano, seznámím, ale teď nemám čas.
I. A proč? Zase kvůli penězům?

14. Opravte druhou pozici.

1. Včera večer potkal jsem na ulici kamaráda.
2. Minulý týden pohádal jsem se s ředitelem.
3. Doufám, že nerozvedeme se.
4. Chodila s Danielem jsem tři roky.
5. U moře seznámili jsme se s zajímavým člověkem.
6. Se Lucie rozešla s Michalem.
7. Celý život žil jsem s maminkou, ale teď žiju sám.
8. Myslíš, že Pavel rozvede se s Irenou?
9. Tři roky chodila jsem s Leošem.
10. Proč pohádali jste se?

Pozorujte: potkat X seznámit X seznámit se
potkávat / potkat – to meet by accident, to come across (Včera jsem potkal kamaráda, kterého jsem neviděl 5 let.)
seznamovat / seznámit – to introduce, to acquaint (Můj šéf mě seznámil s novým kolegou.)
seznamovat se / seznámit se – to meet, to get acquainted (Seznámili jsme se u moře v roce 1995.)

15. Víte, co znamenají slova v tabulce?

ženský hlas	obchodník	spáchat sebevraždu	být* opilý
hádat se/pohádat se		seznamovat se/seznámit se	
tiše odcházet/odejít*	podzimní den	čekat/počkat	být* v pořádku
zamilovávat se/zamilovat se		zabíjet/zabít *	

73

16. Doplňte do textu prepozice. Pak poslouchejte text.

Tragická hádka

Byl smutný podzimní den. Byla zima a ________ rána silně pršelo. Inspektor Holmík a komisař Mulík seděli ________ kanceláři a hráli šachy. „Crrrrr!" Inspektor Holmík vzal telefon. „Tady policie!" – „Prosím vás, musíte přijet. Můj přítel Martin Jirák je mrtvý. Spáchal sebevraždu!" říkal mladý ženský hlas v telefonu.

„Rychle. Jedeme." Holmík a Mulík jeli ________ bytu Martina Jiráka. Byli tam ________ pět minut. Ve dveřích bytu čekala mladá žena. Byla velmi hezká. Měla perfektní make-up, krásný účes a sexy bílé džíny.

„Jak se jmenujete? A kdo jste?" zeptal se inspektor.

„Jmenuju se Sandra Vernerová a jsem přítelkyně Martina. Já jsem volala policii."

Když vešli ________ bytu, uviděli mladého muže. Ležel ________ zemi a byl mrtvý. ________ muže ležel revolver.

„Co se tady stalo, slečno Vernerová?".

„Seznámili jsme se před rokem ________ diskotéce. Strašně jsem se ________ Martina zamilovala. Nevěděla jsem ale, že je alkoholik. Každý den chodil ________ hospody a vracel se pozdě ________ noci nebo ráno. Hodně jsme se hádali. Dneska ráno přišel ________ hospody taky opilý. Řekla jsem mu, že s ním končím. Pohádali jsme se, a pak zase začal pít. Tiše jsem odešla ________ bytu a šla jsem ________ parku. Dvě hodiny jsem chodila venku, a pak jsem šla zpátky ________ Martinovi. Chtěla jsem vědět, jestli je v pořádku. Když jsem přišla, viděla jsem, že je mrtvý. Tak jsem hned zavolala ________ policii."

„Čí byl ten revolver?"

„Jeho. Měl ho legálně, protože byl obchodník a měl často doma peníze".

„A ________ kolik hodin jste volala ________ policii, slečno Vernerová?"

„________ půl jedenácté".

„Aha. Tak to bylo asi tak před deseti minutami. Tak půjdete ________ námi ________ policii. Nějak se mi to nelíbí. Myslím, že to nebyla sebevražda. Martina Jiráka jste zabila vy!"

Proč si inspektor Holmík myslí, že Martina zabila Sandra?

(Podle knihy Kriminální případy pro detektivy začátečníky. *Adaptováno.)*

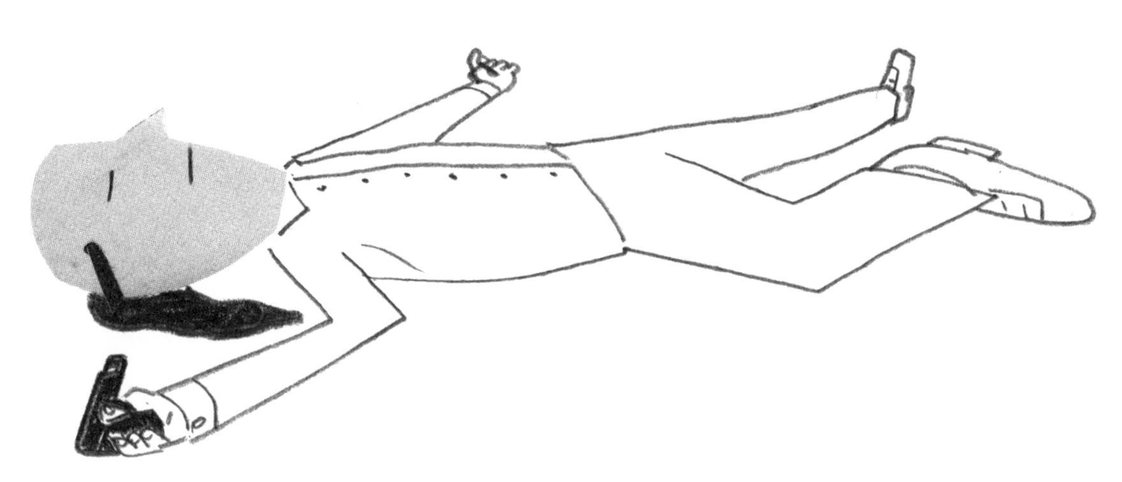

1. **brát* si / vzít* si** (+ A)	***to marry (literally to take)***
2. **být* nevěrný** (+ D)	***to be unfaithful***
3. **být* těhotná**	***to be pregnant***
4. **být* vdaná za** (+ A)	***to be married to – said about a woman***
5. **být* zamilovaný do** (+ G)	***to be in love with***
6. **být* zasnoubený s** (+ I)	***to be engaged***
7. **být* ženatý s** (+ I)	***to be married to – said about a man***
8. **čekat dítě**	***to be expecting a baby***
9. **chodit s** (+ I)	***to date***
10. **hádat se / pohádat se s** (+ I)	***to argue with***
11. **milovat se / pomilovat se s** (+ I)	***to make love to***
12. **mít* svatbu s** (+ I)	***to have a wedding***
13. **platit / zaplatit alimenty**	***to pay alimony***
14. **potkávat / potkat** (+ A)	***to meet*** *(regularly)*
15. **rodit / porodit dítě**	***to give birth to a child***
16. **rozcházet se / rozejít* se s** (+ I)	***to break up with***
17. **rozvádět se / rozvést* se s** (+ I)	***to get divorced***
18. **setkávat se / setkat se s** (+ I)	***to meet (formal)***
19. **seznamovat se / seznámit se s** (+ I)	***to meet*** *(for the first time)*
20. **vdávat (se) / vdát (se) za** (+ A)	***to marry – said about a woman***
21. **zamilovávat se / zamilovat se do** (+ G)	***to fall in love with***
22. **zasnubovat se / zasnoubit se s** (+ I)	***to get engaged***
23. **ženit se / oženit se s** (+ I)	***to marry – said about a man***
24. **žít* s** (+ I)	***to live with***

Příkazy

In this lesson you will:

- tell people what to do
- prep yourself for some more prepositions
- address people
- learn a few really interesting little words

Lekce 20

lesson 20

Kde je diář? – Není pod stolem?

Prepositions + the instrumental

74

Tom odchází do práce. Hledá diář, ale nemůže ho najít.

„Alice, prosím tě, nevíš, kde mám diář?"
„Není **pod** stolem?"
„Ne, určitě není."
„A není **za** křeslem?"
„Ne, tam taky není!"
„A není tady **před** tebou **mezi** kalendářem a počítačem?"
„Á, tady je! Jak to, že jsem ho neviděl?"
„Protože nemáš brýle!"
„Aha. Ale kde mám brýle? **Pod** stolem? **Za** křeslem? **Pod** kalendářem? Nebo **pod** židlí?"

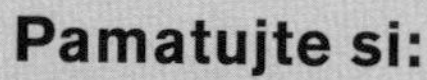

Pamatujte si:
Prepozice + instrumentál:
nad – above
pod – under
před 1. place – in front of 2. time – before; ago
za – behind
mezi – between, among

1. Jeden student „schová" fiktivní prsten někde v bytě na obrázku. Druhý student se ptá, kde prsten je.

Například: Je prsten pod postelí? – Ne, prsten není pod postelí.

Kde je prsten?

Kam to dáme? – Pod stůl.

Prepositions + the accusative/the instrumental

5

2. Poslouchejte. Doplňte vynechaná slova.

Eva a Petr se stěhujou do nového bytu. Je nejvyšší čas, protože Eva je těhotná. Za dva týdny čekají dítě. Eva sedí v křesle a Petr nosí židle, stoly, knihy, police, kytky, krabice s nádobím a obrazy.

Petr: „Kam dáme obraz?"
Eva: „Obraz? Já myslím, že nad ____________________ Tam bude vypadat moc hezky."
Petr: „Ano, obraz bude nad ____________________ A kam dáme tu kytku?"
Eva: „Určitě mezi ____________________ a ____________________"
Petr: „Dobře, kytka bude mezi ____________________ a ____________________. A co ta krabice?"
Eva: „Hmmm, zapomněla jsem, co je uvnitř. Dej ji, prosím tě, zatím pod ____________________"
Petr: „Fajn, krabice bude pod ____________________ Ale kam dáme kaktus?"
Eva: „Před ____________________ Tam bude mít dost světla."
Petr: „Tak jo, kaktus bude před ____________________ A co tenhle obraz?"
Eva: „Ještě nevím. Dej ho zatím za ____________________"
Petr: „To je škoda. Tenhle obraz se mi líbí a bude za ____________________?!"

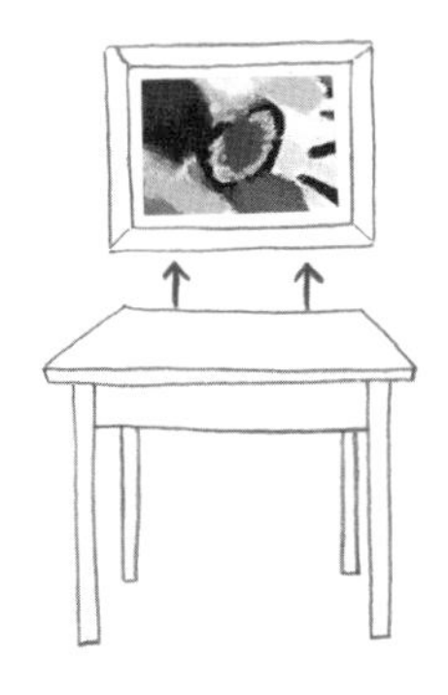

*Dávám obraz **nad stůl**.*
*Obraz bude **nad stolem**.*

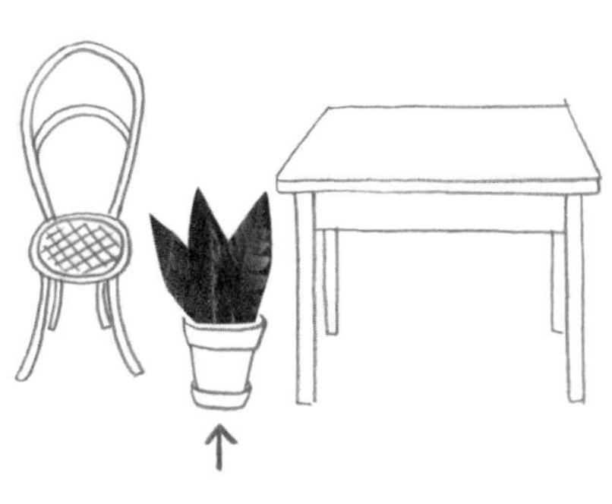

*Dávám kytku **mezi židli a stůl**.*
*Kytka bude **mezi židlí a stolem**.*

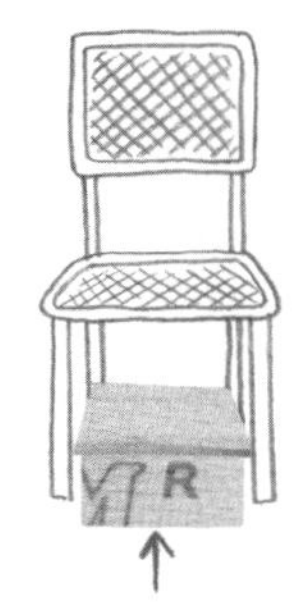

*Dávám krabici **pod židli**.*
*Krabice bude **pod židlí**.*

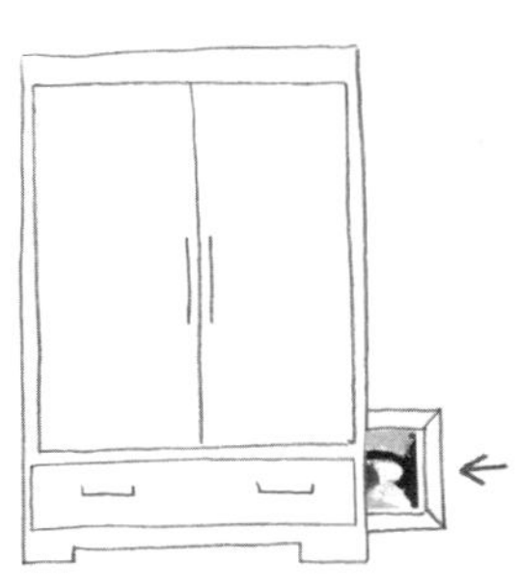

*Dávám obraz **za skříň**.*
*Obraz bude **za skříní**.*

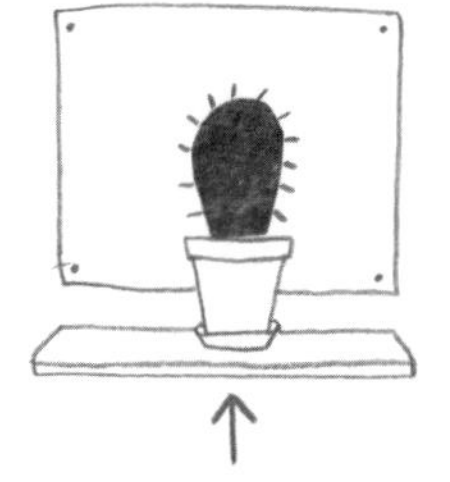

*Dávám kaktus **před zrcadlo**.*
*Kaktus bude **před zrcadlem**.*

Compare the general scheme of Direction versus Location on page 230.

KAM? X KDE?

nad, pod, před, za, mezi + *the accusative, e. g.* Dávám prsten za **obraz**.
X
nad, pod, před, za, mezi + *the instrumental, e. g.* Prsten je za **obrazem**.

3. Dělejte příkazy.

Představte si, že máte sluhu nebo robota, který zařizuje váš byt. Dávejte mu příkazy.
Například: Dej tužku na stůl.

4. Opakujte všechny předložky v tabulce. Dělejte věty.

na, nad, pod, bez, kvůli, před, pro, do, kolem, okolo, díky, mezi, v, u, o, uprostřed, proti, vedle, s, z, za, k, blízko

5. Které prepozice mají mobilní -e- a proč? Napište příklady.

Například: z Francie X ze Švédska

6. Napište prepozice do tabulky. POZOR: Některé prepozice můžou mít víc než jeden pád!

akuzativ	genitiv	lokál	dativ	instrumentál

7. Dělejte věty s prepozicemi z tabulky.

S kým mluvíš? S čím si hrajete?

Pronouns kdo, co *in the instrumental*

Petr přichází domů. Když otvírá dveře, slyší, že Eva s někým mluví.
Petr: „S **kým** mluvíš? Myslel jsem, že jsi sama doma!"
Eva: „Mluvím s kočkou a se psem. Hrajeme si."
Petr: „A s **čím** si hrajete?"
Eva: „S tvou botou."

Pamatujte si:
For a complete overview of the declension of **kdo** *and* **co**, *see page 227. Here are their forms in the instrumental:*
kdo – kým
co – čím

8. Odpovídejte.

S kým si povídáte nejčastěji? S kým mluvíte málo? Proč?

partner / partnerka **ředitel / ředitelka** **soused / sousedka** **kamarád / kamarádka** **babička / dědeček** **kolega / kolegyně** **tatínek / maminka** **učitel / učitelka** **syn / dcera**

9. Spojte čísla a písmena.

1. S kým půjdeš do kina?
2. Čím píšeš?
3. Čím pojedeš na výlet?
4. S kým spolupracuje vaše škola?
5. S kým chodí Adam?
6. S kým chodíš na tenis?
7. Čím budeme jíst, když nemáme vidličku?

A. Vlakem. Nemám auto.
B. S kamarádem. Hraje opravdu dobře.
C. S přítelkyní. Ještě ten film neviděla.
D. Perem nebo tužkou.
E. S Jarmilou. Miluje ji.
F. Rukou.
G. S univerzitou z Německa.

10. Opakujte všechny formy zájmen *kdo, co*.

nominativ	genitiv	dativ	akuzativ	lokál	instrumentál
kdo	koho	komu	koho	kom	kým
co	čeho	čemu	co	čem	čím

11. Dokončete otázky.

S kým ____________________?
Čím ____________________?
Koho ____________________?
Pro koho ____________________?
Na co ____________________?
Komu ____________________?
O kom ____________________?
O čem ____________________?

Nejčastější imperativy.

The most common imperatives

12. Poslouchejte. Doplňte vynechaná slova.

76

Petr je nervózní. Eva už brzo bude mít dítě. Ale Petr musí jet na důležitou konferenci. Bude tam prezentovat nový počítačový program. Odjíždí nerad. Říká Evě: „Prosím tě, **dej na sebe pozor**! A **zavolej** mi, kdyby něco!"
Ale Eva nemá strach. „**Nedělej si starosti**. A **neboj se**! **Měj se hezky** a **užij si to**! A **pozdravuj** kolegy!"
Konference končí. Petr volá Evě: „Měli jsme velký úspěch! Naše prezentace byla nejlepší a máme čtyři nové klienty! Jo, a co ty? Jak se máš?"
Ale Eva je nějaká nervózní. „Petře, myslím, že už budu muset jet do nemocnice. **Pospěš si**!"
Petr jede rychle domů. Ale doma nikdo není! Eva už je v nemocnici.
Petr jede do nemocnice a sestra mu říká:
„Gratuluju, tatínku! **Podívejte se**, máte ______________ !!!"
Eva a Petr mají ______________ ______________ a ______________ ______________

Pamatujte si:

It is useful to learn the most common commands as phrases (see the following chart).

Dej / dávej pozor! – Look out!
Měj se hezky! – Have a nice time.
Neboj se! – Don't be afraid !
Nedělej si starosti. – Don't worry.
Nech toho! – Stop it!
Nech mě! – Leave me alone.
Dej / dávej na sebe pozor. – Take care.
Podívej se! – Look!
Pospěš si! / Dělej! – Hurry up!
Pozdravuj...! – Say hallo to...
Pojď dál! – Come in.
Buď zticha! – Be quiet.
Užij si to! – Enjoy it!
Zkus to! – Try it!

Only the informal address is used here. To use the formal address or plural, add the suffix "-te" *to the verbs.*

13. Co řeknete v této situaci?

1. Jdete po ulici a zastaví vás neznámý člověk. Chce od vás cigarety nebo peníze. Je nepříjemný.
„Prosím vás, ______________ !" říkáte mu.

2. Jdete se sestrou do divadla. Hra začíná už za čtyřicet minut a ona pořád neví, jaké šaty si má vzít. Díváte se na hodinky a jste nervózní. „Prosím tě, ______________ !" voláte na ni!

3. Stojíte na ulici a chcete přejít, ale přijíždí nějaké auto. Váš kamarád ho nevidí, protože telefonuje z mobilu.
„ ______________ !" křičíte rozčileně.

4. Sedíte v kině a za vámi sedí parta mladých lidí. Hlasitě mluví, jí popkorn a šustí papíry.
Otočíte se a říkáte: „ ______________ !"

5. Váš kamarád miluje dobrodružství. Jede na tři týdny sám do exotické země. Víte, že jeho cesta bude nebezpečná.
„ ______________ !" říkáte mu.

6. Máte špatnou náladu a není vám dobře. Vaši kamarádi pořád chtějí, abyste šel/šla do kina.
Vy jim ale říkáte: „ ______________ !"

7. Vaše malá dcera se učí plavat. Stojíte ve vodě a ukazujete jí, co má dělat.
Říkáte: „ ______________ !"

8. Vaše kolegyně jde večer na ples. Moc se těší. „ ______________ !" říkáte jí.

Imperativ.
The imperative

1. irregular imperatives

být – **buď, buďte**
jíst – **jez, jezte**
jít – **jdi, jděte / běž, běžte**
koupit – **kup, kupte**
mít – **měj, mějte**
přijít – **přijď, přijďte**
sníst – **sněz, snězte**
vrátit se – **vrať se, vraťte se**

Pamatujte si: Pojď sem! Pojďte sem! – Come here!

2. regular imperatives
To form the imperative, you need the third person plural (they–form). Drop the endings **-ou**, **-ají** *or* **-í** *from this form to get the imperative stem.*

***A. the stem ends in one consonant:* -, -te**

děkovat	děkuj-ou	děkuj!	děkuj-**te**!

***B. the stem ends in two consonants:* -i, -ete**

číst	čt-ou	čt-**i**!	čt-**ěte**!

***C. verbs ending in* -at (-ají)*:* -ej, -ejte**

dělat	děl-ají	děl-**ej**!	děl-**ejte**!

14. Dělejte formy 3. osoby plurálu *(the they-forms)*. Pak dělejte imperativy. Použijte je ve větách.

organizovat ____________________ ____________________
psát ____________________ ____________________
jít ____________________ ____________________
odpočívat ____________________ ____________________
spát ____________________ ____________________
mluvit ____________________ ____________________
pracovat ____________________ ____________________
hledat ____________________ ____________________
kupovat ____________________ ____________________

Pozorujte: *If you don't want to learn the imperatives, you can avoid them by saying:*

Měl bys...	You should...
Musíš...	You must...
Nemůžeš...	You can't...
Nesmíš...	You mustn't...

15. Téma ke konverzaci:
Co obvykle říkají rodiče dětem a děti rodičům? Co obvykle říká manžel manželce a manželka manželovi?

16. Vyberte příkazy k obrázkům.

1. Jdi na nákup! 2. Nekupuj to, je to moc drahé. 3.Dávej pozor! 4. Sněz to! 5. Otevři okno! 6. Buďte zticha! 7. Vezmi si deštník. 8. Udělej kávu. 9. Jdi se psem ven! 10. Prosím tě, podej mi sůl! 11. Zavři dveře! 12. Nech mě být!

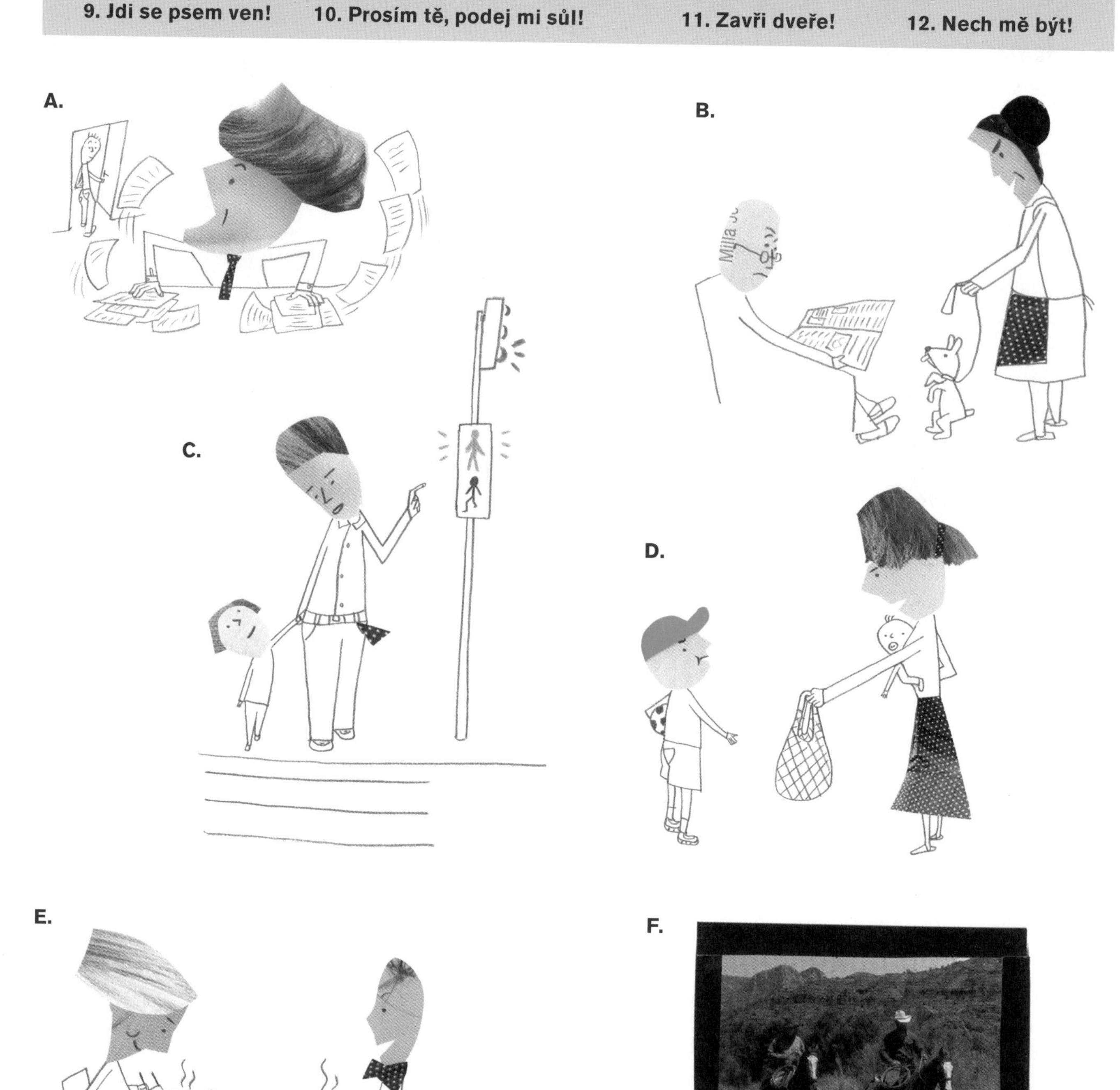

17. Používejte slova na straně 40, 92 a 130. Dělejte imperativy.

Pozorujte:

Negative imperatives are often imperfective (as if we wanted the commands to last longer).

E. g.: **Otevři okno. X Neotvírej okno.**

Zavři dveře. X Nezavírej dveře.

Petře! Veroniko! Davide!

The vocative

Eva vaří večeři a Petr si hraje s Veronikou a Davidem. Večeře je hotová.
„**Miláčku! Kočičko! Broučku!** Večeře je na stole!" volá Eva, ale nikdo ji neslyší.
„**Péťo**, **Verunko**, **Davídku!** Pojďte jíst!" volá Eva znovu. Ale zase nic. Hra je tak zajímavá.
„**Petře! Veroniko! Davide!**" křičí Eva. Teď už se opravdu zlobí. Ale Petr s dětmi už jdou.
„Nezlob se, **maminko!**" volá Petr. „Už jsme tady."

The vocative singular:

Ma	F
David – Davide! **Marek – Marku!** (*after* h, ch, k, g) **Petr – Petře!** *(an exception)* **Aleš – Aleši!** (*after* ž, š, č, ř, c, j) **Honza – Honzo!** (*names and words ending in* -a)	**Veronika – Veroniko!** **Alice – Alice!** **Ruth!**

Notes:
1. *Ma nouns ending in the pronounced* -i/-í/-y/-o *do not change:* Jiří! Billy! Ivo!
2. *F nouns ending in* -e, *in the pronounced* -i/-í/-y/-o *or in a consonant do not change:* Alice! paní! Ivy! Ruth! Toshiko!
3. *Last names stay the same in colloquial Czech:* Pane Novák! Paní Nováková! *For formal address, Ma last names change according to the rules above* (Pane Nováku!).
4. *For more about Czech names,* *see page 218.*

18. Dělejte vokativ.

Martin, David, Ivan, Adam, Michal , Marek, Zdeněk, Mirek, Radek, Tomáš, Lukáš, Leoš, Honza, Jarda, Pepa

____

____

Eva, Magdaléna, Kateřina, Hana, Irena, Tereza, Barbora, Petra, Olga, Alice, Marie, Lucie, Carmen, Rosie, Ruth

____

____

19. Čtěte. V jaké situaci byste použili následující slova? Jaká slova byste nikdy nepoužili?

1. diminutives, and also words expressing affection
miláček, brouček, kocourek, méďa, pejsek; kočička; kotě, zlato, pusinka
(and diminutives of first names)

2. rude words or insults
osel, pitomec, blbec, vůl, mizera, idiot, debil, kretén, hajzl; káča, nána, slepice, husa, kráva, svině

Pozorujte: *If you want to address someone you don't know, say:*
Prosím tě... / Prosím vás – Excuse me...

lesson
20

1. **Buď hodný / hodná!**	*Be a good boy / girl!*
2. **Dávej na sebe pozor.**	*Take care.*
3. **Dávej pozor!**	*Watch out!*
4. **Jdi domů! Jděte domů!**	*Go home!*
5. **Běž pryč!**	*Go away!*
6. **Jez!**	*Eat!*
7. **Kup to!**	*Buy it!*
8. **Měj se hezky!**	*Have a nice time.* (You can also hear: **Měj se**)
9. **Neboj se!**	*Don't be afraid! Don't worry!*
10. **Nedělej si starosti.**	*Don't worry.*
11. **Nech toho!**	*Stop it!*
12. **Neruš mě! / Neotravuj mě!**	*Don't disturb me! / Don't bother me!*
13. **Neplač!**	*Don't cry!*
14. **Odlož si.**	*Take off your coat.*
15. **Pojď dál! / Dále!**	*Come in.*
16. **Posaď se.**	*Sit down.*
17. **Pospěš si! / Dělej! / Honem!**	*Hurry up!*
18. **Pozdravuj...!**	*Say hallo to...!*
19. **Přijď!**	*Come!*
20. **Přijeď!**	*Come!*
21. **Buď zticha!**	*Be quiet.* (You can also hear: **Buď tiše/ticho!**)
22. **Užij si to!**	*Enjoy it!*
23. **Zavolej!**	*Give mi a call!*
24. **Zkus to!**	*Try it!*

Remember: To form the formal address or the plural, just add the suffux **-te** *to these forms.*

Grammatical Charts

Basic grammatical terms
Základní gramatické termíny

To study Czech, you will need some basic grammatical terms:
adjective (adjektivum, přídavné jméno): good, bad, strong, white...

adverb (adverbium, příslovce): nicely, really, simply, flat, there...

aspect (aspekt, vid): *This verbal category is absent in English. There are two aspects in Czech:*
1. imperfective
The imperfective aspect is unmarked. It names the activity, and presents it as repeated or unlimited.
2. perfective
The perfective aspect presents the activity as completed, as a single act. It often emphasizes the activity's end or beginning.
Almost all Czech verbs exist in both aspectual forms. In this textbook they are always written in this order: 1.imperfective form / 2. perfective form.

conjugation, to conjugate (konjugace, konjugovat, časovat): *Verbs are conjugated in Czech. This means that endings are used to show grammatical person. Observe:* I do – děl**ám**, , you do – děl**áš**, he/she/it does – děl**á**...

conjunction (konjunkce, spojka): and, or, but...

declension, to decline (deklinace, deklinovat, skloňovat): *Nouns, adjectives, pronouns and numerals are declined in Czech. This means that endings are used to create case forms.*
Observe: to David – David**ovi**; from America – z Ameriky

gender (rod): *Nouns, adjectives, the majority of pronouns and some numerals have genders. Gender is also marked in certain forms of verbs (past tense, conditional). There are three grammatical genders in Czech: masculine (animate and inanimate), feminine and neuter. To tell them apart, four colors are used:*
Ma ***– masculine animate (maskulinum životné)***
Mi ***– masculine inanimate (maskulinum neživotné)***
F ***– feminine (femininum)***
N ***– neuter (neutrum)***

infinitive (infinitiv): *a "to-form" of verbs in English and "-t form" in Czech. Observe:* **to** do – děla**t**

interjection (interjekce, citoslovce): ah, bang, splash...

noun (substantivum, podstatné jméno): man, woman, dog, house...

numeral (numerále, číslovka): one, two, three...; the first, the second...

object (objekt, předmět):
1. direct object: Mother is sending a **letter**.
2. indirect object: Mother is sending a letter to **Jane**.

preposition (prepozice, předložka): in, on, at, from...

pronouns (pronomen, zájmeno): I, you, he, she, it...; that, this; my, your...; me, him, her...

subject (subjekt, podmět): Mother is sending a letter.

verb (verbum, sloveso): to be, to have...

Remember:
Nouns, adjectives and verbs have different forms in Czech!

	noun	*verb*	*adjective*	*adverb*
English	**work**	**work**	**work**	
Czech	**práce**	**pracovat**	**pracovní**	**pracovně**

"False friends"

"Falešní kamarádi"

Be careful! If you are not sure about the meaning of a word, always check it in a good dictionary. Sometimes words that look or sound similar have entirely different meanings in Czech and in English! These words are called "false friends". Here is a list of the most common ones.

If you want to say...	***don't say...***	***because it means...***	***Say...***
actually	aktuálně	topically, currently	**vlastně**
actual	aktuální	topical	**skutečný, konkrétní**
ambulance	ambulance	1. outpatients' department 2. ambulance	**sanitka**
argument *(a quarrel)*	argument	*only* argument	**hádka**
billion *(American English)*	bilion	trillion *(American English)*	**miliarda**
to blame	blamovat	make a fool of sb.	**obviňovat/obvinit**
camera	kamera	*only* a film/video camera	**fotoaparát, foťák**
chef	šéf	boss	**šéfkuchař, šéfkuchařka**
closet	klozet	toilet	**(vestavěný) šatník, šatna**
comfortable	komfortní	luxurious	**pohodlný**
comrade	kamarád	friend	**soudruh**
concurrence	konkurence	competition	**shoda**
to control *(to have control over)*	kontrolovat	only to check	**ovládat/ovládnout**
criminal	coll. kriminál	prison, jail	**zločinec, kriminálník**
curve	kurva	whore	**křivka**
eventually	eventuálně	possibly, if necessary	**nakonec**
exactly	exaktně	scientifically, accurately	**přesně**
fame	fáma	rumour, hearsay	**sláva, proslulost, věhlas**
fantasy	fantazie	imagination, fancy	**představivost**
grapes	grep	grapefruit	**hroznové víno, hrozny**
gymnasium	gymnázium	secondary school	**tělocvična**
host	host	guest	**hostitel, hostitelka**
list	list	1. leaf 2. piece of paper	**seznam**
lump	lump	villain, jerk	**1. hrouda 2. kostka 3. kus**
to mail	mejlovat	to e-mail	**posílat/poslat poštou**
mixer	mixér	blender	**1. šlehač 2. míchačka**
party	parta	1. group, team 2. gang	**oslava, večírek, mejdan**
past	past	trap	**minulost, minulý**
pasta	pasta	(tooth) paste	**těstoviny**
pathetic	patetický	impassioned	**žalostný, ubohý, strašný**
plot	plot	fence, hedge	**zápletka, příběh**
police	police	shelf	**policie**
pollution	poluce	emission of semen in sleep	**znečištění** (životního prostředí)
pregnant	pregnantní	pithy, condensed	**těhotný**
preservative	prezervativ	condom	**konzervační prostředek**
protection	protekce	patronage, favouritism	**ochrana**
proud	proud	1. current 2. stream	**hrdý, pyšný**
regular	regulérní	fair	**pravidelný**
relative *(a member of a family)*	relativní	relative, *not absolute*	**příbuzný**
serious	seriózní	reliable, trustworthy	**vážný**
solid	solidní	reliable, earnest, fair	**pevný**
stop	stopovat	to hitchhike	**zastavovat/zastavit**
sympathetic	sympatický	nice, friendly, likeable	**soucitný, soucítící**
table	tabule	black/whiteboard	**stůl**
visit	vizita	doctor's rounds	**návštěva**

Alphabet
Abeceda

a b c č d ď e f g h ch i j k l m n ň o p q r ř s š t ť u v w x y z ž

Spelling
Pravopis

Czechs do not spell out words as often as English speakers. If misunderstood, they usually pronounce the word again clearly, syllable by syllable. However, sometimes a more detailed explanation is needed:

a - krátké a
á - dlouhé a
b - bé
c - cé
č - čé
d - dé
ď - d'é
e - krátké e
é - dlouhé e
ě - e s háčkem, ije
f - ef
g - gé
h - há
ch - chá
i - krátké měkké i
í - dlouhé měkké i
j - jé
k - ká
l - el
m - em
n - en
ň - eň
o - krátké o
ó - dlouhé o
p - pé
q - kvé
r - er
ř - eř
s - es
š - eš
t - té
ť - ťé
u - krátké u
ú - dlouhé u
ů - dlouhé u s kroužkem
v - vé
w - dvojité vé
x - iks
y - ypsilon, krátké tvrdé i
ý - dlouhé tvrdé i
z - zet
ž - žet

Vowels
Samohlásky

short vowels: **a, e, i, y, o, u**
long vowels: **á, é, í, ý, ó, ú, ů**

Consonants
Souhlásky

hard consonants: **h, ch, k, g, r, d, t, n**
soft consonants: **ž, š, č, ř, ď, ť, ň, c, j**
ambiguous consonants: **b, f, l, m, p, s, v, z**

Cardinal numerals
Základní číslovky

1 jeden/jeden, jedna, jedno	**11** jedenáct	**10** deset	**100** sto	**1 000** tisíc	**1 000 000** jeden milion
2 dva/dva, dvě, dvě	**12** dvanáct	**20** dvacet	**200** dvě stě	**2 000** dva tisíce	**2 000 000** dva miliony
3 tři	**13** třináct	**30** třicet	**300** tři sta	**3 000** tři tisíce	**3 000 000** tři miliony
4 čtyři	**14** čtrnáct	**40** čtyřicet	**400** čtyři sta	**4 000** čtyři tisíce	**4 000 000** čtyři miliony
5 pět	**15** patnáct	**50** padesát	**500** pět set	**5 000** pět tisíc	**5 000 000** pět milionů
6 šest	**16** šestnáct	**60** šedesát	**600** šest set	**6 000** šest tisíc	**6 000 000** šest milionů
7 sedm	**17** sedmnáct	**70** sedmdesát	**700** sedm set	**7 000** sedm tisíc	**7 000 000** sedm milionů
8 osm	**18** osmnáct	**80** osmdesát	**800** osm set	**8 000** osm tisíc	**8 000 000** osm milionů
9 devět	**19** devatenáct	**90** devadesát	**900** devět set	**9 000** devět tisíc	**9 000 000** devět milionů

Numerals higher than 20: **21** dvacet jedna / jednadvacet **22** dvacet dva / dvaadvacet **23** dvacet tři / třiadvacet

Pronunciation rules
Pravidla výslovnosti

Diacritic symbols used in Czech: ˇ **háček** – hook ´ **čárka** – length mark ° **kroužek** – circle

Letters you know from English:	**a b c d e f g h i j k l m n o p q r s t u v w x y z**
Czech letters: consonants	**č ď ch ň ř š ť ž**
Czech letters: vowels	**á é ě í ó ú ů ý**

1. *Note the consonants that are absent from the English alphabet:* **č, ď, ch, ň, ř, š, ť, ž** *(note especially* **ch** *which counts as a single letter!)*

2. *Short vowels are matched by set of long vowels, which are marked by the "length marks" and are about 1. 75 times as long as the short vowels.*

3. **p, t, k** *are unaspirated sounds.*

4. **i** *and* **y** *(or* **í** *and* **ý***) are pronounced the same.*

5. **ú** *and* **ů** *are pronounced the same. Their spelling only reflects differences in sound that existed in the past (see page 228).*

6. *How should* **[ď, ť, ň]** *be pronounced?*
   Imitate the sounds that your teacher produces putting the tip of your tongue against the back of your upper gum and above your front teeth. You will pronounce the sounds similar to **d, t, n,** *but softer than them.*

   Where should **[ď, ť, ň]** *be pronounced?*
   1. If there is **ď, ť, ň** *in a text, as in* **ď***ábel (devil),* **ť***ukat (to knock), Plze***ň**.
   2. If there is **d, t, n + ě***, as in* **dě***kuju (thank you),* **tě***žký (difficult),* **ně***kdo (somebody).*
   3. If there is **d, t, n + i***, as in* **di***vadlo (theatre),* **ti***skárna (printer),* **ni***kdo (nobody).*

7. *How should the syllables* **bě, pě, vě, mě** *be pronounced?*
   Bě, pě, vě, mě *should be read as* **[bje, pje, vje, mnje]***, as in:* **bě***žet (to run) na Kam***pě** *(at Kampa), člo***vě***k (man),* **mě***sto (city, town).*

8. *Assimilation rules:*
   a) At the end of a word, voiced consonants are pronounced like their voiceless counterparts.
   b) Observe: Václa**v** [Václa**f**]
   Che**b** [Che**p**]
   c) If there are two or more consonants in a cluster, all of them assimilate to the last one.
   dí**vk**a [dí**fk**a]
   v kanceláři [**fk**anceláři]
   kdo [**gd**o]

Observe:
Voiced consonants: **b, v, d, ď, z, ž, g, h**
Voiceless consonants: **p, f, t, ť, s, š, k, ch**

9. *Except for some stressless words, the first syllable of a word is always stressed:*
   náměstí, **si**tuace, **a**nalýza, **na** ulici, **ve** škole

Czech names
Česká jména

1. Křestní jméno (Christian / first name).
Which Czech first names do you know? If you don't know any names, you can use a Czech calendar. There are many names there because of the Catholic tradition of namedays. Note: like all the Slavic languages, Czech has a rich system of family and pet names. For example, Marie *can be called* Mařenka, Mařka, Maruška, Marina, Márinka, Majka, Máňa, Majda... *or* Jan *can be called* Jenda, Jeník, Jeníček, Honza, Honzík, Honzíček... *(from German Hans).*

2. Příjmení (surname / last name).
Which last names do you know? And do you know that they are often funny? You can easily meet pan Okurka *(Mr. Cucumber),* pan Mizera *(Mr. Rascal),* pan Nohavica *(Mr. Trouserleg),* slečna Tupá *(Miss Dull) or* paní Holá *(Mrs. Bald). Some of the male last names ending in* -l *actually are past tense forms. Do you happen to know* pan Koukal? *He is the man who stared, Mr. Stared (Naturally,* paní Koukalová *is the "Man-Who-Stared's" wife!),* pan Líbal *is Mr. Kissed and* pan Vyskočil *is Mr. Jumped Out!*

1. pan Hladík + paní Hladíková = Hladíkovi

2. pan Malý + paní Malá = Malí, Malých

3. pan Janů + paní Janů = Janů

Addressing people
Oslovení

To je pan Novák.
Pane Novák(u)!

To je paní Nováková.
Paní Nováková!

To je slečna Nováková.
Slečno Nováková!

To address each other, Czechs use the addressing form called the vocative case, e. g. pan<u>e</u>, slečn<u>o</u> ***(BUT the word*** paní ***never changes in the singular). Ask your teacher how to address him/her!***

The vocative singular see in lesson 20, page 211.

Time and date
Čas a datum

To say "Czech time" and dates, you'll need ordinal numerals:

Kolikátý?

0. nultý
1. první
2. druhý
3. třetí
4. čtvrtý
5. pátý
6. šestý
7. sedmý
8. osmý
9. devátý
10. desátý
11. jedenáctý
12. dvanáctý
13. třináctý
14. čtrnáctý
15. patnáctý
16. šestnáctý
17. sedmnáctý
18. osmnáctý
19. devatenáctý
20. dvacátý
21. dvacátý první...
100. stý
1 000. tisící
100 000. stotisící
1 000 000. miliontý
poslední

1. Hours. The question: Kolik je hodin? What's the time?

The Czechs divide the hour into quarters. Except for the exact hour they always refer to the following hour (from one to twelve).

čtvrt – tři čtvrtě
čtvrt/tři čtvrtě + *na + the accusative*
čtvrt na jednu
čtvrt na dvě, tři, čtyři...

půl
půl + *fem. genitive of ordinal numerals*
půl jedné
půl druhé, třetí, čtvrté...

Například:

5.15 – Je čtvrt na šest.
8.30 – Je půl deváté.
10.45 – Je tři čtvrtě na jedenáct.

2. Dates. The question: Kolikátého je dneska? *What's the date today?*

the ordinal numbers in the genitive (prvního, druhého, třetího...)	**+**	**the months in the genitive** (ledna, února, března... prosince)

Kolikátého je dneska?

1. prvního
2. druhého
3. třetího
4. čtvrtého
5. pátého
6. šestého
7. sedmého
8. osmého
9. devátého
10. desátého
11. jedenáctého
12. dvanáctého
13. třináctého
14. čtrnáctého
15. patnáctého
16. šestnáctého
17. sedmnáctého
18. osmnáctého
19. devatenáctého
20. dvacátého
30. třicátého
31. třicátého prvního

ledna
února
března
dubna
května
června
července
srpna
září
října
listopadu
prosince

Czech history in a nutshell

Česká historie v kostce

863 – Christian missionaries, Constantinus and Methodius **(Konstantin a Metoděj)** arrived in Moravia to introduce a literary Slavonic language as a language of liturgy.

929 – The first Czech saint, Prince Václav **(svatý Václav)** is murdered by his brother Boleslav.

1085 – Vratislav I, the first Czech king **(první český král)** is crowned.

1306 – King Václav III. is murdered in Olomouc, and the Přemyslid dynasty **(přemyslovská dynastie)** dies out due to a lack of male heirs.

1348 – Charles IV. of the Luxemburg dynasty **(Karel IV. z lucemburské dynastie)** founds Charles University in Prague **(Karlova univerzita)**, the oldest university in Central, Northern and Eastern Europe. This university is created "so that the Czechs need not beg for the crumbs of learning abroad, but found at home a laden table."

1415 – Master **Jan Hus**, the Czech preacher and religious reformer, is burned at the stake in Constance. Influenced by the ideas of John Wycliffe and other reformers, he criticised the wealthy and corrupt clergy saying: "It is better to obey God than the people". The death of Hus gives impetus to a great revolution, the Hussite movement **(husitské hnutí)** in Bohemia.

1526 – The Habsburg Ferdinand I is elected a Czech king. The Habsburgs later unit Austrian, Hungarian and Czech lands into a powerful Central European federation **(Rakousko-Uhersko)** that survives more than 300 years.

1620 – The Battle of White Mountain **(Bílá hora)**, the end of the Czech anti-Habsburg revolt. The Czech Protestant troops are defeated by the united forces of Catholic Europe. This marks a period of catholization of the country.

1781 – Josef II, an enlightened Habsburg emperor, abolishes serfdom and issues the edict of religious tolerance. This marks the start of the period of National Revival **(národní obrození)** in the 19th century that influences the development of the modern Czech language to a large extent.

1918 – Czechoslovakia **(Československo)** is founded as an independent country headed by president T. G. Masaryk.

1939–1945 Nazi occupation of Bohemia. In 1939, Hitler comes to Prague to proclaim the transformation of the occupied Czech territory into a German Protectorate **(Protektorát Čechy a Morava)**.

1945 – End of the World War II. Prague uprising (**Pražské povstání**). Liberation of the country by Russian and American troops (American ones stand along the line Karlovy Vary – Plzeň – České Budějovice).

1948 – The Communist February coup (called **"Velký únor"**). The communists misuse their victory in the elections in 1946 when they enjoyed the trust of much of the population disappointed by other parties.

1968 – The beginning of the "Prague Spring" **(Pražské jaro)**, an attempt to create a democratic model of socialism. This process lasts only until August 21, when the armies of Soviet Union, the German Democratic Republic, Bulgaria, Poland and Hungary occupy Czechoslovakia **(okupace)**.

1989 – November demonstrations result in the Velvet Revolution **(sametová revoluce)**.

1993 – Splitting up of Czechoslovakia and the creation of the Czech republic **(Česká republika)**.

1999 – The Czech Republic is a member of NATO.

2004 – The Czech Republic is a member of European Union **(Evropská unie)**

Colloquial Czech

Obecná čeština

In the following dialogue, you can see the most typical features of colloquial Czech.

Ach jo, ty chytrý holky...

Jarda: Hele, Petr! Čau, Péťo! Tak co, jak žiješ?
Petr: Nó, nic moc. To víš, mládí pryč a do důchodu daleko... A co ty? Dáš si se mnou pivko?
Jarda: Jo, jasně!
Petr: Dvakrát plzeň dvanáctku. – Ty vole, Jarouši, já zírám! Vidíš tu krásnou holku?
Jarda: Kterou myslíš? Tu štíhlou brunetku, co má ty černý džíny? Ta fakt není špatná! Vypadá jako Demi Moore, co?
Petr: Ale ne, já myslím tu blondýnu, jak má na sobě ten žlutej svetr. Co myslíš, není podobná Madonně?
Jarda: Jo ta? Ty vole, to je moje sestřenice! No jasně, naše Adéla! Ty ji neznáš?
Petr: Có? Fakt? To je tvoje sestřenice? To jsou šoky! Ty vypadáš jako starej kocour a tvoje sestřenice je taková kočka! – Ty, chodí vona s někým, nebo ne?
Jarda: No, nevím. S někým chodila, ale myslím, že teď nikoho nemá.
Petr: Hele, tak já mám geniální nápad! Budu mluvit anglicky a objednávat drahý pití, jako že jsem bohatej cizinec a že mám mercedes, vilu a tak. Koukej, tady mám fotku.
Jarda: To je fakt všechno tvoje?
Petr: Ty jseš cvok! Jasně, že ne! To je mojí prachatý tety z Missouri! Hey, Miss –
Jarda: Moment, moment! Ty myslíš, že mluvíš tak dobře anglicky?
Petr: No jasně! Anglicky snad umí každej, ne? To je lehkej jazyk! Já studoval anglinu už jako kluk! Hey, baby! How do you do? Do you go here for moment?
Adéla: Ahoj, Jarouši! Co tady děláš? Koukám, že tady máš nějakýho kamaráda? Toho neznám...
Jarda: To je jeden můj starej dobrej kámoš. Je děsně bohatej – ten má prachů, to by ses divila!
Adéla: Fakt, jo? Hmm... A proč mluví anglicky? Neumí česky, nebo co?
Jarda: To je blbá otázka! Je Američan! Má vilu a mercedes! Metalízu, že jo, Peter! Tady je fotka.
Petr: Yeah... I love Czech Republic! And love you! You have the time? Today evening?
Adéla: Co? Tenhle kluk že je Američan, jo? Tak to já jsem teda anglická královna! Nebo Kleopatra! To je ale primitivní vtip! Hele, já dneska vůbec nemám chuť poslouchat ty vaše pitomý kecy. Sorry, boys! Bye, bye!
Petr: Co je, Jardo? Co dělá? Proč mě nechce? Je normální?
Jarda: Jé, promiň... Zapomněl jsem, že Adéla dělala jazykovej gympl! Asi umí anglicky moc dobře... A ty moc špatně! Jo, taková inteligentní holka, to je problém! Máš smůlu, old boy!
Petr: Ach jo... Ale víš, že mám štěstí?
Jarda: Jakto? Proč?
Petr: No, já vůl zapomněl, že tady mám dneska jenom kilo... Tak si dáme ještě jedno pivko a jdeme domů!

Observe the most typical features of colloquial Czech:

– in morphology (forms of words):
žlut**ej** svetr = žlutý svetr, čer**ný** džíny =černé džíny, **jseš, seš** = jsi, **vona** = ona

– in lexis (vocabulary):
zírat = dívat se překvapeně, pivko = pivo, jo = ano, anglina = angličtina, prachy = peníze, od mojí prachatý tety = od mé bohaté tety, kilo = 100 korun, kočka = hezká holka, cvok = blázen, kámoš = kamarád, gympl = gymnázium, vulgarisms (not necessarily): ty vole, blbá, pitomý kecy, vůl

– in syntax (sentence structure):
co, jak (= který)
Ty myslíš tu velkou brunetku, **co** má ty černý džíny? Já myslím tu blondýnu, **jak** má na sobě ten žlutej svetr.
ellipses of the auxiliary in past tense: Já studoval anglinu...(= já jsem studoval)

– filler words: tak co, nó, hele, ten, ta, to, jako

– diminutives and family names expressing affection: Péťa, Jarouš, pivko

Declension of adjectives and nouns – standard Czech

		singular			plural		
case	**function – example – prepositions**	**adjectives**	**nouns with majority endings**	**M nouns ending in *ž, š, č, ř, c, j, tel* + nouns with minority endings**	**adjectives**	**nouns with majority endings**	**M nouns ending in *-ž, -š, -č, -ř, -c, -j, -tel* + nouns with minority endings**
nominative **Kdo?** **Co?**	*Dictionary form expressing the subject.* *E. g.* To je *student. Káva* je dobrá.	dobrý kvalitní dobrý kvalitní dobrá kvalitní dobré kvalitní	**student** **banán** **káva** **auto**	muž, soudce, kolega čaj židle, kancelář, místnost nádraží, moře, kuře	dobří kvalitní dobré kvalitní dobré kvalitní dobrá kvalitní	**studenti** **banány** **kávy** **auta**	muži, soudci, kolegové čaje židle, kanceláře, místnosti nádraží, moře, kuřata
genitive **Koho?** **Čeho?**	*Possessive or partitive meaning.* *E. g.* Kniha *studenta*. Trochu *kávy*. **bez, během, blízko, do, kolem, kromě, místo, od, podle, podél, u, uprostřed, vedle, z, za**	dobrého kvalitního dobrého kvalitního dobré kvalitní dobrého kvalitního	**studenta** **banánu / lesa** **kávy** **auta**	muže, soudce, kolegy čaje židle, kanceláře, místnosti nádraží, moře, kuřete	dobrých kvalitních dobrých kvalitních dobrých kvalitních dobrých kvalitních	**studentů** **banánů** **káv** **aut**	mužů, soudců, kolegů čajů židlí, kanceláří, místností nádraží, moří, kuřat
dative **Komu?** **Čemu?**	*Indirect object.* *E. g.* Dám dárek *studentovi*. Volám *kamarádce*. **díky, k, kvůli, naproti, proti**	dobrému kvalitnímu dobrému kvalitnímu dobré kvalitní dobrému kvalitnímu	**studentu/-ovi** **banánu** **kávě** **autu**	muži/-ovi, soudci, kolegovi čaji židli, kanceláři, místnosti nádraží, moři, kuřeti	dobrým kvalitním dobrým kvalitním dobrým kvalitním dobrým kvalitním	**studentům** **banánům** **kávám** **autům**	mužům, soudcům, kolegům čajům židlím, kancelářím, místnostem nádražím, mořím, kuřatům
accusative **Koho?** **Co?**	*Direct object.* *E. g..:* Mám *kamaráda*. Piju *kávu*. **mezi, na, nad, o, pod, po, pro, před, přes, skrz, za**	dobrého kvalitního dobrý kvalitní dobrou kvalitní dobré kvalitní	**studenta** **banán** **kávu** **auto**	muže, soudce, kolegu čaj židli, kancelář, místnost nádraží, moře, kuře	dobré kvalitní dobré kvalitní dobré kvalitní dobrá kvalitní	**studenty** **banány** **kávy** **auta**	muže, soudce, kolegy čaje židle, kanceláře, místnosti nádraží, moře, kuřata
vocative		dobrý kvalitní dobrá kvalitní	**studente!** **studentko!**	Marku! Aleši! Honzo! Jiří! Lucie! Carmen! Paní!	dobří kvalitní dobré kvalitní	**studenti!** **studentky!**	
locative **Kom?** **Čem?**	*Location, always with a preposition.* *E. g.* Jsem *v Anglii*. Studuju *na univerzitě*. **na, o, po, při, v**	dobrém kvalitním dobrém kvalitním dobré kvalitní dobrém kvalitním	**studentu/-ovi** **banánu/-ě** **kávě** **autu/-ě**	muži/-ovi, soudci, kolegovi čaji židli, kanceláři, místnosti nádraží, moři, kuřeti	dobrých kvalitních dobrých kvalitních dobrých kvalitních dobrých kvalitních	**studentech** **banánech** **kávách** **autech**	mužích, soudcích, kolezích čajích židlích, kancelářích, místnostech nádražích, mořích, kuřatech
instrumental **Kým?** **Čím?**	*The means by or through which an action is carried out.* *E. g.* Jedu *autem*. Píšu *perem*. **mezi, nad, pod, před, s, za**	dobrým kvalitním dobrým kvalitním dobrou kvalitní dobrým kvalitním	**studentem** **banánem** **kávou** **autem**	mužem, soudcem, kolegou čajem židlí, kanceláří, místností nádražím, mořem, kuřetem	dobrými kvalitními dobrými kvalitními dobrými kvalitními dobrými kvalitními	**studenty** **banány** **kávami** **auty**	muži, soudci, kolegy čaji židlemi, kancelářemi, místnostmi nádražími, moři, kuřaty

Declension of adjectives and nouns – colloquial Czech

case	function – example – prepositions	singular: adjectives	singular: nouns with majority endings	singular: M nouns ending in *ž, š, č, ř, c, j, tel* + nouns with minority endings	plural: adjectives	plural: nouns with majority endings	plural: M nouns ending in *-ž, -š, -č, -ř, -c, -j, -tel* + nouns with minority endings
nominative **Kdo?** **Co?**	*Dictionary form expressing the subject.* *E. g.* To je *student*. *Káva* je dobrá.	dobr*ej* kvalitní dobr*ej* kvalitní dobrá kvalitní dobr*ý* kvalitní	**student** **banán** **káva** **auto**	muž, soudce, kolega čaj židle, kancelář, místnost nádraží, moře, kuře	dobr*ý* kvalitní dobr*ý* kvalitní dobr*ý* kvalitní dobr*ý* kvalitní	**studenti** **banány** **kávy** **auta**	muži, soudci, kolegové čaje židle, kanceláře, místnosti nádraží, moře, kuřata
genitive **Koho?** **Čeho?**	*Possessive or partitive meaning.* *E. g.* Kniha *studenta*. Trochu *kávy*. **bez, během, blízko, do, kolem, kromě, místo, od, podle, podél, u, uprostřed, vedle, z, za**	dobr*ý*ho kvalitního dobr*ý*ho kvalitního dobr*ý* kvalitní *dobrýho* kvalitního	**studenta** **banánu** / lesa **kávy** **auta**	muže, soudce, kolegy čaje židle, kanceláře, místnosti nádraží, moře, kuřete	dobr*ejch* kvalitních dobr*ejch* kvalitních dobr*ejch* kvalitních dobr*ejch* kvalitních	**studentů** **banánů** **káv** **aut**	mužů, soudců, kolegů čajů židlí, kanceláří, místností nádraží, moří, kuřat
dative **Komu?** **Čemu?**	*Indirect object.* *E. g.* Dám dárek *studentovi*. Volám *kamarádce*. **díky, k, kvůli, naproti, proti**	dobr*ý*mu kvalitnímu dobr*ý*mu kvalitnímu dobr*ý* kvalitní dobr*ý*mu kvalitnímu	**studentu/-ovi** **banánu** **kávě** **autu**	muži/-ovi, soudci, kolegovi čaji židli, kanceláři, místnosti nádraží, moři, kuřeti	dobr*ejm* kvalitním dobr*ejm* kvalitním dobr*ejm* kvalitním dobr*ejm* kvalitním	**studentům** **banánům** **kávám** **autům**	mužům, soudcům, kolegům čajům židlím, kancelářím, místnostem nádražím, mořím, kuřatům
accusative **Koho?** **Co?**	*Direct object.* *E. g.* Mám *kamaráda*. Piju *kávu*. **mezi, na, nad, o, pod, po, pro, před, přes, skrz, za**	dobr*ý*ho kvalitního dobr*ej* kvalitní dobrou kvalitní dobr*ý* kvalitní	**studenta** **banán** **kávu** **auto**	muže, soudce, kolegu čaj židli, kancelář, místnost nádraží, moře, kuře	dobr*ý* kvalitní dobr*ý* kvalitní dobr*ý* kvalitní dobr*ý* kvalitní	**studenty** **banány** **kávy** **auta**	muže, soudce, kolegy čaje židle, kanceláře, místnosti nádraží, moře, kuřata
vocative		dobr*ej* kvalitní dobrá kvalitní	**studente!** **studentko!**	Marku! Aleši! Honzo! Jiří! Lucie! Carmen! Paní!	dobr*ý* kvalitní dobr*ý* kvalitní	**studenti!** **studentky!**	
locative **Kom?** **Čem?**	*Location, always with a preposition.* *E. g.* Jsem *v Anglii*. Studuju *na univerzitě*. **na, o, po, při, v**	dobr*ý*m kvalitním dobr*ý*m kvalitním dobr*ý* kvalitní dobr*ý*m kvalitním	**studentu /-ovi** **banánu/-ě** **kávě** **autu/-ě**	muži/-ovi, soudci, kolegovi čaji židli, kanceláři, místnosti nádraží, moři, kuřeti	dobr*ejch* kvalitních dobr*ejch* kvalitních dobr*ejch* kvalitních dobr*ejch* kvalitních	**studentech** **banánech** **kávách** **autech**	mužích, soudcích, kolezích čajích židlích, kancelářích, místnostech nádražích, mořích, kuřatech
instrumental **Kým?** **Čím?**	*The means by or through which an action is carried out.* *E. g.* Jedu *autem*. Píšu *perem*. **mezi, nad, pod, před, s, za**	dobr*ý*m kvalitním dobr*ý*m kvalitním dobrou kvalitní dobr*ý*m kvalitním	**studentem** **banánem** **kávou** **autem**	mužem, soudcem, kolegou čajem židlí, kanceláří, místností nádražím, mořem, kuřetem	dobr*ejma* kvalitníma dobr*ejma* kvalitníma dobr*ejma* kvalitníma dobr*ejma* kvalitníma	**student*ama*** **banán*ama*** **káv*ama*** **aut*ama***	mužema, soudcema, kolegama čajema židlema, kancelářema, místnostma nádražíma, mořema, kuřatama

Czech cases: an overview
České pády obecně

Nouns, adjectives, some pronouns and some numerals are declined in Czech . This means that they have not only their basic dictionary form (the nominative singular), but also a number of other forms which are created by adding case endings. Czech has seven cases (inflected word forms).

1. The nominative case ("the naming case")
*(from Latin **nomen** – name)*
The nominative form of a word is the form used in dictionaries. The subject of a sentence (i. e. the person or thing performing the action of the verb) is in the nominative case.
Observe: **Petr** miluje Evu. **Petr** loves Eva.
Eva miluje Petra. **Eva** loves Petr.

2. The genitive case ("the possessive case")
*(from Latin **genus** – genus, kind, origin)*
*The main function of the genitive case is to express possession or belonging (Remember the biological genes that "belong to" the entire genus, species, tribe). Wherever you have **of** or **'s** in English (as in colour **of** my hair, John'**s** dog), you can use the genitive case in Czech.*
Observe: Eva je holka **Petra**. Eva is **Petr's** girlfriend.

3. The dative case ("the giving case")
*(from Latin **do, dare, dedi, datum** – to give)*
If you want to give a rose or a tie to your partner, you will use the dative case in Czech. It is used for indirect objects.
Observe: Eva dává **Petrovi** kravatu. Eva gives **Petr** a tie.
Petr dává **Evě** růži. Peter gives **Eva** a rose.

4. The accusative case ("the pointing case")
*(from Latin **accuso, accusare, accusavi, accusatum** – to accuse.)*
When you accuse someone of something, you figuratively point your finger at him or her. Similarly, we can say that what can be "pointed at" in the sentence, the object of the verb's activity, is in the accusative. The accusative is used for direct objects.
Observe: Petr miluje **Evu**. Petr loves **Eva**.
Eva miluje **Petra**. Eva loves **Petr**.

5. The vocative case ("the calling case")
*(from Latin **voco, vocare, vocavi, vocatum** – to call).*
If you want to address someone in Czech, use the vocative case.
Observe: **Petře! Evo!**

6. The locative case ("the place case")
*(from Latin **loco** – place)*
*To speak about someone or something that **is (lives, stays, works, studies, stands, sits...)** somewhere, use the locative case. This case never occurs without a preposition.*
Observe: Petr a Eva jsou **v restauraci**. Petr and Eva are **in the restaurant**.

7. The instrumental case ("the instrumental case")
*(from Latin **instrumentum** – instrument)*
As its name implies, the instrumental case expresses the means by or through which an action is carried out.
Observe: Petr a Eva jedou **autem**. Petr and Eva go **by car**.

In addition to these basic relationships within a Czech sentence, there is something else that determines which case you use: verbs and prepositions are like shuntings / switches that turn the noun into a certain case. This part of the language must be memorized through language drills, exercises and other language activities.

To denote cases, Czechs usually do not use the terms like "accusative, genitive" *etc. They most commonly use the case numbers or the "case questions" (e. g.* koho, co*).*

Possessive adjectives

Posesivní adjektiva

Possessive meaning can be expressed by
1. *the genitive case:* To je slovník Johna. It is the dictionary of John. *See lesson 11.*
2. *possessive adjectives:* To je **Johnův** slovník. It's John's dictionary. *See here.*

Note: These adjectives can only be formed by Ma and F nouns in the singular. *To create them, drop the last vowel (if any) and add one of the following endings.*

Ma nouns: Jeff, Mark, Mike, Joe, Petr, Jirka, Honza, kamarád, učitel, manažer, ředitel...

Mobile -e- (for an explanation, see page 228): Pav**e**l – Pavlův
Stem changes (for an explanation, see page 228): Pavl**ů**v – Pavl**o**va

F nouns: Andrea, Alena, Helena, Monika, Kim, Sonya, maminka, sestra, teta, tchyně...

Softening (For an explanation, see page 228):
g – ž (Olga – Olžin)
k – č (Monika – Moničin)
ch – š (snacha – snašin)
r – ř (Bára – Bářin)
d – [ď] (Ida – Idin)
t – [ť] (Renata – Renatin)
n – [ň] (Helena – Helenin)

1. Read the place names. Do you know some more Czech places?
Karlův most, Karlova univerzita, Karlovo náměstí, Vodičkova ulice, Masarykovo nádraží...

2. Make sentences joining A and B:
A: Eva, Milan, Agáta, Lucie, Jana, žena, sestra, babička, Radka, Honza, Karel, David, otec, bratr, syn
B: židle, stůl, váza, koberec, rádio, taška, kniha, jogurt, diář, slovník, džus, bageta, kalendář

3. Guess the meanings of the following expressions:

Pandořina skříňka	**Aladinova lampa**	**Achillova pata**
Jobova zpráva	**Kupidův/Amorův šíp**	**archa Noemova**
Archimédův zákon	**Pythagorova věta**	**Ludolfovo číslo**

Declension of possessive adjectives
Deklinace posesivních adjektiv

Possessive adjectives in the singular

nominative	Petrův pes/banán Evin pes/banán	Petrova káva Evina káva	Petrovo pivo Evino pivo
genitive	Petrova psa/banánu Evina psa/banánu	Petrovy kávy Eviny kávy	Petrova piva Evina piva
dative	Petrovu psu/psovi/banánu Evinu psu/banánu	Petrově kávě Evině kávě	Petrovu pivu Evinu pivu
accusative	Petrova psa/Petrův banán Evina psa/Evin banán	Petrovu kávu Evinu kávu	Petrovo pivo Evino pivo
locative	Petrově/u psu/psovi/banánu Evině psu/banánu	Petrově kávě Evině kávě	Petrově/u pivě/u Evině pivě/u
instrumental	Petrovým psem/banánem Eviným psem/banánem	Petrovou kávou Evinou kávou	Petrovým pivem Eviným pivem

Possessive adjectives in the plural

nominative	Petrovi psi/Petrovy banány Evini psi/Eviny banány	Petrovy kávy Eviny kávy	Petrova piva Evina piva
genitive	Petrových psů/banánů Eviných psů/banánů	Petrových káv Eviných káv	Petrových piv Eviných piv
dative	Petrovým psům/banánům Eviným psům/banánům	Petrovým kávám Eviným kávám	Petrovým pivům Eviným pivům
accusative	Petrovy psy/banány Eviny psy/banány	Petrovy kávy Eviny kávy	Petrova piva Evina piva
locative	Petrových psech/banánech Eviných psech/banánech	Petrových kávách Eviných kávách	Petrových pivech Eviných pivech
instrumental	Petrovými psy/banány Eviným psy/banány	Petrovými kávami Evinými kávami	Petrovými pivy Evinými pivy

Declension of cardinal numerals
Deklinace základních číslovek

nominative	dva/dva, dvě, dvě	tři	čtyři	pět
genitive	dvou	třech, tří	čtyřech, čtyř	pěti
dative	dvěma	třem	čtyřem	pěti
accusative	dva / dva, dvě, dvě	tři	čtyři	pět
locative	dvou	třech	čtyřech	pěti
instrumental	dvěma	třemi	čtyřmi	pěti

Jeden/jeden, jedna, jedno *are declined like* ten/ten, ta, to.
The numerals 6, 7, 8... *up to* 99 *are declined like* 5.
The numerals 100, 1000, 1 000 000... *are declined like nouns.*

Prepositions + cases
Předložky a pády

nominative	–
genitive	bez/beze, během, blízko, do, kolem, kromě, místo, od/ode, podle, podél, u, uprostřed, vedle, z/ze
dative	k/ke, kvůli, naproti, proti, vzhledem k
accusative	mezi, na, nad, o, pod, po, pro, před, přes, skrz, za
vocative	–
locative	na, o, po, v/ve
instrumental	mezi, nad, pod, před, s/se, za

Declension of pronouns

Deklinace zájmen

Some personal pronouns and the reflexive pronoun "se" *have weak, strong and prepositional forms.*
1. Weak forms can't stand at the beginning of the sentence. They are located in the second position (see page 229).
2. Strong forms can stand in any position in the sentence. They emphasize the meaning of the pronoun.
3. Prepositional forms follow prepositions.

interrogative pronouns

nominative	kdo	co
genitive	koho	čeho
dative	komu	čemu
accusative	koho	co
locative	kom	čem
instrumental	kým	čím

reflexive *se* (short / long // prepos. forms.)

nominative	
genitive	sebe // sebe
dative	si / sobě // sobě
accusative	se / sebe // sebe
locative	sobě
instrumental	sebou

personal pronouns in the singular (short / long / prepositional forms)

nominative	já	ty	on	ona	ono
genitive	mě	tě / tebe // tebe	ho / jeho // něho, něj	jí / jí // ní	ho / jeho // něho, něj
dative	mi / mně // mně	ti / tobě // tobě	mu / jemu // němu	jí / jí // ní	mu / jemu // němu
accusative	mě	tě / tebe // tebe	ho / jeho // něho, něj	ji / ji // ni	ho / je // ně, něj
locative	mně	tobě	něm	ní	něm
instrumental	mnou	tebou	jím / jím // ním	jí / jí // ní	jím / jím // ním

personal pronouns in the plural (short/long/prepositional forms)

nominative	my	vy	oni / -y / -y / -a
genitive	nás	vás	jich / jich // nich
dative	nám	vám	jim / jim // nim
accusative	nás	vás	je / je // ně
locative	nás	vás	nich
instrumental	námi	vámi	jimi / jimi // nimi

***jeden* in the singular**

nominative	jeden	jeden	jedna	jedno
genitive	jednoho	jednoho	jedné	jednoho
dative	jednomu	jednomu	jedné	jednomu
accusative	jednoho	jeden	jednu	jedno
locative	jednom	jednom	jedné	jednom
instrumental	jedním	jedním	jednou	jedním

***jeden* in the plural**

jedni	jedny	jedny	jedna
jedněch	jedněch	jedněch	jedněch
jedněm	jedněm	jedněm	jedněm
jedny	jedny	jedny	jedna
jedněch	jedněch	jedněch	jedněch
jedněmi	jedněmi	jedněmi	jedněmi

***všechen* in the singular**

nominative	všechen	všechna	všechno	všichni
genitive	všeho	vší	všeho	všech
dative	všemu	vší	všemu	všem
accusative	všechen	všechnu	všechno	všechny
locative	všem	vší	všem	všech
instrumental	vším	vší	vším	všemi

***všechen* in the plural**

všechny	všechny	všechna
všech	všech	všech
všem	všem	všem
všechny	všechny	všechna
všech	všech	všech
všemi	všemi	všemi

A trip back through the history of the Czech language
Výlet do historie češtiny

The following historical changes were very important in the development of the Czech language. They have influenced the present day language to a large extent.

1. the development of -*ů*-
Historically, the vowel **-ů-** *developed like this:* **ó** — **uo** — **ů**.

> **Observe:**
> d**ó**m — d**uó**m — d**ů**m

A present day consequence: **-ů-** *in the middle of some words changes to* **-o-** *in declension*
(stůl – stolu, dům – domu, kůň – koně...)

2. mobile (fleeting, movable) -e-
A) Old Czech had two vowels, ь *and* ъ *(soft and hard "yer") which changed according to certain rules: counting from the end of a word, every odd one ceased to exist and every even one changed to* **-e-**.

> **Observe:**
> dьnъ, sъnъ – d**e**n, s**e**n
> vъ dъne, vъ sъnu – ve dne, ve snu

A present day consequence: the mobile **-e-** *that often disappears in declension.*

B) The vowel **-e-** *is also used to facilitate pronunciation (before or in a cluster of consonants, or before an identical letter):*
— *with the prepositions* **v, z, k, s** (v**e** vlaku, z**e** stromu, k**e** klukovi, s**e** sestrou)
— *in some forms of the genitive plural* (sest**e**r, kavár**e**n)

3. softening of consonants before -*i* and -*e*
Very simply, we can say that hard consonants **h, ch, k, r, g, d, t, n** *often* "cannot stand" *the endings* **-e** and **-i**. *Historically, the reason behind this had to do with pronunciation. These sounds soften in front of these endings like this:*

hard cons.	h	ch	k	r	g	d	t	n
softened:	**z, ž**	**š**	**c, č**	**ř**	**z**	**ď**	**ť**	**ň**

In the present day language this has resulted in the softening of consonants:
— *in the nominative plural of Ma nouns, e. g.* doktor – doktoři, kluk – kluci, hroch – hroši *(see page 94)*
— *in F nouns in the locative sg. and dative sg., e. g.* Barbora – Barboře, matka – matce *(see pages 145 and 175)*
— *in the comparison of adverbs and adjectives, e. g.* lehký – lehčí, drahý – dražší *(see page 164)*
— *in F forms of possessive adjectives, e. g.* Barbora – Barbořin, matka – matčin *(see page 225)*
— *in stems of some verbs*

The second position in the Czech sentence

Druhá pozice v české větě

Czech word order is quite flexible. However, there are several little unstressed words in Czech that "want" to be located in the "Second Position Club" – in the second position of the sentence (not necessarily as the second word). They have to be organised in the following order:

Bál	**1. jsem**	**2. se**	**3. mu**	**4. to**	**dát.**

The sentence used as the example means: I was afraid to give it to him.

Remember:
None of these little words usually stands at the beginning of a sentence!
(The conjunctions a, ale *and* i *at the beginning of a sentence do not count.)*

1.The past tense and conditional auxiliaries "win" first place when determining the second position
Byl **jsem** doma. Večer **jsem** byl doma.Včera večer **jsem** byl doma. Včera večer a dneska ráno **jsem** byl doma.

2. The short forms of reflexive pronouns **se** *and* **si** *come next.* *For more about them, see page 234.*

3. The short forms of dative personal pronouns. *For more about them, see page 176.*
Bál jsem se **mu** půjčit peníze. I was afraid to lend him money.

4. Other short forms of personal pronouns, usually accusative and genitive. *See pages 56 and 106.*
Bál jsem se mu **to** půjčit. I was afraid to lend it to him.

Of course, your "second position skill" will be developed gradually. You might ask what happens if you put the unstressed items in some other place. Frankly speaking, nothing: the sentence sounds strange to Czechs, but the meaning remains the same. However, what is really important is this: ***If you don't know this rule, you wouldn't be able to understand Czech speakers or texts properly!***

Direction X location

Směr x lokace

direction which way?	*direction from where?*	*direction where to?*	*location where?*

verbs

To express direction you usually use dynamic verbs implying direction or orientation, mainly verbs of motion.	*For locations you usually use static verbs implying location:* být, žít, bydlet, pracovat, studovat, sedět, ležet, stát, zastavit se, sejít se...

adverbs

kudy	**odkud**	**kam**	**kde**
tudy	**odtud, odsud**	**sem**	**tady**
tamtudy	**odtamtud**	**tam**	**tam**
	z domova	**domů**	**doma**
horem	**shora**	**nahoru**	**nahoře**
dolem	**zdola**	**dolů**	**dole**
předem	**zepředu**	**dopředu**	**vpředu**
zadem	**zezadu**	**dozadu**	**vzadu**
	zleva	**doleva, nalevo, vlevo**	**nalevo, vlevo**
	zprava	**doprava, napravo, vpravo**	**napravo, vpravo**
vnitřkem	**zevnitř**	**dovnitř**	**vevnitř, uvnitř**
venkem	**zvenku**	**ven**	**venku**
prostředkem	**zprostředka**	**doprostřed**	**uprostřed, vprostředku**
jinudy	**odjinud**	**jinam**	**jinde**

nouns + prepositions

instrumental of place (domem, školou)	**z + G** (z domu, ze školy)	**do + G** (do domu, do školy)	**v + L** (v domě, ve škole)
	z + G (z domu, ze školy)	**na* + A** (na dům, na školu)	**na* + L** (na domě, na škole)
	od + G (od domu, od doktora, od školy)	**k + D** (k domu, k doktorovi, ke škole)	**u + G** (u domu, u doktora, u školy)
		nad, pod, před, za, mezi + A (nad, pod, před, za dům, školu mezi dům a garáž)	**nad, pod, před, za, mezi + I** (nad, pod, před, za domem, školou, mezi domem a garáží)
		po + L (po domě, po škole)	

* *The preposition* **na** *is used with surfaces and open spaces, and also with actions and activities, some public institutions and some exceptions* (Morava, Slovensko). *For more about this, see lessons 8 and 14.*

Difficult nouns

Nouns with minority endings (your list)

Make a list of nouns with minority endings and of nouns that have a different gender than in your language. Collect these nouns! You'll soon find out that even the minority endings can help you determine a noun's gender!

Ma – životné maskulinum	*Mi – neživotné maskulinum*	*F – femininum*	*N – neutrum*
-a (kolega, optimista) **-e** (soudce)	**-a** (chleba)	**-e** (galerie, ulice,televize) **konzonant** (kancelář, radost)	**-í** (náměstí, nádraží) **-e** (slunce) **-um** (muzeum, album)

Difficult verbs* (denoted by an asterisk)

*Těžká slovesa**

*Infinitive**	*Present tense – "já"*	*"-l – form"*	*Imperative*	*English meaning*
bát se	bojím se	bál se	boj se	to be scared, afraid
bít	biju	bil	bij	to beat
brát	beru	bral	ber	to take
být	jsem	byl	buď	to be
číst	čtu	četl	čti	to read
dát *pf.*	dám	dal	dej	to give
dostat *pf.*	dostanu	dostal	dostaň	to get, to receive
hrát	hraju	hrál	hraj	to play
hřmít	hřmím	hřměl	hřmi	to thunder
chtít	chci	chtěl	chtěj	to want
jet	jedu	jel	jeď	to go (by vehicle)
jíst	jím	jedl	jez	to eat
jít	jdu	šel, šla, šli	jdi	to go (on foot)
klouzat	kloužu	klouzal	klouzej	to slip
krást	kradu	kradl	kraď	to steal
lhát	lžu	lhal	lži	to lie
lít	liju	lil	lij	to pour
mít	mám	měl	měj	to have
moct	můžu	mohl	–	can
mýt	myju	myl	myj	to wash
najít *pf.*	najdu	našel, našla...	najdi	to find
-nout *verbs*	-nu	-l/-nul	–	–
obléct *pf.*	obleču	oblekl	obleč	to dress
péct	peču	pekl	peč	to bake
pít	piju	pil	pij	to drink
plakat	pláču	plakal	plač	to cry
plavat	plavu	plaval	plav	to swim
pomoct *pf.*	pomůžu	pomohl	pomoz	to help
poslat *pf.*	pošlu	poslal	pošli	to send
přát	přeju	přál	přej	to wish
psát	píšu	psal	piš	to write
rozvést *pf.*	rozvedu	rozvedl	rozveď	to divorce
rozejít se *pf.*	rozejdu se	rozešel se	rozejdi se	to break up with
smát se	směju se	smál se	směj se	to laugh
říct *pf.*	řeknu	řekl	řekni	to say
sníst *pf.*	sním	snědl	sněz	to eat
spát	spím	spal	spi	to sleep
stát	stojím	stál	stůj	to stand
ukázat *pf.*	ukážu	ukázal	ukaž	to happen, become
ukrást *pf.*	ukradnu	ukradl	ukradni	to steal
umřít *pf.*	umřu	umřel	umři	to die
vědět	vím	věděl	–	to know
vést	vedu	vedl	veď	to lead
vézt	vezu	vezl	vez	to carry by driving
vzít *pf.*	vezmu	vzal	vezmi	to take
začít *pf.*	začnu	začal	začni	to start, begin
zvát	zvu	zval	zvi	to invite
zabít *pf.*	zabiju	zabil	zabij	to kill
zapomenout *pf.*	zapomenu	zapomněl	zapomeň	to forget
zout *pf.*	zuju	zul	zuj	to take off shoes

The forming of aspect

Tvoření vidu

Forming aspect pairs are not fully predictable. Therefore, verbs should be learned with their aspectual counterparts. However, you should know that there are three basic ways of forming aspect pairs:

A) prefixation

Czech has many prefixes. Some of them don't have any meaning – they simply change the aspect of the verb. Some of them have many different meanings or shades of meanings (compare English undo, disconnect, review, but also phrasal verbs like make up, make up with, make up for...*).*
For more about the meanings of prefixes see page 137.

Some imperfective verbs only have one perfective aspectual counterpart (formed by adding a certain prefix).

imperfective verb	*perfective verb*
dělat	**u**dělat

However, some imperfective verbs can form not only one basic perfective verb (e. g. dělat/**u**dělat), *but also many perfective compounds using various prefixes. These verbs with prefixes gain new meanings. Consequently, these verbs "need" new imperfective counterparts. They form secondary imperfectives.*

	new meaning!	
I. primary imperfective dělat	*perfective* **do**dělat (to finish doing) **na**dělat (to make a lot of st.) **pro**dělat (to go through) **pře**dělat (to redo) **vy**dělat (to earn) **od**dělat (to remove, slang. do in)	*II. secondary imperfective* **do**děl**ávat** **na**děl**ávat** **pro**děl**ávat** **pře**děl**ávat** **vy**děl**ávat** **od**děl**ávat**

B) suffixation

The most common suffixes creating aspect pairs are:

-ovat	kup**ovat**/koupit – to buy
-ávat	d**ávat**/dát – to give
-nout	zapomínat/zapome**nout*** – to forget

With suffixed verbs, you can also add prefixes. Prefixes change the meaning, but the aspect remains the same.

		new meaning!
perfective dát	*imperfective* d**ávat**	*imperfective* **roz**dávat (to distribute)

C) irregular pairs with stem changes

In a few cases the imperfective and perfective of an aspect pair are completely different:
brát*/vzít* – to take; **jíst*/sníst*** – to eat

Notes:
— Due to changes in the stem (B and C), verbs often change their conjugation.
— Some perfective forms become reflexive (e. g. jíst – **na**jíst **se**, odpočívat – **odpočinout si**).

Remember:
Aspectual pairs should be memorized!

Reflexivity in Czech. Reflexive particles *se* and *si*

Reflexivita v češtině. Reflexivní částice se *a* si

Se *and* **si** *are reflexive particles accompanying some verbs. There are several types of them that have various functions in the language:*

1. Inseparable *se/si*

The particles have no meaning here. They are inseparable parts of verbs.
Starám se o děti. I look after the children.
Stěžuju si na plat. I complain about my salary.

2. Separable *se/si*

The particles have a meaning here.

a) **se** – oneself, **si** – to oneself
Myju se. I wash myself.
Oblékám se. I dress myself.
Připravuju se na lekci. I get (myself) ready for the lesson.
Myju si ruce. I wash my hands. (*literally:* I wash hands to myself.)
Oblékám si svetr. I put on my sweater. (*literally:* I put a sweater to myself.)
Připravuju si lekci. I prepare a lesson. (*literally:* I prepare a lesson to/for myself.)
Petr si vzal Evu. Petr married Eva. (*literally:* Petr took Eva to himself.)

b) **se**, **si** – each other, one another
Mají se rádi. They like each other.
Vzali se. They got married. (*literally:* They took each other.)
Povídali si celou noc. They talked all night. (*literally:* They talked one to another all night.)

3. The particle *se* forms the reflexive passive forms of verbs

Reflexive passive forms of verbs are formed by the verb (usually in the 3rd person singular or plural) + se, *e. g.:* **dělá se** – it is made, **dělají se** – they are made. *There are two types of reflexive passive forms in Czech:*

a) *The reflexive passive with the subject*
Kniha se čte dobře. The book reads well.
Oběd se jí v poledne. Lunch is eaten at noon.
Písničky se zpívají. Songs are sung.

b) *The reflexive passive without the subject (the verb in the singular). This type has no equivalent in English. When translating this, you have to add a subject.*
Čte se. People read. Books are read.
Jí se v poledne. People eat at noon. Lunch is eaten at noon.
Říká se, že je inflace. They say it's inflation.

Passive voice in general:

Note:
There are two types of passive voice in Czech:
1) reflexive passive (very common)
2) descriptive passive (very formal)

The descriptive passive is formed like this:
je dělán – he is made, **je dělána** – she is made, **je děláno** – it is made, **jsou děláni/y/y/a** – they are made.

Conjunctions and link words

Spojky a spojovací výrazy

a — *and*	Mám rád kávu **a** čaj.
a tak — *and so*	Neměl jsem kávu, **a tak** jsem pil čaj.
ačkoli, ačkoliv — *although, despite*	Piju kávu, **ačkoliv** není moc zdravá.
ale - *but*	Mám rád kávu, **ale** dneska si dám čaj.
ani - ani — *neither – nor , not even*	Nechci **ani** kávu, **ani** čaj. Nechci kávu **ani** čaj.
avšak, však — *formal however, but*	Mám rád kávu, **avšak** čaj mám raději. Mám rád kávu, čaj **však** mám raději.
až — *1. when*	**Až** vypiju tu kávu, dám si čaj.
— *2. as late as, not before*	Půjdu pro kávu **až** odpoledne, nemám teď čas.
— *3. till, until, by the time*	Budu tady sedět a pít kávu **až** do večera.
buď(to) - nebo — *either – or*	Ráno piju **buďto** kávu, **nebo** čaj.
co — *what; coll. who, which, that*	**Co** piješ? To je ta káva, **co** jsem koupila včera?
dokud — *as long as*	Budu pít kávu, **dokud** ji budu mít.
dokud ne — *till, until*	Budu tady sedět, **dokud ne**vypiju kávu.
i — *as well as, both – and*	Piju kávu **i** čaj.
i když — *although, despite*	Piju kávu, **i když** není moc zdravá.
jak — *how; coll. who, which, that*	**Jak** vaříte kávu? To je ta káva, **jak** jsem koupila včera?
jakmile, coll. **jak** — *as soon as*	**Jakmile / jak** přijdu domů, udělám si kávu.
jaký — *what, what kind of, what...like*	Řekni mi, **jakou** kávu piješ? Bílou nebo černou?
jestli — *if, whether*	Musím se podívat, **jestli** máme dost kávy.
kam — *where to*	Tohle je ta restaurace, **kam** chcete jít na kávu?
kde — *where*	To je ta restaurace, **kde** jsme včera pili kávu.
kdo — *who*	Je tady někdo, **kdo** nepije kávu?
kdy — *when*	Můžeš přijít na kávu někdy, **kdy** máš čas.
když — *1. when*	**Když** mám žízeň, nepiju kávu, ale čaj.
— *2. if, in case*	**Když** nemáme kávu, musíme ji koupit.
který — *who, which*	To je ta káva, **kterou** mám moc ráda.
-li — *formal if*	Nemáme-**li** kávu, musíme ji koupit.
nebo — *or*	Chceš kávu **nebo** čaj?
než — *1. than*	Mám raději kávu **než** čaj.
— *2.before*	**Než** půjdeme na večeři, dáme si kávu.
odkud — *from where*	**Odkud** máš tu kávu?
proto, a proto — *this is why, therefore*	Nemám kávu, **a proto** piju čaj.
protože — *because*	Piju kávu, **protože** ji mám rád.
přesto, přestože — *although*	Piju kávu, **přestože** není moc zdravá.
spíš, spíše — *rather, more likely*	Dneska si dám **spíš** čaj než kávu.
zatímco, zatím — *while*	**Zatímco** budeš telefonovat, vypiju si kávu.
	Můžeš telefonovat a já **zatím** vypiju kávu.
že — *that*	Myslím, **že** teď si dám dobrou kávu!

Klíč ke cvičením

Key to exercises

Lekce 1

12/6 Kontrola viz textová příloha strana 239. **13/7** Kontrola viz textová příloha strana 239. **15/9** Lori je z Austrálie a je modelka. Pierre Matti-eu je z Francie a je manažer. Igor Volkov je z Ruska a je profesor. Igor Volkov není z Anglie a není student. **16/13** Já jsem nový robot. Jmenuju se X 333. Ty jsi taky robot X 333? Ne, to je nesmysl. To není robot X 333. To je škoda.

Lekce 2

26/6 1. ta, tvoje, moje 2. to, tvoje, moje 3. ten, tvůj, můj 4. ten, tvůj, můj 5. ta, tvoje, moje 6. to, tvoje, moje 7. ta, tvoje, moje 8. ten, tvůj, můj 9. ten, tvůj, můj 10. ta, tvoje, moje **26/7** ta sklenička, ten batoh, ten hrnek, ta tužka, ten počítač, ten diář **26/8** 1F, 2E, 3A, 4G, 5C, 6B, 7D **28/12** čaj – silný, zdravý, horký; holka – krásná, smutná, mladá; metro – levné, staré, nové **28/13** 1. jaký 2. jaké 3. jaký 4. jaká 5. jaký 6. jaké 7. jaká 8. jaké 9. jaká 10. jaký 11. jaké **28/15** 1. kolik 2. kdo 3. kolik 4. čí 5. odkud 6. co 7. jaká 8. jaký 9. jaké 10. jak 11. co 12. jak

Lekce 3

32/1 1. Jsou dvě hodiny. 2. Je jedna hodina. 3. Jsou čtyři hodiny. 4. Je pět hodin. 5. Jsou tři hodiny./Je patnáct hodin. 6. Je devět hodin dva-cet pět minut. **33/2** koncert je v 19.00, diskotéka je v 17. 30, konference je v 9. 45, festival je v 18. 30, konzultace je v 10. 15, film je ve 23. 35, mítink je ve 12. 40, party je v 16. 30, seriál je v 9. 25, opera je ve 22. 45, balet je v 19. 30, pauza je v 11. 00, příští lekce je v 8. 45, nový kurz je v 10. 00, detektivka je ve 20. 25 **38/11** 1. Robert rád hraje basketbal. 2. Irena ráda spí. 3. Michal se rád dívá na televizi. 4. Jan rád lyžuje. 5. Dana a David rádi hrajou volejbal. 6. Ivana a Alena rády plavou. 7. Daniel a Adam rádi cestujou.

Lekce 4

44/1 1E, 2B, 3H, 4F, 5D, 6A, 7C, 8G. Nemocnice je vlevo nahoře. Letiště je nahoře uprostřed. Kostel je vpravo nahoře. Škola je vlevo uprostřed. Ovoce-zelenina je vpravo uprostřed. Nádraží je vlevo dole. Cukrárna je vpravo dole. Stanice je dole uprostřed. **45/3** 1E, 2A, 3B, 4C, 5D **46/5** 1. v kanceláři – pracuje, píše, telefonuje 2. v restauraci/v hospodě – jí 3. v Praze/v centru – čte 4. v divadle – dívá se 5. v kině – dívá se na film 6. doma – čte, studuje **46/6** Kontrola viz. Textová příloha strana 239 **47/9** Dialog 1: Crrrrr. Prosím, tady Markéta. Ahoj, Markéto. Tady Tomáš. Čau, Tomáši. Kde jsi? A co děláš? Jsem doma a studuju angličtinu. A kde jseš ty? Já jsem v restauraci. Obědvám s kamarádkou. A odpoled-ne jsi doma? Ne, odpoledne jsem v práci. A co večer? Ano, večer jsem doma. Tak fajn. Měj se. Čau. Měj se. Dialog 2: Crrrrr. Prosím? Dobrý den, to je firma Kubát a partner? Ano, co pro vás můžeme udělat? Je tam prosím pan ředitel Kubát? Ne, bohužel tady dneska není. A kde je? Je v kan-celáři v Praze 5. A jaký je tam telefon? 251 81 82 33. A jeho mobil je 723 85 55 66.

Lekce 5

57/1 1D, 2C, 3B, 4A. **59/4** 1. Mám rád/ráda zelený čaj. 2. Máš rád/ráda silnou kávu? 3. Robert má rád ovocný jogurt. 4. Alice má ráda čaj s mlé-kem. 5. Máte rád/ráda vanilkovou zmrzlinu? 6. Eva a Jan mají rádi červené víno. 7. Máme rádi čokoládu. 8. Jan nemá rád maso. **59/6** Objekt nemů-že mít: cestovat, být, vstávat, plavat, lyžovat.

Lekce 6

65/1 Marylin Monroe byla americká herečka. Jurij Gagarin byl ruský kosmonaut. Pablo Picasso byl španělský malíř. Máhatmá Gándhí byl indický politik. Božena Němcová byla česká spisovatelka. Abebe Bikila byl etiopský maratonec. Antonín Dvořák byl český skladatel. Lao-c' byl čínský filozof. Edith Piaf byla francouzská zpěvačka. Leonardo da Vinci byl italský malíř. **65/2** 1. byl, byla 2. měl, měla 3. chtěl, chtěla 4. četl, četla 5. jedl, jedla 6. šel, šla 7. mohl, mohla 8. pil, pila 9. psal, psala 10. spal, spala **65/3** 1. jedl/večeřel – nejedl/ nevečeřel 2. cesto-vala – necestovala 3. četl – nečetl 4. lyžoval – nelyžoval 5. plaval – neplaval 6. pila – nepila **66/5** 1a, 2b, 3a, 4a, 5b, 6a, 7c, 8b, 9c **67/7** 1. Včera jsem byl v restauraci. 2. V pátek jsem pracoval ve škole. 3. Minulý rok jsem bydlel v Praze. 4. Ve středu jsem byla v kanceláři. 5. Pře-devčírem jsem spal v hotelu. 6. Minulý rok jsem studovala v Anglii. 7. O víkendu jsme vařili guláš. 8. Vy jste byli doma? 9. Ty jsi četl tu novou detek-tivku? 10. My jsme se dívali na ten výborný nový film. **67/8** 1. Byl jsem ráno v škole. 2. Včera večer jsem psal dlouhý dopis. 3. Hráli jste minu-lý týden golf nebo tenis? 4. Minulý týden jsem neměla čas, protože jsem byla každý den v práci. 5. Byl jsi včera doma nebo v kanceláři? 6. Psali jsme test ve škole. 7. Nikdy jsem nejedl knedlíky. Ale teď mám knedlíky rád. 8. O víkendu jsem nemohl jet na koncert, protože jsem byl nemocný. 9. Nechtěl jsem čaj, chtěl jsem kávu. 10. Narodil jsem se v roce 1981. **69/12** Nejdřív jsem zval kamarády. Pak jsem nakupoval jídlo a pití. Potom jsem vařil. Potom jsme jedli a pili. Pak jsme tancovali. Nakonec jsem uklízel. **70/14** 1. Charles Chaplin. 2. Louis Armstrong. 3. Ema Destinnová. 4. Andrej Tarkovskij. 5. Marie Curie-Skłodowská. 6. John Lennon. 7. Edith Piaf. 8. Akira Kurosawa. **71/16** 1. Mluvila rusky. Byla Ruska. 2. Mluvil čínsky. Byl Číňan. 3. Mluvil dánsky. Byl Dán. 4. Mluvila švédsky. Byla Švédka. 5. Mluvil japonsky. Byl Japonec. 6. Mlu-vil německy. Byl Němec. 7. Mluvila anglicky. Byla Angličanka. 8. Mluvil italsky. Byl Ital. 9. Mluvil anglicky. Byl Američan. 10. Mluvil česky. Byl Čech.

Lekce 7

76/8 Kontrola viz textová příloha strana 239. **76/9** Učitelka 26/168 hledá tolerantního a inteligentního abstinenta. Mám ráda divadlo a kultu-ru. Sportovec 32/180 hledá veselou a sympatickou partnerku.Rád hraju tenis a lyžuju. **77/13** 1D, 2E, 3C, 4H, 5A, 6B, 7F, 8G. **78/14** 1. víš 2. znáš 3. víš 4. umíš 5. znáš 6. víš 7. víš 8. umíš 9. umíš/znáš 10. víš 11. znáš 12. víš 13. umíš 14. znáš 15. víš 16. umíš **80/18** 1. Ne, nikdo tady není. 2. Ne, nikdy nemám špatnou náladu. 3. Ne, nikdy nemám smůlu. 4. Ne, nikdy nemám depresi. 5. Ne, nikdy nejsem frustrovaný. 6. Ne, neznám žádného originálního nového autora. 7. Ne, nikdy nemám žádný velký problém 8. Ne, neznám žádného milionáře. 9. Ne, neznám žádnou dobrou doktorku. 10. Ne, nemám nikde milion dolarů. 11. Ne, nejsem nikdy unavený. Jsem superman. **80/19** 1. je, není, neorganizuje 2. je, je, není 3. není 4. jsi, nemáš, nevíš, máš 5. je, není **80/21** 1. Nebyl jsem doma. 2. Nepracovali jsme celý den. 3. Neviděl jsi ten film? 4. Nespali jsme v hotelu. 5. Nechtěl jsem být doma. 6. Nedívali jsme se na televizi. 7. Netancovali jste? 8. Maminka v neděli neodpočívala. **81/21** 1. pro 2. za 3. na/k 4. za 5. za 6. na/k 7. na 8. za 9. pro 10. za 11. za **81/22** lístek za 150 Kč, dům za 3 miliony korun, učebnice pro učitelku, dovolená na týden, test pro studentku, kniha za 2000 Kč, guláš na večeři, dárek pro maminku, parfém pro kamarádku

Lekce 8

84/1 1a, 2bc, 3c, 4c **84/2** Kontrola viz textová příloha strana 239. **85/3** 1. bude jíst/bude večeřet 2. bude hrát karty 3. bude hrát tenis 4. bude nakupovat 5. nebude číst/bude odpočívat 6. bude smutný/bude studovat **85/4** 1. Zítra budu v práci. 2. Příští rok budu v České republice. 3. V listopadu budu nakupovat dárky na Vánoce. 4. Zítra dopoledne budu doma. 5. V létě budu cestovat. 6. O víkendu budu v kan-celáři. 7. Zítra budu vstávat v šest hodin ráno. 8. Dneska večer budu studovat. 9. Dneska večer budu v hospodě 10. Moje kamarádka bude v zimě lyžovat. 11. Moji rodiče budou v létě v České republice. 12. Moje maminka bude zítra vařit. 13. Můj šéf bude zítra v práci. 14. Můj tatínek bude v neděli celý den doma. 15. Moje kamarádka bude o víkendu uklízet. 16. Moje sestra bude o víkendu tancovat. 17. Můj kamarád bude o víkendu doma. 18. Můj bratr bude kupovat nový byt. **86/7** 1. Půjdu (pěšky) do kina. 2. John pojede autobusem do centra. 3. Pan Novák a paní Nováková pojedou vlakem do Brna. 4. Alena zítra poletí letadlem do Francie. 5. Taky půjdeš (pěšky) na koncert? **88/10** Filip Vlasák říká: Pátek byl těžký den. Jsem rád, že už je víkend. Ráno jsem vstával už v pět hodin. Jel jsem na letiště a čekal jsem tam na pana profesora Higginse, který přiletěl z Kanady letadlem v 5:55. S profesorem Higginsem jsme jeli na ekologickou konferenci, kde pan profesor analyzoval ekologickou situaci v Evropě. Celé dopoledne jsem organizoval konferenci, protože můj šéf byl nemocný a musel jet na polikliniku . V poledne jsme šli na oběd do restaurace a pak na kávu do kavárny. Potom jsme jeli na ambasádu, protože profesor Higgins potřeboval vízum do Ruska a nějaké oficiální dokumenty. Pak jsme šli na výstavu do galerie. Večer jsme jeli na večeři do restaurace, kde jsme jedli české speciality a pili výborné víno. Po večeři šli někteří lidé na koncert, ale tam už jsem nešel, protože klasickou hudbu nemám moc rád. Šel jsem domů a šel jsem spát. A víte, co jsem slyšel ráno? Že pan profesor Higgins šel na diskotéku a tancoval tam celou noc. **88/11** 1. na, do 2. na 3. na 4. na, do 5. do, na 6. na, do 7. k 8. do, na 9. na, do 10. na, do 11. do, na 12. ke 13. na, do 14. do, na **88/12** 1. ambasádu 2. diskotéku 3. mítink 4. nákup 5. krásný dlouhý výlet 6. dovolenou, Floridu 7. Moravu 8. konferenci 9. Maltu 10. návštěvu 11. nákup 12. hory 13. konferenci 14. rande 15. letiště 16. toaletu 17. oběd 18. výstavu 19. diskotéku 20. policii **89/15** 1. budu spát/spal jsem 2. budu tancovat/tancoval jsem 3. pojedu/jel jsem 4. budu se dívat/díval jsem se 5. pojedu/jel jsem 6. půjdu/šel jsem 7. budu/byl jsem 8. půjdu/šel jsem 9. budu obědvat/obědval jsem 10. budu jíst/jedl jsem 11. půjdu/šel jsem 12. budu spát/spal jsem 13. půjdu/šel jsem 14. budu/byl jsem 15. poletím/letěl jsem 16. budu telefonovat/telefonoval jsem 17. budu bydlet/bydlel jsem 18. budu/byl jsem 19. budu pracovat/pracoval jsem 20. pojedu/jel jsem 21. pojedu/jel jsem 22. budu prodávat/prodával jsem 23. budu psát/psal jsem 24. půjdu/šel jsem 25. půjdu/šel jsem 26. půjdu/šel jsem 27. budu kupovat/kupoval jsem 28. pojedu/jel jsem 29. budu vstávat/vstával jsem **89/16** 1. Michal pojede příští měsíc na dovolenou. 2. Eva a Alex dneska pojedou na nákup. 3. Nepojedu autem, ale půjdu pěšky. 4. Jana včera nešla na oběd. 5. Jdeš dneska večer na ten nový film? 6. Příští měsíc pojedeme na festival. 7. Šli jste minulý měsíc na konferenci? 8. Včera jsem jel autobusem na nákup. 9. Tom a Dana jeli minulý týden vlakem na výlet. 10. Příští rok pojedeš na dovolenou na Slovensko?

Lekce 9

95/2 1D, 2A, 3B, 4C, 5E **96/6** čtyři židle/dvě židle, tři květiny/jedna květina, dvě umyvadla/jedno umyvadlo, tři hrnky/dva hrnky, tři obrazy/dva obrazy, jedno okno/dvě okna, dvě jablka/jedno jablko **96/7** 1. rohlíky 2. učebnice 3. kávy 4. papíry a obálky 5. filmy 6. auta 7. restaurace 8. parfémy 9. slovníky 10. krémy 11. džusy 12. banány 13. kamarády 14. stoly a židle 15. dokumenty 16. ananasy 17. domy 18. dárky 19. psy 20. děti 21. lidi **97/11** Kontrola viz textová příloha strana 239. **97/12** 1. Dvě presa a tři zmrzliny. 2. Čtyři čaje a dva dorty. 3. Tři omelety a čtyři saláty, prosím. 4. Čtyři piva! 5. Prosím vás, dám si dva řízky. 6. Chtěl bych dvě polévky. 7. Chtěla bych dvě fanty a čtyři sody. 8. Chtěli bychom dvě becherovky a tři matonky. **100/17** 1. ji 2. ho 3. ho 4. ji 5. ho 6. je 7. nás 8. vás 9. ji 10. tě **100/18** Kontrola viz textová příloha strana 239. **101/19** A6, B7, C3, D5, E4, F2, G1

Lekce 10

107/1 Kontrola viz textová příloha strana 239. **108/2** na slova: na nádraží, na náměstí, na koncert, na parkoviště, na poštu, na ambasádu, na policii, na metro/do metra, na hokej, na oběd, na film, na diskotéku, na výstavu, na nákup **108/3** 1. na, do 2. na, k 3. do, na 4. na 5. k 6. k 7. na, do 8. do 9. do 10. na, do 11. na 12. na, na, do, na 13. na, do 14. na 15. na, do 16. na, do **108/5** 1. z 2. od 3. z 4. od 5. z 6. od 7. z 8. od **109/7** 1. do Řecka 2. do USA/do Ameriky 3. do Francie 4. do Holandska 5. do Belgie 6. do Anglie 7. do Ruska **110/10** 1. uprostřed 2. uprostřed 3. kolem 4. blízko 5. vedle 6. u/vedle 7. u 8. kolem

Lekce 11

114/3 Kontrola viz textová příloha strana 239. **115/7** do, z/ze, bez, u, vedle, blízko, kolem, uprostřed **115/8** 1. na nákup, do Delvity, na poštu, z Japonska, pro dort, do cukrárny, do kina, na pizzu, do pizzerie 2. pro dceru a syna, do tří, do kavárny, na kávu, vedle supermarketu, do jedenácti, na oběd, od dvanácti, v práci 3. do hospody, na pivo, do banky, na tenis, ve středu, ve středu v hospodě **116/9** 1. do 2. na 3. v 4. v 5. u 6. v 7. do 8. z 9. pro 10. k 11. od 12. za 13. na 14. u 15. na 16. z 17. pro 18. do 19. na 20. do 21. od 22. za 23. v 24. v **116/10** 1C, 2A, 3B **117/12** A6, B4, C2, D5, E7, F3, G1 **118/14** 1. vína 2. masa 3. látky 4. dortu 5. kávy 6. masa 7. mléka 8. cibule 9. vína 10. cukru **118/15** 1. salámu 2. džusu 3. vody 4. kávy 5. času 6. jídla 7. práce 8. polévky **119/18** 1. Potřebujete 250 g tvarohu, 40 g másla, 250 g mouky, 2 vajíčka, sůl a jahody. 2. Z mouky, tvarohu, másla a vajíček děláte těsto. 3. Do těsta dáte jahody a děláte knedlíky. 4. Pak knedlíky asi 5 minut vaříte. 5. Nahoru dáte cukr, tvaroh a rozpuštěné máslo. 6. Na knedlíky můžete dát šlehačku. **120/20** Kontrola viz textová příloha strana 240. **120/21** Alík je pes Ivana. Brita je pes Věry. Cvalda je pes Romana. Dora je pes Zuzany. Fifinka je pes Martina. **121/22** Bratislava je hlavní město Slovenska, Budapešť Maďarska, Varšava Polska, Moskva Ruska, Paříž Francie, Madrid Španělska, Vídeň Rakouska, Berlín Německa, Řím Itálie. **121/23** Tom Sawyer je román Marka Twaina, Let it be písnička Johna Lennona, Jana Eyrová román Charloty Bront_ové, Robinson Crusoe román Daniela Defoa, Tři sestry drama Antona Čechova, Vlasy muzikál Miloše Formana, Romeo a Julie tragédie Williama Shakespeara, Pán prstenů román J. R. R. Tolkiena

Lekce 12

125/1 Matka dělala oběd. Matka udělala oběd. Babička vařila čaj. Babička uvařila čaj. Sekretářka psala dopis. Skretářka napsala dopis. Student četl knihu. Student přečetl knihu. Kamarád kupoval dům. Kamarád koupil dům. Manžel myl nádobí. Manžel umyl nádobí. Mechanik opravoval auto. Mechanik opravil auto. Sestra uklízela pokoj. Sestra uklidila pokoj. **126/2** kupovat/koupit, vařit/uvařit, pít*/vypít*, telefonovat/zatelefonovat, opravovat/opravit, jíst*/ sníst*, psát*/napsat*, ztrácet/ztratit, uklízet/uklidit, dávat/dát*, malovat/namalovat, dělat/udělat, dostávat/dostat*, prodávat/prodat, mýt*/umýt*, číst* přečíst* **126/3** 1. Uklidil byt. 2. Uvařil čaj. 3. Napsal dopis. 4. Umyl nádobí. 5. Ztratil klíč. 6. Vypil pivo. 7. Namaloval obraz. 8. Dostal dárek. 9. Snědl jídlo. **126/4** Jana měla zajímavou knihu. Včera četla od rána do večera. Jana přečetla celou knihu. Kniha byla opravdu výborná. Pavel snědl večeři a šel spát. Pavel nikdy nejedl maso. Byl vegetarián. Malíř maloval obraz. Malíř namaloval obraz a pak ho prodal. Kamila umyla nádobí a pak uklidila kuchyň. Kamila neslyšela telefon, protože myla nádobí a poslouchala rádio. David nemohl jít na fotbal, protože celý den opravoval auto. David opravil kolo a pak mohl jet na výlet. Jak často babička prala prádlo? Babička vyprala prádlo a šla na nákup. Sekretářka napsala dopisy a šla na poštu. Sekretářka měla moc práce. Psala dopisy a telefonovala. Richard každý měsíc platil 3 000 za byt. Dneska Richard zaplatil nájem za celý měsíc. Když byl Emil v Americe, často telefonoval do České republiky. Emil šel k doktorovi, a proto zatelefonoval do kanceláře, že nepřijde do práce. Včera se student naučil všechno, co potřeboval. Může psát test. Student se učil celý den, ale ještě všechno neumí. Nemůže psát test. Manžel uvařil oběd a pak uklidil. Když manžel vařil, používal speciální exotické koření. Když byl Martin malý, často ztrácel klíče od bytu. Co Martin hledá? – Dneska ráno ztratil klíč od auta. **127/5** Odpočívat můžou: 1. Adam 2. Daniela 3. Michal 4. František 5. Radka 6. Simona 7. Jáchym 8. Andrea 9. Josef 10. David **128/6** 1. udělám 2. koupím 3. zaplatím 4. napíšu 5. uvařím 6. opravím 7. umyju 8. dám si 9. zatelefonuju 10. uklidím 11. vyperu 12. podívám se 13. přečtu 14. zavolám 15. naučím se 16. sním **129/8** Veronika plánuje, že opraví lampu, umyje nádobí, vyluxuje, uvaří špagety, sní zmrzlinu, namaluje obraz a umyje si vlasy. **129/9** Veronika snědla zmrzlinu, opravila lampu, umyla si vlasy, umyla nádobí, namalovala obraz a uvařila špagety.

Lekce 13

134/2 Kontrola viz textová příloha strana 240. **135/3** k nádraží, nádraží **141/16** 1. jdeme 2. jde 3. chodí 4. jezdím 5. jezdíme 6. jezdím 7. jdu 8. jde 9. jezdím 10. jezdíš **141/17** 1. chodím 2. chodím 3. jezdím 4. jezdíme 5. jezdíte 6. chodí 7. jezdíme 8. chodím 9. chodím 10. jezdím 11. jezdíme 12. jezdím 13. chodím 14. chodíme 15. chodíte 16. chodíš 17. jezdíš 18. chodím 19. jezdím 20. chodíš

Lekce 14

148/3 1. na 2. v 3. v 4. na 5. na 6. na 7. v 8. ve 9. na 10. na 11. na 12. v 13. v 14. na 15. na 16. na 17. na, v 18. na **148/5** 1. v Holandsku 2. ve Španělsku 3. v Egyptě 4. v Rusku 5. v Mexiku 6. na Slovensku 7. v Řecku 8. v Brazílii **150/10** 1. o novém románu 2. o Americe 3. o projektu 4. o lepším světě 5. o politice 6. o mém kamarádovi 7. o tom velkém skandálu 8. o nové módě 9. o nové koncepci 10. o princezně nebo modelce 11. o nové učitelce 12. o našem šéfovi 13. rozvodu 14. o práci 15. o Janě a Tomášovi 16. o tom starém filmu 17. o lásce 18. o hokeji 19. o té knize 20. o Praze **151/12** 1. kom 2. čem 3. čem 4. kom 5. čem **151/13** 1D, 2A, 3B, 4E, 5C (ale jsou i jiné možnosti). **151/15** 1. ní 2. něm 3. nich 4. nás 5. vás 6. tobě 7. mně 8. nás 9. vás 10. ní

Lekce 15

155/1 1. my 2. oni 3. on 4. ty 5. ona 6. oni 7. vy 8. oni 9. my 10. oni 11. ty 12. oni 13. ona 14. on 15. vy 16. vy 17. my 18. vy **155/2** 1. víc bych studoval 2. uklízel bys 3. jedl by zdravě 4. cvičila by každý den 5. rádio by fungovalo 6. víc bychom/bysme odpočívali 7. drželi byste dietu 8. nepili by 9. míň bych utrácel 10. učili bychom/bysme se jiný jazyk **157/9** 1. John neřekl: Jak se máte? 2. Daniel neřekl, jak se jmenuje. 3. Hans si nezul boty. 4. Roberto neřekl pane doktore. 5. Linda řekla: Jak se máš? To v Česku znamená, že opravdu chcete vědět, jak se ten člověk má. **158/10** 1D, 2H, 3C, 4G, 5E, 6A, 7F, 8B **161/19** vulgární – sprostý, pesimistický – smutný, egoistický – sobecký, ambiciózní – ctižádostivý, sympatický – milý, příjemný, optimistický – veselý, stupidní – hloupý **161/20** 1. ctižádostivý 2. zdvořilý 3. pracovitý 4. zvědavý 5. líný 6. zapomnětlivý 7. hodný 8. sobecký 9. nespolečenský 10. upřímný

Lekce 16

164/2 1. větší 2. delší 3. lepší 4. kratší 5. starší 6. chytřejší 7. kratší 8. horší 9. hubenější 10. mladší 11. šťastnější 12. bohatší 13. chudší 14. zdravější 15. čistší **165/3** 1a, 2a, 3b, 4a, 5a, 6c, 7c (ale nikdo to neví přesně), 8a, 9b **165/5** 1. hodnější, nejhodnější 2. hezčí, nejhezčí 3. línější, nejlínější 4. pracovitější, nejpracovitější 5. tvrdohlavější, nejtvrdohlavější 6. vyšší, nejvyšší 7. menší, nejmenší 8. starší, nejstarší 9. mladší, nejmladší 10. zvědavější, nejzvědavější 11. ambicióznější, nejambicióznější 12. veselejší, nejveselejší **167/9** dobrý dobře, veselý vesele, anglický anglicky, český česky, německý německy, bohatý bohatě, elegantní elegantně, levný levně, nemocný nemocně, častý často, daleký daleko **167/10** 1. anglický, anglicky 2. český, česky 3. daleko, daleké 4. dlouho, dlouhá 5. dobrý, dobře 6. draze, drahý 7. hlasitou, hlasitě/nahlas 8. hodně, hodný 9. horko, horkou 10. chudá, chudě 11. krásný, krásně 12. levné, levně 13. bohatě, bohatý **169/12** 1. anglicky 2. blízko 3. často 4. francouzsky 5. daleko 6. smutně 7. dlouho 8. draze 9. elegantně 10. hlasitě/nahlas 11. horko 12. čistě a hezky 13. krásně 14. česky **169/13** A4, B3, C1, D9, E7, F8, G10, H6, I5, J2 **171/16** 1B, 2C, 3A **171/17** 1B, 2D, 3A, 4C, 5F, 6G, 7E

Lekce 17

179/6 Dopis začínáme: Ahoj Davide!Vážení přátelé! Milá paní Horálková, Vážená paní Nováková, Vážený pane! Čau Jano! Dopis končíme: Posílám pusu. Měj se fajn! Hezký den! S pozdravem Jana Bílá. Mějte se hezky. Těšíme se na vaši odpověď. Tvůj Martin/Tvoje Ivana. **179/8** Vážený pane Mareši, prosím vás, jestli byste mi mohl poslat nový katalog vaší firmy. Chtěl bych koupit učebnice angličtiny a anglicko-český slovník pro naši školu. Potřeboval bych vědět, kolik učebnice stojí a jestli mají CD nebo kazety. Dává vaše firma na učebnice nějakou slevu? Těším se na vaši odpověď. Mějte se hezky, Robert Roedling. **180/10** 1E, 2D, 3C, 4B, 5A **181/12** 1. manželce 2. obchodnímu partnerovi 3. kamarádovi 4. přítelkyni 5. šéfovi

Lekce 18

184/2 Kontrola viz textová příloha strana 240. **185/4** 1. komu 2. komu 3. komu 4. čemu 5. čemu 6. komu 7. komu 8. komu **185/6** 1B, 2D, 3F, 4H, 5E, 6C, 7G, 8A **185/7** 1. jí 2. mu 3. ti. 4. vám 5. ti 6. vám 7. jí 8. jim 9. mi/mně 10. nám **188/11** 1F, 2E, 3G, 4C, 5H, 6B, 7D, 8A **188/13** Je ti/vám zima? Líbí se ti/vám akční filmy? Jde ti/vám matematika? Vadí ti/vám špatné počasí? Chutná ti/vám zelenina? Sluší ti/vám černá barva? Vadí ti/vám arogantní lidi? Líbí se ti/vám modrá barva? Je ti/vám špatně? **189/14** 1. díky 2. k 3. kvůli 4. k 5. proti, kvůli 6. k 7. ke 8. díky 9. k 10. kvůli **189/15** 1. Musíš jít k očnímu doktorovi/k očaři. 2. Musíš jít k obvodnímu doktorovi/k obvoďákovi. 3. Musíš jít k zubaři. 4. Musíš jít k psychologovi/psychiatrovi. 5. Musíš jít k imunologovi/na imunologii. 6. Musíš jít k chirurgovi/na chirurgii. 7. Musíš jít k alergologovi/na alergologii.

Lekce 19

197/1 1. autobusem 2. letadlem 3. metrem 4. tramvají 5. lodí 6. vlakem 7. taxíkem 8. balonem **197/3** Nejím zmrzlinu tužkou, ale lžičkou. Nemíchám kávu botou, ale lžičkou. Nepíšu dopis nohou, ale rukou. Nekrájím maso rukou, ale nožem. Nemyju si ruce parfémem, ale mýdlem. Nehraju tenis nohou, ale rukou a raketou. Nemyju si vlasy pivem, ale šamponem. Na měsíc neletím balonem, ale raketou. Na moři nejezdím vlakem, ale lodí. Ve městě nejezdím lodí, ale tramvají. **198/5** káva se šlehačkou, špagety se sýrem a kečupem, čaj se solí a máslem, avokádo s česnekem, čokoláda s chilli paprikou, řízek s knedlíkem, rýže se sýrem, majonéza s medem, káva s kardamonem, maso s ananasem, chleba s máslem a kečupem, guláš s chlebem, palačinka se špenátem. **200/13** 1C, 2A, 3F, 4I, 5D, 6H, 7E, 8B, 9G **200/14** 1. Včera večer jsem potkal na ulici kamaráda. 2. Minulý týden jsem se pohádal s ředitelem. 3. Doufám, že se nerozvedeme. 4. Chodila jsem s Danielem tři roky. 5. U moře jsme se seznámili se zajímavým člověkem. 6. Lucie se rozešla s Michalem. 7. Celý život jsem žil s maminkou, ale teď žiju sám. 8. Myslíš, že se Pavel rozvede s Irenou? 9. Tři roky jsem chodila s Leošem. 10. Proč jste se pohádali? **201/16** Kontrola viz. Textová příloha strana 240.

Lekce 20

205/2 Kontrola viz Textová příloha strana 240. **206/6** Kontrola viz Gramatické tabulky strana 226. **207/9** 1C, 2D, 3A, 4G, 5E, 6B, 7F **208/12** Kontrola viz Textová příloha strana 240. **208/13** 1. nechte mě 2. pospěš si/dělej 3. dej/dávej pozor 4. buďte zticha 5. dej/dávej na sebe pozor 6. nechte mě/mějte se hezky/užijte si to 7. zkus to/neboj se 8. užij si to **209/14** organizovat – organizujou/organizují – organizuj, psát – píšou/píší – piš, jít – jdou – jdi, odpočívat – odpočívají – odpočívej, spát – spí – spi, mluvit – mluví – mluv, pracovat – pracujou/pracují – pracuj, hledat – hledají – hledej, kupovat – kupujou/kupují – kupuj **210/16** A11, B9, C3, D1, E10, F6 **211/18** Martine, Davide, Ivane, Adame, Michale, Marku, Zdeňku, Mirku, Radku, Tomáši, Lukáši, Leoši, Honzo, Jardo, Pepo, Evo, Magdaléno, Kateřino, Hano, Ireno, Terezo, Barboro, Petro, Olgo, Alice, Marie, Lucie, Carmen, Rosie, Ruth

Textová příloha

Text Supplement

Lekce 1
str. 12
Ahoj!
Čau!
Já jsem Tom. A ty?
Já jsem Alice.
Odkud jsi?
Jsem z Anglie.
Co děláš?
Jsem studentka.
Au!
Promiň.
To nic.
Díky.
Prosím.
Měj se hezky. Čau.
Ty taky. Ahoj.

str. 13
Dobrý den.
Dobrý den.
Já jsem Jana Bílá. A vy?
Já jsem David Brott.
Těší mě.
Mě taky.
Odkud jste?
Jsem z Austrálie.
Co děláte?
Jsem profesor.
Děkuju.
Prosím.
Jé!
Promiňte.
To nic.
Mějte se hezky.
Vy taky.
Na shledanou.
Na shledanou.

Lekce 4
str. 46
Odpoledne v kanceláři
Jana: „Heleno! Lucie! Kdo je ten pan Hasek? Je Čech?"
Helena: „Ne, není Čech. Je Američan a manažer. Myslím, že je milionář!"
Jana: „Opravdu je milionář? To je senzace!"
Lucie: „Ale ne! To je nesmysl. Není milionář ani manažer. A taky není Američan. Je Angličan. Je doktor a expert. Není alkoholik ani chuligán! Je vegetarián a turista. Dneska je tady v práci, ale zítra je víkend a já a on..."
Helena: „Pozor! Je tady šéf, pan Smutný. Nejsme doma, jsme v práci!"

Lekce 7
str. 76
Kdo psal ten inzerát?
1. Máš ráda exotické země? Jsem student 24/185 a hledám kamarádku na netradiční cestu do Afriky.
2. Jsem 20/165, studentka medicíny.Nehledám peníze ani sex. Hledám lásku! Chtěla bych potkat veselého kluka, partnera na celý život!
3. Jsem manažer 39/177. Jsem chytrý, sympatický a bohatý, ale jsem sám. Pořád pracuju a nemám čas hledat partnerku.
4. Jsem sekretářka 31/171.Nejsem ošklivá, ale asi mám smůlu. Hledám sympatického muže, který rád čte a pracuje na zahradě.

Lekce 8
str. 84
Eva a Petr mají o víkendu volno. Co plánujou?
„Petře, co budeme dělat o víkendu?",
„V televizi říkali, že v sobotu bude špatné počasí. Tak budeme doma, ne? Budeme číst a dívat se na video."
„Dobře. Ale co večer?"
„Večer půjdeme na koncert. Už mám lístky!"
„Fajn! A co v neděli?"
„V neděli bude hezké počasí. Pojedeme na výlet na hrad Karlštejn! Chceš?"
„Ne, nechci. Tam už jsem byla. Pojedeme na hrad Kokořín!"

Lekce 9
str. 97
1.
„Co si přejete?"
„Chtěl bych dvě mléka a dva rohlíky."
„To je všechno?"
„Ano, to je všechno."
2.
„Prosím?"
„Chtěla bych čtyři papriky, dva rohlíky a tři avokáda."
„Ještě něco?"
„Ne, děkuju. To je všechno."
3.
„Prosím vás, máte známky?"
„Ano, máme."
„Tak dvě známky na dopisy. Kolik to stojí?"
„12,80."
4.
„Dobrý den. Co si dáte?"
„Dáme si dvě piva, dvě polévky a dva guláše."
„A ke guláši brambory nebo knedlíky?"
„Knedlíky."

str. 100
Jana: „Tohle je moje kočka Micka. Miluju ji, protože je krásná. Když nejsem doma, Micka nic nejí a čeká na mě. Když jedu na dovolenou, hledá mě. Micka mě má moc ráda, ale nemá ráda Viktora. A myslím, že Viktor ji taky nemá rád. A to je škoda, protože já je miluju oba..."
Viktor: „Jana je moc fajn holka. Miluju ji, ona miluje mě a příští rok plánujeme svatbu. Ale tu její kočku fakt nesnáším! Je tlustá a rozmazlená. Ale Jana ji miluje. Když ji vidí, je celá šťastná a nemá čas na mě.
Chtěl bych mít psa! Budu ho mít doma, budu ho trénovat a cvičit a budu ho mít rád!"

Lekce 10
str. 107
Pan Veselý cestoval a pan Smutný „cestoval"
Pan Smutný: „Ahoj, Karle! Už jsem tě dlouho neviděl! Ty jsi měl dovolenou, viď? Kam jste jeli?"
Pan Veselý: „Celé léto jsme s manželkou cestovali. Nejdřív jsme jeli do Dánska, z Dánska jsme jeli do Norska a z Norska do Švédska. Manželka chtěla jet taky na Island, ale na to jsme už neměli peníze. Pak jsme jeli do Francie a z Francie do Německa."
Pan Smutný: „To muselo být hezké!"
Pan Veselý: „Ano, bylo to krásné. Taková cesta, to byl vždycky můj sen. Ale jak jsi se měl ty?"
Pan Smutný: „Hm, nic moc. V práci jsme dělali důležitý projekt a taky jsem si zaplatil letní kurz angličtiny. Navíc mě bolela záda a musel jsem denně na rehabilitace. A tak jsem „cestoval" jenom do práce, z práce do školy, ze školy k doktorovi a od doktora maximálně večer do obchodu na nákup nebo do kina."
Pan Veselý: „Hm, to je škoda. A kam jdeš teď?"
Pan Smutný: „Do cestovní kanceláře. Příští týden jedu na Havaj!"

str. 109
Eva a Petr chtějí v létě cestovat.
Petr: „Evo, v létě budeme cestovat. Pojedeme do Anglie, do Oxfordu a do Londýna. Z Londýna pojedeme do Francie, z Francie do Španělska a ze Španělska do Afriky, do Alžíru, do Egypta a do Maroka a pak..."
Eva: „Jo, a pak poletíme na Mars, že. Ten plán je moc krásný, ale my nemáme peníze. A tak asi pojedeme k babičce na Moravu."

Lekce 11
str. 114
Kateřina Neumannová je známá česká lyžařka. Před sezónou trénuje každý den. Vstává v 6 hodin ráno a od 6.30 do 7 jde běhat. Od 7 do 8 snídá čaj nebo kávu a cornflakes s mlékem. Od 8 do 9.30 odpočívá a stará se o malou dceru. Od 9. 30 do 12 trénuje. Ve 12 hodin obědvá polévku, bílé maso s rýží nebo špagety. Od 12. 30 do 2. 30 čte nebo někdy taky spí. Odpoledne od 3 do 5 zase trénuje. V 6 hodin večeří, a pak od 7 do 10 odpočívá, hraje si s dcerou nebo se dívá na televizi. V 10 hodin večer jde spát.

Petr Hapka je populární český skladatel a zpěvák. Skládá písničky a hudbu k filmům. Teď připravuje nové cédéčko. Petr vstává ve 2 hodiny odpoledne, „snídá" polévku a od 3 do 6 čte noviny nebo si hraje a povídá s dětmi. Od 6 do 9 má pracovní schůzky a konzultace. V 9 hodin večer „obědvá", a pak jede do hudebního studia. Od 11 do 4 hodin ráno pracuje ve studiu a skládá hudbu. V 5 hodin „večeří". Jde spát v 6 hodin ráno.

str. 120
Tom byl o víkendu v práci, ale Alice měla volno. Celý víkend byla na návštěvě u Evy. V sobotu šly na oběd do restaurace. Odpoledne šly na návštěvu k Petrovi. V neděli jeli na výlet na Karlštejn. Alice byla spokojená. V pondělí ráno mluvila s Tomem.
„To je škoda, Tome, že jsi musel pracovat. Byl to hezký víkend! Šli jsme na procházku, byli jsme v restauraci, viděli jsme krásný hrad. A Filip, Alena, Mína a Rex byli taky moc fajn!"
„Ale kdo jsou Filip, Alena, Mína a Rex? Kamarádi Evy?"
„Ne. Filip a Alena jsou bratr a sestra Evy. Rex je taky Evy, ale není to její bratr – je to její pes. A Mína? Mína je kočka Petra ."

Lekce 13
str. 134
Alice telefonuje Evě a Petrovi.
„Tak co, kde jste? Už na vás čekám. Neztratili jste se?"
„Ne, neztratili. Už jsme u nádraží. Ale Hlavní ulici ještě nevidíme."
„Jděte doprava kolem supermarketu, pak kousek rovně a u semaforu doleva a zase rovně."
„Fajn, už jsme u semaforu. Tvůj dům je ten malý, nebo ten velký?"
„Ten velký. Tak já jdu vařit kávu."

Lekce 15
str. 160
Karel: Když celý život chceš jet do Indie, měla bys jet! Je to tvůj život a tvoje peníze, ne? Určitě bys měla jít taky k doktorovi a informovat se, jestli je nějaké riziko infekce nebo tak něco. Nebo můžeš hledat nějakou cestovní kancelář, která cesty do exotických zemí organizuje, a pak jet s cestovní kanceláří.
Jarka: Já nevím, ale myslím, že váš syn má pravdu. Neměla byste jet nikam! Cesta může být opravdu nebezpečná a pro tak starého člověka, jako jste vy, je to opravdu riziko. A taky byste neměla dávat za cestu všechny peníze. Váš syn za to může mít auto pro celou rodinu. Jste stará a auto budete taky potřebovat!
Božena: Měla bys být tolerantní a moderní matka. To, co Alena dělá, je úplně normální. Každý mladý člověk hledá nové kamarády, mluví vulgárně a je protivný na rodiče. Dneska si každý dělá jenom to, co chce. Měla bys být ráda, že Alena nepije a že nebere drogy.
Adéla: Víš, měla bys mít taky nějaké kamarády, se kterými bys mohla chodit do divadla nebo na koncerty. Alena už není malá holka. Samozřejmě, že by neměla být vulgární a protivná. Ale taky nemůže být pořád jenom s maminkou a musí mít vlastní kamarády a vlastní život.
Iva: Já myslím, že studuješ málo. Měl bys studovat víc. Každý den se musíš naučit minimálně čtyřicet nových slov a hlavně se učit gramatiku! Když neumíš teorii, nemůžeš mluvit. Bez gramatiky budeš dělat chyby pořád.
Miloš: Jsi už asi trochu frustrovaný a zablokovaný. Měl bys jet na nějaký čas do Anglie nebo do Ameriky. Můžeš tam pracovat nebo si zaplatit nějaký kurz. A měl bys hlavně mluvit a mluvit. To nevadí, že děláš chyby a že mluvíš pomalu! Každý student dělá chyby, to je normální.

Lekce 18
str. 184
Je pro vás oblečení důležité?
Michal: „Ne, oblečení pro mě není vůbec důležitý. Nový věci si vůbec nekupuju, kupuju jenom starý, a to maximálně tak jednou, dvakrát za rok. Vlastně já to ani nekupuju, oblečení mi kupuje máma. Vždycky zajde do second handu nebo na trh a nakoupí oblečení pro celou rodinu, pro tátu, pro sestru, pro bratra i pro mě. Já teda myslím, že nakupovat oblečení je ztráta času. I kdybych na to měl peníze, nedělal bych to. Není to ekologický... Je to konzum."
Tomáš: „Samozřejmě! Oblečení je pro mě důležitý, a fakt hodně! Kupuju si každý týden něco novýho, nějaký džíny, tričko nebo bundu, ale nejvíc miluju boty. Mám doma asi 20 párů. Nakupuju nejvíc v Dieslu nebo v Energy a přesně vím, co je moderní. Oblečení nosím maximálně rok nebo dva, pak ho dám do tašky ke kontejneru. Vždycky tam je maximálně hodinu. Oblečení je pro mě fakt hodně důležitý, protože ... říká, kdo jsem, vyjadřuje moji identitu. Myslím, že člověk, který nedbá na oblečení a na to, jak vypadá, nemá rád sám sebe."
Ivo: Já mám rád kulturu, chodím často na koncerty a do divadla, a myslím, že oblek je na tyhle akce normální oblečení. Taky nosím oblek do školy, když dělám zkoušky. Navíc studuju jazyky a diplomacii, takže jestli budu pracovat jako diplomat, budu oblek a kravatu nosit do práce každý den. Jsem rád dobře oblečený a myslím, že na tom není nic špatného. Naopak – respektuju tím konvence a taky to vyjadřuje můj respekt k ostatním lidem

Lekce 19
str. 199
Alice s Evou jsou v kavárně. Pijou kávu se šlehačkou a povídají si.
Alice: „Tak jak s Petrem žijete, Evo?"
Eva: „Dobře. Už je to tři měsíce, co jsme měli svatbu a fakt jsme se ještě nepohádali."
Alice: „Vy jste se ještě nepohádali? To asi nejste normální! My se s Tomem hádáme často... Ale máme se rádi!"
Eva: „No, a co vaše svatba? Chodíš s Tomem už dost dlouho..."
Alice: „To je pravda, ale my svatbu neplánujeme. Já si myslím, že když spolu chceme žít,
nepotřebujeme na to nějaký papír."
Eva: „Ale pro mě a pro Petra byla ta svatba moc důležitá. Rozejít se je něco jiného než rozvést se, nemyslíš?"

str. 200
Jitka: S Pavlem a Vlaďkou jsem se poprvé potkala v roce 1999 v Ekvádoru u krásného vulkanického jezera Latacunga, které leží 3 000 metrů nad mořem. Pracovala jsem v Ekvádoru, sama Češka mezi Angličany, Američany a Ekvádorci. Jednou jsem jela na výlet do hor. Bylo krásné ráno. Stála jsem sama u jezera a dívala jsem se dolů do kráteru. Najednou jsem uslyšela, jak někdo česky říká: „To je krása, viď!" To bylo překvapení – Češi v Ekvádoru! Pavel a Vlaďka se tam zastavili na cestě kolem světa. Pozvala jsem je domů a od té doby jsme kamarádi. A kde jsou teď? Asi někde v Thajsku.
Linda: V roce 2001 jsem pracovala jako učitelka angličtiny v mezinárodní jazykové škole v Budapešti v Maďarsku. Vždycky, když přišel nějaký nový učitel, jsem s ním musela projít školu a všechno mu vysvětlit. Jednou přišel jeden učitel, který mi byl moc sympatický. Asi půl hodiny jsem mu vysvětlovala, jak musí používat počítač a jak funguje náš speciální program. Moc nemluvil a jen se usmíval. Když odešel, řekla jsem kolegyni: „Snad tomu bude rozumět!" A ona reagovala: „Kdo, Robert Brown? To je ten člověk, co ten program udělal! To je autor toho programu!" No, a pak zazvonil telefon a Robert – dneska můj manžel – mě pozval na první rande.
Radka: Minulý rok na podzim jsem se probudila ráno a nebylo mi dobře. Bolela mě hlava a v krku. Řekla jsem si, že nepůjdu do práce, ale půjdu k doktorovi. Asi deset minut jsem musela čekat na tramvaj. Byla zima, pršelo a já jsem měla špatnou náladu. Když tramvaj konečně přijela, nastupovalo hodně lidí a nějaký člověk do mě strčil. „Prosím vás, co děláte?" vykřikla jsem. „Vy jste slon!" Pak jsem přišla k doktorovi a asi hodinu jsem tam čekala. Když mě sestra zavolala do ordinace, byl to šok: za stolem seděl ten „slon" z tramvaje! No, a teď s ním chodím už skoro rok...
Pavel: V roce 1992 jsem pracoval v městském muzeu. Jednou v létě udělalo muzeum výstavu o Indonézii. Výstava byla docela populární a chodilo tam hodně turistů. Protože mluvím anglicky, tak jsem s nimi chodil po výstavě a ukazoval jsem jim fotografie. „Tohle je Jakarta," řekl jsem u jedné fotografie. „Ano, a tady v tom domě bydlím," řekl anglicky jeden z turistů. A tak jsem se seznámil s Aangem. Píšeme si, Aang jezdí do Česka a já jsem byl v roce 1995 na tři týdny v Indonézii. To bylo super!

str. 201
Tragická hádka
Byl smutný podzimní den. Byla zima a od rána silně pršelo. Inspektor Holmík a komisař Mulík seděli v kanceláři a hráli šachy.
„Crrrrr!" Inspektor Holmík vzal telefon. „Tady policie!" – „Prosím vás, musíte přijet! Můj přítel Martin Jirák je mrtvý! Spáchal sebevraždu!" říkal mladý ženský hlas v telefonu.
„Rychle! Jedeme!" Holmík a Mulík jeli do bytu Martina Jiráka. Byli tam za pět minut. Ve dveřích bytu čekala mladá žena. Byla velmi hezká. Měla perfektní make-up, krásný účes a sexy bílé džíny.
„Jak se jmenujete? A kdo jste?" zeptal se inspektor.
„Jmenuju se Sandra Vernerová a jsem přítelkyně Martina. Já jsem volala policii."
Když vešli do bytu, uviděli mladého muže. Ležel na zemi a byl mrtvý. Vedle muže ležel revolver.
„Co se tady stalo, slečno Vernerová?".
„Seznámili jsme se před rokem na diskotéce. Strašně jsem se do Martina zamilovala. Nevěděla jsem ale, že je alkoholik. Každý den chodil do hospody a vracel se pozdě v noci nebo ráno. Hodně jsme se hádali. Dneska ráno přišel z hospody taky opilý. Řekla jsem mu, že s ním končím. Pohádali jsme se, a pak zase začal pít. Tiše jsem odešla z bytu a šla jsem do parku. Dvě hodiny jsem chodila venku a pak jsem šla zpátky k Martinovi. Chtěla jsem vědět, jestli je v pořádku. Když jsem přišla, viděla jsem, že je mrtvý. Tak jsem hned zavolala na policii."
„Čí byl ten revolver?"
„Jeho. Měl ho legálně, protože byl obchodník a měl často doma peníze".
„A v kolik hodin jste volala na policii, slečno Vernerová?"
„V půl jedenácté".
„Aha. Tak to bylo asi tak před deseti minutami. Tak půjdete s námi na policii. Nějak se mi to nelíbí. Myslím, že to nebyla sebevražda. Martina Jiráka jste zabila vy!"
Proč si inspektor Holmík myslí, že Martina zabila Sandra?

Lekce 20
str. 205
Eva a Petr se stěhujou do nového bytu. Je nejvyšší čas, protože Eva je těhotná. Za dva týdny čekají dítě. Eva sedí v křesle a Petr nosí židle, stoly, knihy, police, kytky, krabice s nádobím a obrazy.
Petr: „Kam dáme obraz?"
Eva: „Obraz? Já myslím, že nad stůl. Tam bude vypadat moc hezky."
Petr: „Ano, obraz bude nad stolem. A kam dáme tu kytku?"
Eva: „Určitě mezi židli a stůl."
Petr: „Dobře, kytka bude mezi židlí a stolem. A co ta krabice?"
Eva: „Hmmm, zapomněla jsem, co je uvnitř. Dej ji, prosím tě, zatím pod židli."
Petr: „Fajn, krabice bude pod židlí. Ale kam dáme kaktus?"
Eva: „Před zrcadlo. Tam bude mít dost světla."
Petr: „Tak jo, kaktus bude před zrcadlem. A co tenhle obraz?"
Eva: „Ještě nevím. Dej ho zatím za skříň."
Petr: „To je škoda. Tenhle obraz se mi líbí a bude za skříní?!"

str. 208
Petr je nervózní. Eva už brzo bude mít dítě. Ale Petr musí jet na důležitou konferenci. Bude tam prezentovat nový počítačový program. Odjíždí nerad. Říká Evě: „Prosím tě, dej na sebe pozor! A zavolej mi, kdyby něco!"
Ale Eva nemá strach. „Nedělej si starosti. A neboj se! Měj se hezky a užij si to! A pozdravuj kolegy!"
Konference končí. Petr volá Evě: „Měli jsme velký úspěch! Naše prezentace byla nejlepší a máme čtyři nové klienty! Jo, a co ty? Jak se máš?"
Ale Eva je nějaká nervózní. „Petře, myslím, že už budu muset jet do nemocnice. Pospěš si! "
Petr jede rychle domů. Ale doma nikdo není! Eva už je v nemocnici.
Petr jede do nemocnice a sestra mu říká:
„Gratuluju, tatínku! Podívejte se, máte dvojčata!!!"
Eva a Petr mají holku Veroniku a kluka Davida.

Glossary

A

a	and
a tak	and so
áčkem	by A line
áčko	A line
ačkoliv	although, despite of
Afghánistán, Afghánec, Afghánka	Afghanistan, Afghan
Afrika, Afričan, Afričanka	Africa, African
ach jo	oh well
ale	but
alergie	allergy
alimenty	alimony
Alžír, Alžířan, Alžířanka	Algiers, Algerian
amatér	amateur
ambasáda	embassy
ambiciózní	ambitious
Amerika, Američan, Američanka	America, American
ananasový *(adj.)*	pineapple
Anglie, Angličan, Angličanka	England, Englishman, Englishwoman
ani – ani	neither – nor
ani	neither
ano	yes
Argentina, Argentinec, Argentinka	Argentina, Argentine/Argentinean
asi	perhaps, approximatelly, maybe
Asie, Asiat, Asiatka	Asia, Asian
Austrálie, Australan, Australanka	Australia, Australian
autem	by car
auto	car
autobus	bus
autobusem	by bus
avšak	however
až	1. when 2. as late as till, untill, by the time

B

babička	grandmother
balet	ballet
balík	packet, package
balit, balím *(impf.)*	to pack, I pack
banán	banana
banka	bank
bankovka	banknote
bankovní	bank *(adj.)*
bar	bar
barák *coll.*	house
baron, baronka	baron, baroness
bát se, bojím se *(impf.)*	to be scared, I am scared
baterie	battery
batoh	rucksack, backpack
Baví mě to.	I enjoy (doing) it.
bavit se, bavím se *(impf.)*	to chat, I chat
bavit, bavím *(impf.)*	to entertain, I entertain
bazén	swimming pool
bažina	marsh
béčkem	by B line
béčko	B line
běhat, běhám *(impf.)*	to run, I run
během	during
Belgie, Belgičan, Belgičanka	Belgium, Belgian
Bělorusko, Bělorus, Běloruska	Belarus, Belarusian
bez	without
Běž pryč!	Go away!
biftek	(beef) steak
bílý	white
bít	to beat
blízko	near
blůza	blouse
blýskat se: Blýská se.	There is lightening.
bohatý	rich
bohužel	unfortunatelly
bolet, bolí *(impf.)*	to hurt, it hurts
Bolí mě hlava.	I have a headache.
Bolí mě v krku.	I have a sore throat.
bota, boty	shoe, shoes
bouřka	storm
brambor, brambory	potato, potatoes
bramborová polévka	potato soup
bramborový salát	potato salad
brát* si, beru si *(impf.)*	1. to take, I take 2. to marry, I marry
brát, beru *(impf.)*	to take, I take
bratr	brother
Brazílie, Brazilec, Brazilka	Brazil, Brazilian
brokolice	broccoli
bruslit/zabruslit si	to ice skate
brýle *(pl.)*	glasses
břicho	belly
Buď hodný/hodná!	Be a good boy/girl!
Buď zticha!	Be quiet. (You can also hear: Buď tiše/ticho!)
buď(to) – nebo	either – or
Bulharsko, Bulhar, Bulharka	Bulgaria, Bulgarian
bunda	jacket (with a zipper)
bydlet, bydlím *(impf.)*	1. to live, I live 2. to reside, I reside
byt	apartment/flat
být na internetu	to be on the Internet, to browse/surf the Internet
být* nevěrný	to be unfaithful
být* těhotná	to be pregnant
být* vdaná za	to be married to (about a woman)
být* zamilovaný	to be in love with
být* zasnoubený s	to be engaged to
být* ženatý s	to be married to (said about a man)
být*, jsem *(impf.)*	to be, I am

C

céčkem	by C line
céčko	C line
cédé	CD
cédéčko	CD
celý	all, whole
cena	price
centrum	centre
cesta	journey, way, road

cestovat, cestuju *(impf.)* — to travel, I travel
cestovní kancelář — travel agency
cigareta — cigarette
cítit, cítím *(impf.)* — to feel, I feel
citron — lemon
citronový *(adj.)* — lemon
civilizace — civilization
co — 1. what 2. *coll.* who, which, that
ctižádostivý — ambitious
cukr — sugar
cukrárna — sweetshop
cukroví — Christmas bicuits/pastry
cvičit, cvičím *(impf.)* — to exercise, I exercise

Č

čaj — tea
čas — time
častěji — more often
často — often
čekat dítě, **čekám** dítě — to be expecting, I am expecting a baby
čekat, čekám na *(impf.)* — to wait, I wait for
černý — black
červený — red
Česká republika, **Čech**, **Češka**, *(pl.)* **Češi** — Czech Republic, Czech
český — Czech *(adj.)*
česnek — garlic
česnekový — garlic *(adj.)*
čí — whose
Čína, Číňan, **Číňanka** — China, Chinese
čínský — Chinese *(adj.)*
číst*, čtu *(impf.)* — to read, I read
člověk — person
čokoládový *(adj.)* — chockolate
čtvereční *(adj.)* — square
čtvrt — quarter
čtvrtek — Thursday
čtvrtka — quarter
čtvrtý — the 4th

D

Dále! — Come in!
daleko — far
Dánsko, Dán, **Dánka** — Denmark, Dane
dárek — present
dát si, dám si *(pf.)* — 1. to give to myself, I'll give to myself 2. put, I'll put
datum — datum
dávat, dávám *(impf.)* — 1. to give, I give 2. put, I put
Dávej na sebe pozor. — Take care.
Dávej pozor! — Watch out!
dcera — daughter
dědeček — grandfather
děkovat, děkuju *(impf.)* — to thank, I thank
dělat, dělám *(impf.)* — 1. to do, I do 2. to make, I make
dělat, dělám kariéru *(impf.)* — to climb, I climb the corporate ladder
Dělej! Dělejte! — Hurry up!
demokracie — democracy
den — day
desátý — the 10th
detektivka — detective story
děti *(pl.)* — children
dětský pokoj — nursery, children's bedroom
devátý — the 9th
dezert — dessert
diář — diary
díky *coll.* — thanks
diskotéka — disco
dítě — child
divadlo — theatre/theater
dívat se na *(impf.)* — to look at, I look at
dívka — girl
dlouho — long time
dlouhý — long
do — in, into
Dobrá voda — Good Water
dobrý — good
dobře — well, good
dohromady — together
doklad — paper, document
doktor, **doktorka** — doctor
dokud — as long as
dokud ne — till, untill
dokument — paper, document
dole — down
dolem — through the bottom
doleva — to the left
dolů — to down
doma — at home
domácí úkol — homework
domů — to home
domy *(pl.)* — houses
dopis — letter
doplnit, doplním *(pf.)* — to fill in, I'll fill in
dopoledne — morning; in the morning
doprava — to the right
doprava — traffic, transport, transportation
doprostřed — to the middle
dopředu — to the front
dort — cake
dostat*, dostanu *(pf.)* — 1. to get, I'll get 2. to receive, I'll receive
dostávat, dostávám *(impf.)* — 1. to get, I get 2. to receive, I receive
dostih — horse race
doufat, doufám *(impf.)* — to hope, I hope
dovnitř — to inside
dovolená *(adj.)* — holiday, vacation
dovolit, dovolím *(pf.)* — to allow, I'll allow
dovolovat, dovoluju *(impf.)* — to allow, I'll allow
dozadu — to the back
drahý — 1. dear 2. expensive
droga — drug
druhý — the 2nd
druhý — the 2nd
družstevní — cooperative
důchod: být* v důchodu — retirement: to be retired
dům, domy — house, houses
dusit, dusím *(impf.)* — 1. to steam, I steam 2. to suffocate, I suffocate
dva/**dva**, **dvě**, dvě — two
dvakrát — twice

dveře *(pl. only)*	door
dvoulůžkový pokoj	double room
džentlmen	gentleman
džíny *(pl.)*	jeans
džob	job
džungle	jungle
džus	juice

E

egoista	egoist
egoistický	egotistic
egoistka	egoist
Egypt, Egypťan, Egypťanka	Egypt, Egyptian
ekonom, ekonomka	economist
ekonomika	economy
elegantní	elegant
emigrovat, emigruju *(impf.)*	to emigrate, I emigrate
energický	energetic
esemeska *coll.*	SMS
Estonsko, Estonec, Estonka	Estonia, Estonian
Evropa, Evropan, Evropanka	Europe, European

F

fajn	fine, great
fakt	really
fialový	violet
filozofický	philosophical
Finsko, Fin, Finka	Finland, Fin
firma	firm, company
forma na pečení	baking form
fotograf, fotografka	photographer
fotografie	photograph
foukat, foukám *(impf.)*	to blow, I blow
Francie, Francouz, Francouzka	France, French
freska	fresco
fyzika	physics

G

gangster	gangster
garáž	garage (not the service)
generace	generation
gorila	gorilla
gramatický	grammatical
gramatika	grammar
grilovat, griluju *(impf.)*	to grill, I grill
guláš	goulash
gulášová polévka	goulash soup
gulášový *(adj.)*	goulash

H

hádat se, hádám se s *(impf.)*	to argue, I argue with
halenka	blouse
hele!	look!
herec	actor
herečka	actress
hezký	1. pretty 2. handsome
historie	history
hlad	hunger
hlava	head
hlavní	main
hlavní jídlo	main course
hledat, hledám *(impf.)*	to look for
hnědý	brown
hodina	hour
hodinky *(pl.)*	wrist watch
hodiny *(pl.)*	clock
hodně	much, a lot
hodný	nice, friendly
Holandsko, Holanďan, Holanďanka	Netherlands, Dutch
holčička *(dimin.)*	little girl
holič, holička	hairdresser
holka coll.	girl
Honem!	Hurry up!
hora	mountain
horem	through the upper part of sth.
horký	hot
horoskop	horoscope
hospoda	pub/bar
housle *(pl.)*	violin
hovězí (maso)	beef
hovězí polévka	beef soup
hra	1. game 2. play
hrad	castle
hranice	border
hranolek, hranolky	chips/French fries
hrát si, hraju si s *(impf.)*	to play, I play with
hrát*, hraju *(impf.)*	to play
hrnec	pot, saucepan
hrnek	1. cup 2. mug
hruškový *(adj.)*	pear
hřmít*, hřmím *(impf.)*	to thunder
hubený	skinny, thin
hudba	music
humanistický	humanictic

CH

chaos	chaos
chata	hut, cottage
chemie	chemistry
chlapec	boy
chléb *(formal)*	bread
chleba	bread
chlup	body/animal hair
chodit, chodím na výlety	to hike, I hike
chodit, chodím s	to date
Chorvatsko, Chorvat, Chorvatka	Croatia, Croatian
chtít*, chci + *A* *(impf.)*	to want, I want
chudý	poor
chvíle	moment, while
chytat, chytám *(impf.)*	to catch, I catch
chytit, chytím *(pf.)*	to catch, I'll catch
chytrý	smart, clever

I

i	as well as, both – and
i když	although, despite
ideální	ideal
Indie, Ind, Indka	India, Indian
Indonésie, Indonésan,	Indonesia, Indonesian

Indonésanka	
informace	information
inteligentní	intelligent
inzerát	advertisement
Írák, Íráčan, Íráčanka	Iraq, Iraqi
Írán, Íránec, Íránka	Iran, Iranian
Irsko, Ir, Irka	Ireland, Irish
irský *(adj.)*	Irish
Itálie, Ital, Italka	Italy, Italian
Izrael, Izraelec, Izraelka	Israel, Israeli

J

já	I
jablečný *(adj.)*	apple
jablko	apple
jak	how; *coll.* who, which, that
jakmile	as soon as
jako	1. as 2. like
jaký	what, what sort of, what … like?
Japonsko, Japonec, Japonka	Japan, Japanese
jaro	spring
jasně *(coll.)*	clearly, sure
jasno	brightly
jasný	bright
Jdi domů! Jděte domů!	Go home!
Je obsazeno.	It is busy.
jeden/ jeden, jedna, jedno	1. one 2. a, an
jednolůžkový pokoj	single room
jednou	once
jeho	his
její	her
jejich	their
jen	only
jenom	only
jestli	if, whether
jet*, jedu metrem *(impf.)*	to go, I go by underground, subway
jet*, jedu (autem, vlakem…) *(impf.)*	to go, I go (by car, by train *etc.*)
jet*, jedu *(impf.)*	to go, I go (by vehicle)
Jez! Jezte!	Eat!
jezdit – jet* na jachtě	to go yachting
jezdit – jet* na kole	to go biking
jezdit – jet* na kolečkových bruslích	to go roller skating
jezdit – jet* na lodi	to go boating
jezdit – jet* na skatebordu (na skejtu)	to go skateboarding
jezdit, jezdím *(impf.)*	to go, I go (by vehicle)
jezero	lake
jídelní lístek	menu
jídlo	food, meal
jih	South
jinam	to somewhere else
jinde	somewhere else
jinudy	another way
jiný	1. different
jíst*, jím *(impf.)*	to eat, I eat
jít*, jdu *(impf.)*	to go, I go (on foot)
jízdenka	travel ticket
jižní	southern
jmenovat se, jmenuju se *(impf.)*	"to be called", my name is
jó *(coll.)*	yes, yeah

K

k	to (outside places and people)
kabát	coat
kabelka	bag/purse
kafe *coll.*	coffee
kakao	cocoa
kalhotky *(pl.)*	women's underpants
kalhoty *(pl.)*	trousers, pants
kam	where to
kamarád, kamarádka	friend
Kanada, Kanaďan, Kanaďanka	Canada, Canadian
kancelář	office
kapela	(music) band
kapka	drop
kapr	carp
karta	card
katastrofa	disaster
katedra	university department
katolík	Catholic
katolička	Catholic
káva	coffee
kavárna	café
kávový *(adj.)*	coffee
Kazachstán, Kazach, Kazaška	Kazakhstan, Kazakh
každý	every(one)
kde	where
kdo	who
kdy	when
když	1. when 2. if, in case
ke	to (outside places and people)
kečup	ketchup
kelímek	(plastic/paper) cup
kino	cinema/movie theater
klavír	piano
klidný	peaceful, quiet
klouzat*: Klouže to.	It is slippery.
kluk *coll.*	boy
knedlík, knedlíky	dumpling, dumplings
kniha, knihy	book, books
knihomol	bookworm
knihovna	bookcase
knír	moustache
kočka	1. cat 2. coll. a young girl
kokosový *(adj.)*	coconut
kola	cola
koláč	tart
kolega, kolegyně	colleague
kolem	around
koleno	knee
kolik	1.how many 2. how much
kolo	bike
komedie	comedy
komplikace	complication
kompromis	compromise
koňak	cognac
koncert	concert
končit, končím *(impf.)*	to end, I end/to finish, I finish
koně *(pl.)*	horses
konference	conference
konflikt	confict
kontakt	contact
kontrolovat, kontroluju *(impf.)*	to check, I check
konzervativní	conservative

konzultace	consultation
kopec	hill
koření	spices
kostel	church (as a building)
kostým	woman's suit
košík	basket
košile	shirt
koupat* se, koupu se *(impf.)*	to bathe, I bathe
koupelna	bathroom
koupit, koupím *(pf.)*	to buy, I'll buy
kout	corner, nook
kožich	fur coat
kraj	1. region 2. edge
krájet, krájím *(impf.)*	to cut, I cut (with a knife)
král	king
královna	queen
krásný	beautiful
krást*, kradu *(impf.)*	to steal, I steal
krátký	short
kravata	tie
kreslit, kreslím *(impf.)*	to draw, I draw
krk	neck, throat
kroketa, krokety	crocquette, crocquettes
kromě	except (for)
křeslo	armchair
křížovka	crossword puzzle
který	who, which
kudrnatý	curly
kudy	which way
kuchař	cook
kuchařka	cook
kuchyň	kitchen
kuchyně	1. kitchen 2. cousine
kuchyňský kout	kitchenette
kůň, *pl.* **koně**	horse, horses
Kup to! Kupte to!	Buy it!
kupovat, kupuju *(impf.)*	to buy, I buy
kuřata	chickens
kuře	chicken
kuřecí *(adj.)*	chicken
kuřecí polévka	chicken soup
kvalitní	good-quality
kvůli	because of
kyselý	sour
kytara	guitare

L

laguna	lagoon
láhev	bottle
láska	love
lednička	refrigerator
legendární	legendary
lék	medicine
lékárna	pharmacy
lekce	lesson
lepší	better
les	forest
letadlem	by plane
letadlo	plane
letenka	fly ticket
letiště	airport
léto	summer
levný	cheap
lézt*, lezu na skály *(impf.)*	to go, I go rock climbing
lhát*, lžu *(impf.)*	to lie, I lie
lidé	people
lidi *(coll.)*	people
linka	line
líný	lazy
lístek	ticket
lít*, liju *(impf.)*	to pour, I pour (a liquid)
Litva, Litevec, Litevka	Lithuania, Lithuanian
loď	boat, ship
lokalita	locality
losos	salmon
loterie	lotery
Lotyšsko, Lotyš, Lotyška	Latvia, Latvian
ložnice	bedroom
luštit, luštím křížovku *(impf.)*	to do, I do a crossword puzzle
luxovat, luxuju *(impf.)*	to vaccum, I vacuum
lyžovat, lyžuju *(impf.)*	to ski, I ski
lžíce	tablespoon
lžička	teaspoon

M

Maďarsko, Maďar, Maďarka	Hungary, Hungarian
majonéza	mayonnaise
malíř	painter
malířka	painter
malovat, maluju *(impf.)*	to paint, I paint
malý	1. little, small 2. short (about people)
maminka	Mum/Mom
manažer	manager
manažerka	manager
manžel	husband
manželka	wife
Maroko, Maročan, Maročanka	Morocco, Moroccan
máslo	butter
maso	meat
mateřská škola	kindergarden
matka	mother
maturita	exam for a high school certificate
maturovat, maturuju	to take exam for a high school certificate
maximálně	maximally
Mě taky!	Me too!
med	honey
Měj se hezky! Mějte se hezky !	Have a nice time.
Měj se! Mějte se! *(coll.)*	Have a nice time.
měkký	soft
měřit, měřím *(impf.)*	to measure, I measure
měsíc	1. month 2. Moon
město	city, town
metr	meter
metro	underground, subway
Mexiko, Mexičan, Mexičanka	Mexico, Mexican
mezi	1. between 2. among
míchat, míchám *(impf.)*	to mix, I mix
mikina	sweatshirt
milionář	millionaire
milionářka	millionaire
milovat se, miluju se *(impf.)*	to make love, I make love

milovat, miluju *(impf.)* — to love, I love
milý — dear, nice, friendly
minerálka — mineral water
minulý — last
minuta — minute
místnost — room
místo — place, room, space
mít návštěvu *(impf.)* — to have guests
mít* čas *(impf.)* — to have time
mít* dovolenou *(impf.)* — to have vacation
mít* hlad *(impf.)* — to be hungry
mít* rýmu *(impf.)* — to have a cold
mít* schůzku *(impf.)* — to have an appointment
mít* smůlu *(impf.)* — to have bad luck
mít* strach *(impf.)* — to be frightened
mít* svatbu *(impf.)* — to have wedding
mít* štěstí *(impf.)* — to have good luck
mít* volno *(impf.)* — to be free
mít* vztek *(impf.)* — to be angry
mít* zlost *(impf.)* — to be angry
mít* žízeň *(impf.)* — to be thirsty
mít*, mám *(impf.)* — to have, I have
mít*dobrou náladu *(impf.)* — to be in a good mood
mít*hlad *(impf.)* — to be hungry
mít*krásný život *(impf.)* — to have a beautiful life
mít*moc práce *(impf.)* — to be busy
mít*nápad *(impf.)* — to have an idea
mít*narozeniny *(impf.)* — to have birthday
mít*peníze *(impf.)* — to have money
mít*pravdu *(impf.)* — to be right
mít*rád, mám rád *(impf.)* — to like, I like
mít*rande *(impf.)* — to have a date
mítink — meeting
mixovat, mixuju *(impf.)* — to mix using a mixer, I ...
mladší — younger
mladý — young
mléko — milk
mluvit, mluvím *(impf.)* — to speak, I speak
mobil — cell phone
moc — much, very
moct*, můžu *(impf.)* — can, I can
model — model
modelka — model
modrý — blue
mokrý — wet
moře — sea
most — bridge
moučník — dessert
možný — possible
mrznout*, mrznu — to freeze, I freeze
můj/můj, moje, moje — my
muset, musím (impf.) — 1. must, I must 2. have to, I have to
muž — man
my — we
myslet, myslím (impf.) — to think, I think
mýt*, myju (impf.) — to wash, I wash (body, dishes)

N

na — on
na jaře — in spring
na podzim — in autumn/fall
na univerzitě — at a university
nabídnout*, nabídnu *(pf.)* — to offer, I'll offer
nabízet, nabízím *(impf.)* — to offer, I offer
nábytek — furniture
nad — above
nadmořská výška — altitude
nádraží — (railway, bus) station
náhoda — coincidence
nahoru — upwards
nahoře — up
nacházet, nacházím *(impf.)* — to find, I find
najednou — 1. at once 2. all of sudden
najít, najdu *(pf.)* — to find, I'll find
nakonec — in the end, eventually
nakoupit — to go shopping
nakrájet, nakrájím *(pf.)* — to cut, I'll cut (with a knife)
nákup — shopping
nakupovat, nakupuju *(impf.)* — to shop, I shop
nálada — mood
nalevo — on the left
nalít*, naliju *(pf.)* — to pour, I'll pour (a liquid)
namalovat, namaluju *(pf.)* — to paint, I'll paint (a picture)
náměstí — square
nápad — idea
nápoj — beverage
napravo — on the right
naproti — opposite
napsat*, napíšu *(pf.)* — to write, I'll write
narodit se, narodím se *(pf.)* — to be born, I'll be born
narozeniny *(pl.)* — birthday
nastoupit, nastoupím *(pf.)* — to get on, I'll get on
nastupovat, nastupuju *(impf.)* — to get on, I get on
nasypat*, nasypu *(pf.)* — to pour, I'll pour (sugar, flour...)
náš/náš, naše, naše — our
naštěstí — fortunatelly
natočit, natočím *(pf.)* — to make a film, I make a film
naučit se, naučím se *(pf.)* — to learn, I'll learn
náušnice — ear-ring
návštěva — visit
ne — no
nealkoholický — non-alcoholic
nebezpečný — dangerous
nebo — or
Neboj se! Nebojte se! — Don't be afraid! Don't worry!
něco — something
něčí — someone's
neděle — Sunday
Nedělej si starosti. Nedělejte si starosti. — Don't worry.
Nech toho! Nechte toho! — Stop it!
nechat, nechám *(pf.)* — to leave st., I'll leave st.
nechávat, nechávám *(impf.)* — to leave st., I leave st.
nějak — somehow
nějaký — some
nejdražší — the most expensive
nejdřív — first, at first
nejlepší — the best
nejpopulárnější — the most popular
někde — sowhere
někdo — someone
někdy — sometimes
několik — several
nekvalitní — poor-quality

Německo, Němec, Němka	Germany, German
nemoc	desease
nemocnice	hospital
nemocný	sick, ill
nemožný	impossible
nenávidět, nenávidím *(impf.)*	to hate, I hate
neobvyklý	unusual
Neotravuj mě! Neotravujte mě!	Don't bother me!
neperlivá voda	still water
Neplač! Neplačte!	Don't cry!
Neruš mě! Nerušte mě!	Don't disturb me!
nervozní	nervous
nesmysl	nonsense
nesnášet, nesnáším *(impf.)*	cant stand, I can't stand
nesnést*, nesnesu *(pf.)*	can't stand, I'll cant stand
nespolečenský	standoffish
nést*, nesu *(impf.)*	1. to wear, I wear 2. to carry, I carry
neteř	niece
nevýhoda	disadvantage
nezdravý	unhealthy
než	1. than; 2. before
nic	nothing
ničí	no one's
nijak	no how, no way
nikde	nowhere
nikdo	no one
nikdy	never
noc	night
noha	foot, leg
normální	normal
Norsko, Nor, Norka	Norway, Norwegian
nos	nose
nosit, nosím *(impf.)*	1. to wear, I wear 2. to carry, I carry
nosní	nasal
nový	new
Nový Zéland, Novovozélanďan, -ka	New Zealand, New Zealander
nudný	boring
nultý	the 0th
nůž	knife

O

o	about
obalit, obalím *(pf.)*	to wrap, I'll wrap
obalovat, obaluju *(impf.)*	to wrap, I wrap
oběd	lunch
obědvat, obědvám *(impf.)*	to have, I have lunch
obchod	shop
objevit, objevím *(pf.)*	to dicover, I'll discover
objevovat, objevuju *(impf.)*	to disocver, I discover
obléct*, obleču *(pf.)*	to dress, I'll dress
oblečení	clothing
oblek	man's suit
oblékat, oblékám *(impf.)*	to dress, I dress
oblíbený	favourite
obličej	face
obraz	picture
obvykle	usually
obvyklý	usual
obývák	living room
oceán	ocean
oči	eyes
oční *(adj.)*	eye
od	from
ode	from
odejít*, odejdu *(pf.)*	to leave, I'll leave (on foot)
odcházet, odcházím *(impf.)*	to leave, I leave (on foot)
odjet*, odjedu *(pf.)*	to leave, I'll leave (by vehicle)
odjinud	from somewhere else
odjíždět, odjíždím *(impf.)*	to leave, I leave (by vehicle)
odkud	from where/where from
Odlož si. Odložte si.	Take off your coat.
odpočinout* si, odpočinu si *(pf.)*	to have a rest, I'll have a rest
odpočívat, odpočívám *(impf.)*	to have a rest, I have a rest
odpoledne	afternoon, in the afternoon
odskočit si, odskočím si *(pf.)*	to use the bathroom, I'll use the bathroom
odsud	from here
odtamtud	from over there
odtud	from here
okno	window
oko, *pl.* **oči**	eye, eyes
okurka	cucumber
okurkový *(adj.)*	cucumber
omáčka	sauce
omeleta	omelette
on	he
ona	she
oni	they
opálit se, opálím se *(pf.)*	to sunbathe, I'll sunbathe
opalovat se, opaluju se *(impf.)*	to sunbathe, I sunbathe
opera	opera
opravdový	real
opravdu	really
opravit, opravím *(pf.)*	1. to repair, I'll repair 2. to correct, I'll correct
opravovat, opravuju *(impf.)*	1. to repair, I repair 2. to correct, I correct
optimista	optimist
optimistka	optimist
optimistický	optimistic
oranžový	orange
ordinace	surgery, consulting room
orchestr	orchestra
oslava	celebration
osmý	the 8th
osobní	personal, private
ospalý	sleepy
ostrov	island
ošklivý	ugly
otázka	question
otec	father
ovoce	fruit
ovocný *(adj.)*	fruit
oženit se, ožením se	to marry, I'll marry (about a man)

P

pak	then
palačinka	crepe
paličatý	obstinate
památka	a place of interest
pan	Sir, Mr.
pán	Sir, Mr.

panelák	panel house
panelový *(adj.)*	panel
pánev	frying pan
paní	madam/ma'am, Mrs., lady
papír	paper
papírnictví	stationary
pardon	pardon
park	park
parkoviště	parking lot
partner	partner
partnerka	partner
party	party
pas	passport
pastelka	crayon
pátek	Friday
patro	floor
pátý	the 5th
péct*, peču *(impf.)*	to bake, I bake
pečený	baked
peklo	hell
peněženka	wallet, purse
peníze *(pl.)*	money
penze	pension
pepř	pepper
perlivý	carbonated
pero	pen
pes	dog
pesimista, pesimistka	pesimist
pesimistický	pesimistic
pevná linka	fixed/land line
pevný	firm
pirát	pirate
písnička	song
pistáciový *(adj.)*	pistacious
pít*, piju *(impf.)*	to drink, I drink
pití	drink
pivo	beer
plakat*, pláču *(impf.)*	to cry, I cry
plánovat, plánuju *(impf.)*	to plan, I plan
plátek	slice
platit, platím *(impf.)*	to pay, I pay
plavat*, plavu *(impf.)*	to swim, I swim
plavky *(pl.)*	swimsuit, swimming trunks
pláž	beach
pleš	bald spot
plná penze	full board
plný	full
po	1. after 2. around
počasí	weather
počítač	computer
počítat, počítám *(impf.)*	to count, I count
počkat, počkám *(pf.)*	to wait, I'll wait
pod	under
podél	along, alongside
podívat se na *(pf.)*	to look at, I'll look at
podle	1. according to 2. along, alongside
podnájem	tenancy, rented accomodation, subtenancy
podzim	autumn/fall
pohádat se s *(pf.)*	to argue, I'll argue with
pohádka	fairy tale
pohled	postcard
pohlednice	postcard
Pojď dál! Pojďte dál!	Come in!
poklice	lid
pokoj	room (in a flat, house or a hotel)
poledne	noon
polévka	soup
policie	police
poliklinika	clinique
politička	politician
politik	politician
politika	1. policy 2. politics
polívka *(coll.)*	soup
poloha	location
poloostrov	penninsula
polopenze	half board
polotučný	half-fat
Polsko, Polák, Polka	Poland, Pole
pomáhat, pomáhám *(impf.)*	to help, I help
pomerančový *(adj.)*	orange
pomilovat se, pomiluju se *(pf.)*	to make love, I'll make love
pomoc	help
pomoct*, pomůžu *(pf.)*	to help, I'll help
pondělí	Monday
ponožka	sock
poprvé	for the first time
porce	portion
pórek	leek
porodit, porodím *(pf.)*	to give birth, I'll give birth
portrét	portray
Portugalsko, Portugalec, Portugalka	Portugal, Portuguese
pořád	all the time
pořádek	order
Posaď se! Posaďte se!	Sit down!
posílat, posílám *(impf.)*	to send, I send
posílit, posílím *(pf.)*	to strengthen, I' trengthen
posilovat, posiluju *(impf.)*	to strengthen, I strengthen
poslat*, pošlu *(pf.)*	to send, I'll send
poslechnout*, poslechnu *(pf.)*	1. to listen, I'll listen 2. to obey, I'll obey
poslouchat, poslouchám *(impf.)*	1. listen, I listen 2. to obey, I obey
Pospěš si! Pospěšte si!	Hurry up!
postava	figure
postavit, postavím *(pf.)*	to build, I build
postel	bed
pošta	post(office)
potápět se, potápím se *(impf.)*	to dive, I dive
potkat, potkám *(pf.)*	to meet, I'll meet
potkávat, potkávám *(impf.)*	to meet, I meet
potom	then
potopit se, potopím se *(pf.)*	to dive, I'll dive
potřebovat, potřebuju *(impf.)*	to need
poušť	desert
použít*, použiju *(pf.)*	to use, I'll use
používat, používám *(impf.)*	to use, I use
povaha	character
pověrčivý	superstitious
povídat si, povídám si *(impf.)*	to chat, I chat
povídka	(short) story, tale
pozdě	late
později	later
pozdrav	greeting

Pozdravuj! Pozdravujte!	Say hallo to...!
pozvat*, pozvu *(pf.)*	to invite, I'll invite
požádat, požádám *(pf.)*	to apply, I'll apply
prababička	great grandmother
práce	work, job, profession
pracovat, pracuju *(impf.)*	to work, I work
pracovitý	hard-working, diligent
pračka	washing machine
pradědeček	great grandfather
praktický	practical
prát*, peru (oblečení) *(impf.)*	to wash, I wash (clothes)
pravda	truth
preferovat, preferuju *(impf.)*	to prefer, I prefer
premiér	prime minister
premiérka	prime minister
prezident	president
prezidentka	president
pro	for
problém	problem
probudit se, probudím se *(pf.)*	to wake up, I'll wake up
proč	why
prodat, prodám *(pf.)*	to sell, I'll sell
prodavač	shop assistant
prodavačka	shop assistant
prodávat, prodávám *(impf.)*	to sell
profesinální *(adj.)*	profesional
profesionál	profesional
profesionálka	profesional
profesor	professor
profesorka	professor
program	programme
prohlédnout*, prohlédnu *(pf.)*	to examine, to look at sth. thoroughly, I ...
prohlížet si památky *(impf.)*	to go sightseeing
prohlížet, prohlížím *(impf.)*	to examine, to look at sth. thoroughly, I ...
projekt	project
Promiň! Promiňte!	Sorry!
prominout*, prominu *(pf.)*	to forgive, I'll forgive
promoce	graduation
promovat, promuju *(impf.)*	to graduate, I graduate
prostě	simply
prostředkem	through the middle
prostřední	middle
proti	against, opposite
protivný	nasty
proto	this is why, therefore
protože	because
provokace	provocation
próza	prose
prst	finger, toe
pršet	to rain
první	the 1st
přát*, přeju *(impf.)*	to wish
přečíst*, přečtu *(pf.)*	to read, I'll read
před	1. in front of 2. before
předem	through the front part of sth.
předpověď počasí	weather forecast
předpovědět, předpovím *(pf.)*	1. to predict, I'll predict 2. to forcast, I'll forcast
předpovídat, předpovídám *(impf.)*	1. to predict, I predict 2. to forcast, I forcast
představit, představím *(pf.)*	to introduce, I'll introduce
představovat, představuju *(impf.)*	to introduce, I introduce
přeháňka	shower
překládat, překládám *(impf.)*	to translate, I traslate
překladatel	translator
překladatelka	translator
přeložit, přeložím *(pf.)*	to translate, I'll traslate
přepojit, přepojím *(pf.)*	to transfer, I'll transfer
přepojovat, přepojuju *(impf.)*	to tranfer, I trasfer
přes	accross
přestěhovat (se), přestěhuju se *(pf.)*	to move, I'll move (= to change one's residence)
přesto	although
přestože	although
přežít*, přežiju *(pf.)*	to survive, I'll survive
příbuzný *(adj.)*	relative
přidat, přidám *(pf.)*	to add, I'll add
přidávat, přidávám *(impf.)*	to add, I add
Přijď! Přijďte!	Come (on foot)!
Přijeď! Přijeďte!	Come (by vehicle)!
přijet*, přijedu *(pf.)*	to come, I'll come (by vehicle)
přijít*, přijdu *(pf.)*	to come, I'll come (on foot)
přiletět, přiletím *(pf.)*	to come, I'll come by plane
příloha	side dish
připravit, připravím *(pf.)*	to prepare, I'll prepare
připravovat, připravuju *(impf.)*	to prepare, I prepare
příroda	country, countryside
přísný	strict
příští	next
přítel	friend, boyfriend
přítelkyně	friend, girlfriend
psát*, píšu *(impf.)*	to write, I write
PSČ (read **pé es čé**)	postal code/zip code
pstruh	trout
ptát se, ptám se *(impf.)*	to ask, I ask
puberťačka *(pejor.)*	teenager
puberťák *(pejor.)*	teenager
půjčovna	hire/rental company
půl	half
půlka	half
pumpa	petrol station
pusa *(coll.)*	1. mouth 2. kiss

R

rádio	radio
radioaktivita	radioactivity
raftovat, raftuju *(impf.)*	to raft
ráj	paradise
Rakousko, Rakušák, Rakušanka	Austria, Austrian
rameno	shoulder
rande	date
ráno	1. early morning 2. in the early morning
recepce	reception
rekonstrukce	reconstruction
religiózní	religious
restaurace	restaurant
rezervovat, rezervuju *(impf.)*	to book, I book
režisér	film director
režisérka	film director
rodeo	rodeo
rodiče	parents
rodina	family

rodit se, rodím se *(impf.)*	to be born, I am born
rodit, rodím *(impf.)*	to give birth, I give birth
rohlík	long roll
rok	year
roláda	Swiss roll
rolák	polo-neck sweater, turtle-neck sweater
román	novel
rozejít se*, rozejdu se *(pf.)*	to break up, I'll break up
rozcházet se, rozcházím se *(impf.)*	to break up, I break up
rozpuštěný	melted
rozumět, rozumím *(impf.)*	to understand, I understand
rozvádět se, rozvádím se *(impf.)*	to get divorced , I get divorced
rozvést* se, rozvedu se *(pf.)*	to get divorced , I'll get divorced
ruce *(pl.)*	hands
ruka, *pl.* **ruce**	hand, hands
rukavice	glove
Rumunsko, Rumun, Rumunka	Romania, Romanian
Rusko, Rus, Ruska	Russia, Russian
růžový	pink
ryba, *pl.* **ryby**	fish
rybařit, rybařím *(impf.)*	to go fishing
rybník	(fish)pond
rýma	cold (as a desease)
rýže	rice
Řecko, Řek, Řekyně	Greece, Greek
ředitel	director
ředitelka	director
řeka	river
říct*, řeknu *(pf.)*	to say, I'll say
řidič	driver
řidička	driver
řídit, řídím *(impf.)*	1. to drive, I drive 2. to run, I run
říkat, říkám *(impf.)*	to say, I say
řízek	Wiena Snitzel (breaded and fried pork or chicken)

S

s	with
S dovolením!	Allow me, please!
sáček	bag
sako	jacket
salám	salami
salát	salad
sám/sám, sama, samo	1. alone 2. by oneself
samuraj	samurai
sbalit, sbalím *(pf.)*	to pack, I'll pack
sbírat, sbírám *(impf.)*	1. to pick up, I pick up 2. to collect, I collect
scénárista	screenwriter
scénáristka	screenwriter
scénář	screenplay
se	with
se	1. oneself 2. one another, each other
sebrat*, seberu *(pf.)*	to pick up, I'll pick up
sedmý	the 7th
sejít* se, sejdu se *(pf.)*	to meet, I'll meet
sekretář	secretary
sekretářka	secretary
sem	to here
seriál	series
sestra	sister
sešit	notebook
setkat se, setkám se *(pf.)*	to meet, I'll meet (formal)
setkávat se, setkávám se *(impf.)*	to meet, I meet
sever	North
severní	northern
seznámit se, seznámím se *(pf.)*	1. to meet, I'll meet 2. to get acquinted, I'll get ...
seznamovat se, seznamuju se *(impf.)*	1. to meet, I meet 2. to get acquinted, I get ...
shora	from above, from the top
schůze	meeting
schůzka	appointment
si	1. oneself 2. one another, each other
silnější	stronger
silný	strong
skála	rock
skandál	scandal
skládačka	puzzle
skládat, skládám *(impf.)*	to put together, I put together
skladatel	composer
skladatelka	composer
sklenice	glass
sklenička	small glass
skončit, skončím *(pf.)*	1. to finish, I'll finish 2. to end, I'll end
Skotsko, Skot, Skotka	Scotland, Scot
skrz	through
skříň	wardrobe
skupina	group
skvělý	great, fantastic, perfect
slabý	weak
slanina	bacon
slavný	famous
slečna	Miss
slepý	blind
slipy *(pl.)*	men's underpants
Slovensko, Slovák, Slovenka	Slovakia, Slovak
Slovinsko, Slovinec, Slovinka	Slovenia, Slovenian
složenka	payment bill
složit, složím *(pf.)*	to put together, I'll put together
slunečno	sunny
slunečný	sunny
služba, služby	service, services
služební cesta	business trip
smát* se *(impf.)*	to laugh, I laugh
smažený	fried
smažit, smažím *(impf.)*	to fry, I fry
směr	direction
smetana	cream
smůla	bad luck
smutný	sad
snad	perhaps
sněžit, sněží *(impf.)*	to snow, it's snowing
snídaně	breakfest
snídat, snídám *(impf.)*	to have, I have breakfast
sníst*, sním *(pf.)*	to eat, I'll eat
sobecký	selfish
sobota	Saturday
socha	statue, sculpture

sopka	volcano
soprán	soprano
soustrast	sympathy
spaní	sleeping
spát*, spím *(impf.)*	to sleep, I sleep
speciální	special
spisovatel	writer
spisovatelka	writer
spíš	rather, more likely
spíše *(formal)*	rather, more likely
spočítat, spočítám *(pf.)*	to count, I'll count
spokojený	satisfied
spokojenost	satisfaction
spolehlivý	reliable
společný	common, shared
spolu	together
sporák	cooker
sportovat, sportuju *(impf.)*	to play, I play sports
sportovec	sportsman
sportovkyně	sportswoman
sprostý	vulgar
Srbsko, Srb, Srbka	Serbia, Serbian
stanice	station
starožitnost	antiques
starší	older, elder
starý	old
stát	state
stát*, stojí *(impf.)*	1. to cost, it costs 2. to stand, it stands
statečný	brave
stavět, stavím *(impf.)*	to build, I build
stěhovat (se), stěhuju (se) *(impf.)*	to move, I move (= to change one's residence)
stejný	the same
strach	fright
strana	1. party 2. page 3. side
stránka	page
strašně	terribly
strašný	terrible
stravování	food options
strejda *(coll.)*	uncle
striptér	stripper
striptérka	stripper
strýček	uncle
středa	Wednesday
střední škola	high school
stříbrný	silver
student	student
studentka	student
studený *(adj.)*	cold
studovat, studuju *(impf.)*	to study, I study
stůl	table
Súdán, Súdánec, Súdánka	Sudan, Sudanese
sucho	dry
suchý	dry
sukně	skirt
supermarket	supermarket
sušenka	cookie, biscuit
svatba	wedding
svátek	1. (public) holiday 2. nameday
svět	world
světlý	pale
svetr	swe ater
svíčková omáčka	cream souce
sympatický	nice, friendly, agreeable
syn	son
synovec	nephew
sypat*, sypu *(impf.)*	to pour, I pour (sugar, flour...)
sýr	cheese
sýrový *(adj.)*	cheesse

Š

šála	scarf
šampaňské *(adj.)*	champaigne
šance	chance
šanson	chanson
šaty *(pl.)*	dress (for a woman), clothing
šedý	grey
šéfkuchař	chief
šéfkuchařka	chief
šek	check
šestý	the 6th
škoda	pity, shame
škola	school
školka	kindergarden
šlehačka	whipped cream
šlehačkový *(adj.)*	cream
šok	shock
šortky *(pl.)*	shorts
Španělsko, Španěl, Španělka	Spain, Spanish
špatně	bad, badly
špatný	bad
špinavý	dirty
šťastný	1. happy 2. lucky
štěstí	good luck
štíhlý	thin
šunka	ham
šunkový *(adj.)*	ham
švagr	brother-in-law
švagrová *(adj.)*	sister-in-law
Švédsko, Švéd, Švédka	Sweden, Swede
Švýcarsko, Švýcar, Švýcarka	Switzerland, Swiss

T

tabák	tobacco
tady	here
tak	so
také *(formal)*	also, too, as well
takový	such
taky	also, too, as well
takže	so
tam	there
tamhle	over there
tamtudy	the way over there
tancovat, tancuju *(impf.)*	to dance, I dance
tatarská omáčka	tartar sauce
tatínek	Dad
taxík	taxi
taxíkem	by taxi
teď	now
telefonní seznam	telephone directory
telefonovat, telefonuju *(impf.)*	to telephone, I telephone
televize	television
televizní *(adj.)*	television

tělo	body
ten/ten, ta, to	1. the 2. that
tenhle/tenhle, tahle, tohle	1. this
teplo	warm
teplý	warm
terasa	terasse
Těší mě!	Nice to meet you!
těšit se, těším se *(impf.)*	to look forward to, I look forward to
teta	aunt
textová zpráva	SMS
textovka *(coll.)*	SMS
těžký	1. difficult 2. heavy
tlustý	fat
To nic!	Nothing happened!
toaleta	toilet/WC
točit, točím *(impf.)*	to make a film, I make a film
tomatový *(adj.)*	tomato
trafika	tobacconist's
tragédie	tragedy
tramvaj	tram
tramvají	by tram
trasa	route, way
trapas	faux pas
trapný	embarrassing
trénink	training
trh	market
trpělivost	patience
tričko	T-shirt
triko	T-shirt
trochu	1. a little, a little bit 2. a few
trouba	oven
trubka	trumpet
trvanlivý	permanent, long-lasting
třetí	the 3rd
třída	1. class 2. classroom 3. avenue
třikrát	three times
tučný	fat (about food)
tudy	this way
tuk	fat
Turecko, Turek, Turkyně	Turkey, Turk
turecký *(adj.)*	Turkish
turista	tourist
turistický *(adj.)*	tourist
turistka	tourist
tužka	pencil
tvrdohlavý	stubborn
tvrdý	hard
tvůj/tvůj, tvoje, tvoje	your *(inform.)*
ty	you
týden	week
typický	typical

U

u	at, by, next to
ubytování	accomodation
učit se, učím se *(impf.)*	to learn, I learn
učit, učím *(impf.)*	to teach, I teach
učitel	teacher
učitelka	teacher
údolí	valley
udusit, udusím *(pf.)*	1. to steam, I'll steam 2. to suffocate, I'll suffocate
ucho, *pl.* **uši**	ear, ears
Ujde to.	Not bad. So so.
ukázat*, ukážu *(pf.)*	to show, I'll show
ukazovat, ukazuju *(impf.)*	to show, I show
uklidit, uklidím *(pf.)*	to clean, I'll clean
uklízeč	cleaner
uklízečka	cleaner, cleaning lady
uklízet, uklízím *(impf.)*	to clean, I clean
Ukrajina, Ukrajinec, Ukrajinka	Ukraine, Ukrainian
ukrást*, ukradnu *(pf.)*	to steal, I'll steal
ulice	street
umět*, umím *(impf.)*	to know how to (used with languages and abilities)
umírat, umírat *(impf.)*	ie, I die
umřít*, umřu *(pf.)*	to die, I'll die
umýt*, umyju *(pf.)*	to wash, I'll wash (body, dishes)
unavený	tired
univerzita	university
upéct*, upeču *(pf.)*	to bake, I'll bake
úplně	entirely, completely
uprostřed	in the middle
upřímný	sincere
úředník	clerk
úřednice	clerk
USA *pl.* **(***read* **ú es á)**	USA
usmažit, usmažím *(pf.)*	to fry, I'll fry
ústa *(pl.)*	mouth
uši	ears
úterý	Tuesday
uvařit, uvařím *(pf.)*	1. to cook, I'll cook 2. to boil, I'll boil
uvidět, uvidím *(pf.)*	to see, I'll see
uvidět, uvidím *(pf.)*	to see, I'll see
uvnitř	inside
uzený	smoked
Užij si to! Užijte si to!	Enjoy it!

V

v	in
v létě	in summer
v noci	at night
v zimě	in winter
v kanceláři	in an office
v neděli	on Sunday
v pátek	on Friday
v poledne	at noon
v pondělí	on Monday
v pořádku	O. K.
v práci	at work
v sobotu	on Saturday
v úterý	on Tuesday
vajíčko	egg
vana	bathtub
vanilkový *(adj.)*	vanilla
Vánoce *(pl.)*	Christmas
vánoční *(adj.)*	Christmas
vařit, vařím *(impf.)*	1. to cook, I cook 2. to boil, I boil
váš/váš, vaše, vaše	your
vázanka	tie

včera	yesterday
vdaná	married (about a woman)
vdát* se, vdám se *(pf.)*	to marry, I'll marry (about a woman)
vdávat se, vdávám se *(impf.)*	to marry, I marry (about a woman)
ve	in
ve čtvrtek	on Thursday
ve středu	on Wednesday
večer	evening, night
večeře	dinner
večeřet, večeřím *(impf.)*	to have, I have dinner
vědět*, vím *(impf.)*	to know, I know
vedle	next to, at, by
vedro	scorching hot
vegetarián	vegetarian
vegetariánka	vegetarian
Velká Británie, Brit, Britka	Great Britain, Briton/British
velký	big, great
velmi	much
ven	to outside
venkem	through outside
venku	outside
vepřové (maso)	pork
věřící *(adj.)*	believer
veselý	merry, happy
vesnice	village
vevnitř	inside
vézt*, vezu *(pf.)*	to carry (by car), I carry (by car)
vídeňský *(adj.)*	Vienna
vidět, vidím *(impf.)*	to see, I see
vidlička	fork
Vietnam, Vietnamec, Vietnamka	Vietnam, Vietnamese
vila	villa
víno	wine
vítat, vítám *(impf.)*	to welcome, I welcome
vítr	wind
víza *(pl.)*	visa
vízum, *pl.* **víza**	visa
vlak	train
vlakem	by train
vlastně	actually
vlastní	own
vlastnictví	possesion, belongings
vlasy *(pl.)*	hair
vlevo	on the left
vnitřkem	through inside
vnučka	granddaughter
vnuk	grandson
voda	water
vodní *(adj.)*	water
volat, volám *(ipmf.)*	to call, I call
volno	free (time, place…)
vousy *(pl.)*	beard
vpravo	on the right
vprostředku	in the middle
vpředu	in the front
vstát*, vstanu *(pf.)*	to get up, I'll get up
vstávat, vstávám *(impf.)*	to get up, I get up
však	however
všechno	all, everything
vtip	joke
vulgární	vulgar
vulkán	volcano
vy	you (formal)
výborně	very good, well done
výborný *(adj.)*	very good
výhoda	advantage
vyhrát*, vyhraju *(pf.)*	to win, I'll win
vyhrávat, vyhrávám *(impf.)*	to win, I win
východ	1. East 2. exit 3. sunrise
východiště	starting point
východní	eastern
vykoupat* se, vykoupu se *(pf.)*	to bathe, I'll bathe
výlet	trip
vylézt*, vylezu na skály *(pf.)*	to go, I'll rock climbing
vylít*, vyliju *(pf.)*	to pour (liquid), I'll pour
vyluštit, vyluštím křížovku *(pf.)*	to do, I'll do a crossword puzzle
vyluxovat, vyluxuju *(pf.)*	to vaccum , I'll vacuum
vymalovat, vymaluju *(pf.)*	to paint, I'll paint (a flat)
vypadat, vypadám *(impf.)*	to look like, I look like
vypít*, vypiju *(pf.)*	to drink, I'll drink
vyprat*, vyperu oblečení *(pf.)*	to wash, I'll wash (clothes)
vyřídit, vyřídím *(pf.)*	to pass (a message), I'll pass …
vyřizovat, vyřizuju *(impf.)*	to pass (a message), I pass …
vyslovovat, vyslovuju *(impf.)*	to pronounce, I pronounce
vyslovit, vyslovím *(pf.)*	to pronounce, I'll pronounce
výslovnost	pronunciation
vysoká škola	university
vysoký	tall
výstava	exhibition
vysvětlit, vysvětlím *(pf.)*	to explain, I'll explain
vysvětlovat, vysvětluju *(impf.)*	to explain, I explain
vyžehlit, vyžehlím *(pf.)*	to iron, I'll iron
vzadu	in the back
vzduch	air
vzhledem k	regarding the fact
vzít* si, vezmu si *(pf.)*	1. to take, I'll take 2. to marry, I'll marry
vzít, vezmu *(pf.)*	to take, I'll take
vzkaz	message
vztek	anger

Z

z	from
z domova	from (one's) home
za	1. in, behind 2. for
zabíjet, zabíjím *(impf.)*	to kill, I kill
zabít*, zabiju *(pf.)*	to kill, I'll kill
zacvičit si, zacvičím si *(pf.)*	to exercise, I'll exercise
začínat, začínám *(impf.)*	1. to start, I start 2. to begin, I begin
začít*, začnu *(pf.)*	1. to start, I'll start 2. to begin, I'll begin
záda *(pl.)*	back
zadem	through the back part of sth.
zahrada	garden
zahrát*, zahraju	to play, I'll play
zahřmít*, zahřmím *(pf.)*	to thunder, I'll thunder
záchod	toilet/WC
zajímavý	interesting
zakládat, zakládám *(impf.)*	to found, I found
základní škola	elementary school
zákusek	dessert

založit, založím *(pf.)*	to found, I'll found
zalyžovat si, zalyžuju si *(pf.)*	to ski, I'll ski
zaměstnání	profession, employment
zamíchat, zamíchám *(pf.)*	to mix, I'll mix
zamilovaný	in love
zamilovat se, zamiluju se *(pf.)*	to fall in love, I'll fall in love
zamilovávat se, zamilovávám se *(impf.)*	to fall in love, I fall in love
západ	1. West 2. sunset
západní	western
zaplatit, zaplatím *(pf.)*	to pay, I'll pay
zaplavat* si, zaplavu si *(pf.)*	to swim, I'll swim
zapomenout*, zapomenu *(pf.)*	to forget, I'll forget
zapomínat, zapomínám *(impf.)*	to forget, I forget
zapomnětlivý	forgetful
zase	again
zasmát* se, zasměju se *(pf.)*	to laugh, I'll laugh
zasnoubit se, zasnoubím se *(pf.)*	to get engaged, I'll get engaged
zasnubovat se, zasnubuju se *(impf.)*	to get engaged, I get engaged
zastávka	stop
zatancovat si, zatancuju si *(pf.)*	to dance, I'll dance
zataženo	overcast
zatelefonovat, zatelefonuju *(pf.)*	to telephone, I'll telephone
zatím	meanwhile
zatímco	while
zavazadlo	luggage
zavolat, zavolám *(pf.)*	to call, I'll call
Zavolej! Zavolejte!	Give mi a call!
záznamník	answering machine
zazpívat, zazpívám *(pf.)*	to sing, I'll sing
zazvonit, zazvoním *(pf.)*	to ring, I'll ring
zážitek	experience
zdola	from bellow
zdravý	healthy
zdvořilý	polite
ze	from
zelenina	vegetables
zelený	green
zelí	cabbage
země	1. country 2. ground, dirt
Země	the Earth
zemřít*, zemřu *(pf.)*	to die, I'll die
zepředu	from the front
zeptat se, zeptám se *(pf.)*	zevnitř
zezadu	to ask, I'll ask
zima	1. cold 2. winter
zítra	tomorrow
zkotrolovat, zkontroluju *(pf.)*	to check, I'll check
zkouška	exam
Zkus to! Zkuste to!	Try it!
zkušenost	experience
Zlaté stránky	Yellow Pages
zleva	from the left
zlost	anger
zlý	evil
zmatek	mess, chaos
zmixovat, zmixuju *(impf.)*	to mix using a mixer
zmrzlina	ice cream
znamenat, znamená *(impf.)*	to mean, it means (I mean – Myslím, že…)
známka	(post) stamp
znát, znám *(impf.)*	to know, I know
zodpovědný	responsible
zpěvačka	singer
zpěvák	singer
zpívat, zpívám *(impf.)*	to sing, I sing
zprava	from the right
zpráva	news
zprostředku	from the middle
ztrácet, ztrácím *(impf.)*	to lose, I lose
ztratit, ztratím *(pf.)*	to lose, I'll lose
zub	tooth
zvát*, zvu *(impf.)*	to invite, I invite
zvědavý	curious
zvenku	from outside
zvlášť	separately
zvonit, zvoním *(impf.)*	to ring, I ring

Ž

žádat, žádám *(impf.)*	to apply, I apply
žádný *(adj.)*	no, any
žaludek	stomach
že	1. that 2. an universal question tag, e.g. isn't it…?
žehlit, žehlím *(impf.)*	to iron, I iron
žena	woman
ženatý	married (about a man)
ženit se, žením se *(impf.)*	to marry, I'll marry (about a man)
žít*, žiju *(impf.)*	to live, I live
život	life
životní styl	life-style
žízeň	thirst
žlutý	yellow

Poznámky